잘 잃어야 잘 번다

잘 잃어야 잘 번다

주식투자에서 90%가 실패하는 이유

톰 호가드 지음 · 정진근 옮김

에디터
editor

BEST LOSER WINS

친애하는 시장에게

처음 만난 순간부터 나는 당신에게 매료됐어요. 어쩌면 사랑에 빠졌는지도 모르겠군요. 하지만 열 살도 채 되지 않은 나는 그것이 무엇을 의미하는지 알기에는 너무 어렸답니다. 당신은 신문을 장식했고, 그것은 일종의 시험이었어요.

당신과 즐기기에는 너무 어렸기 때문에 나는 그저 관찰만 했습니다. 시간은 내 편이 아니었지요. 나는 오늘날 가능한 것처럼 거래에 참여하기에는 수십 년이나 너무 일찍 태어났어요. 나는 어린 시절을 살아가야 했고, 당신은 당신의 길을 갔습니다.

당신이 1973년의 파괴적인 약세장을 지날 때, 나는 막 걸음마를 배우고 있었지요. 당신이 1987년의 대폭락으로 포효할 때, 나는 막 학교를 마치고 있었답니다. 당신이 1990년대의 거대한 강세장을 향해 첫발을 내디뎠을 때 나는 거의 준비되어 있었습니다. 하지만 아직 제대로 준비되지는 않았어요.

그래서 당신은 내 인생을 바꿀 메시지를 보냈고, 나는 당신을 쫓기 위해 모든 것을 뒤로 미룬 채 초대에 응했습니다. 사실 대학에서 두 개의 학위를 받으며 당신을 공부했어요. 나는 전통적인 경제사상가들의 눈을 통해, 노벨상 수상자들의 눈을 통해, 그리고 저명한 언론인들과 전문가들의 눈을 통해 당신을 이해하고자 끊임없이 노력했습니다.

당신이 그때 나에게 너무 애쓰지 말라고 한마디 해주었으면 좋았을 텐데……. 당신은 내가 풀 수 있는 방정식이 아니었어요. 당신은 어떤 모델이 포착할 수 있는 것보다 훨씬 더 복잡합니다. 당신은 누구도 진정으로 이해하지 못할 어려운 연인이라는 사실을 스스로 증명했어요. 당신은 어디에나 있고, 또 어디에도 없습니다. 당신에게는 보편적인 법칙들이 적용되지 않지요.

당신에 대한 나의 사랑은 깊었습니다. 당신은 나에게 큰 기쁨을 주었어요. 나는 당신에게 내 모든 것을 주었습니다. 내가 일어났을 때 당신은 있었고, 내가 잠들었을 때도 당신은 있었습니다. 당신은 내가 갈팡질팡할 때 나를 가르쳤고, 내가 유연할 때 나의 가장 거친 꿈을 뛰어넘는 보상을 주었습니다. 내가 경직되고 고집스러울 때는, 당신의 모든 선물에 이자까지 보태 빼앗는 것으로 나를 벌했습니다.

그리고 나는 당신을 쫓아다녔습니다. 나는 사랑에 빠진 10대처럼 당신을 쫓아다녔어요. 피보나치 비율(Fibonacci ratio)부터 켈트너 채널(Keltner Channel), 볼린저 밴드(Bollinger Band), 트라이던트 전략(Trident strategies) 그리고 갠(Gann) 이론과 머리 수학(Murry Math)의 신화적인 파동까지 동원하여 모든 방면에서 당신에게 다가갔습니다.

나는 당신이 그것에 반응하는지 보기 위해 허드슨강의 조류 모형을 개발하기도 했어요. 나는 수천 개의 차트를 출력했고, 선과 원을 적용했고, 내 발이 많이 엉키지 않으면서 당신과 함께 춤을 추려고 노력했습니다.

내 사랑. 나는 발이 아팠고, 가끔 발이 너무 아파 해변에 가서, 당신이 나와 함께 탱고를 춰주지 않는 것에 분노하면서 몇 시간 동안이나 물에 돌을 던졌지요.

당신은 나에게 잠 못 이루는 밤을 주었어요. 당신은 내 눈에 눈물을, 내 몸에 분노를, 내 영혼에 상처를 주었지만 나는 당신을 보낼 수 없었어요. 더 많은 게 있다는 것을 알았고, 계속 찾아봐야 한다는 것을 알았으니까요.

당신은 내가 살아 있다는 걸 느끼게 해줬기 때문에, 나는 모든 걸 바쳤어요. 당신은 나에게 동기를 주었습니다. 훈련 담당관이라도 고개를 끄덕일 정도로 힘든 도전을 주셨잖아요. 그리고 나는 항상 그것 때문에 당신을 사랑하게 될 겁니다. 당신은 아이들에게 최고이기만을 바라는 부모처럼 나를 긴장시켰습니다.

하지만 당신은 수업을 어렵게 했어요. 당신은 그것을 쉽게 보이도록 만들었지만, 절대로 쉽지는 않았습니다. 당신은 모든 이들이 모델, 방정식, 지표, 전통적인 사고, 논리를 통해 당신과 춤을 출 수 있다고 믿도록 만들었습니다. 하지만 당신을 이해하는 데 종종 논리로는 부족했습니다. 그리고 나는 어느 날 우연히 당신이 나에게 비밀을 말해주기 전까지 몇 년 동안 당신과 춤을 추기 위해 고군분투했었지요. 당신은 나에게 당신을 이해하려 하지 말고, 나 자신을 이해하라고 했어요.

나는 매매를 중단했으며, 나 자신을 이해하기 위한 시간을 가졌고, 다시 돌아왔습니다. 그리고 무도회장으로 돌아왔을 때, 당신은 두 팔 벌려 나를 맞으며 미소를 띠고 말했습니다.

"돌아온 걸 환영해요. 이제 이해하셨군요. 상처에 붙일 반창고는 가져왔나요?"

그리고 내가 그랬습니다. 가장 잘 잃는 자가 승리합니다.

톰 호가드

99%의 투자자들이
깨닫지 못하는 사실

실패를 어떻게 느끼느냐에 따라 삶의 거의 모든 측면에서 성장과 삶의 궤적이 결정된다.

이 책을 덮고 잠시 그것에 대해 생각해보면, 이 문장에 담긴 깊은 의미에 상당한 두려움을 느낄 것이다.

99%의 투자자들이 깨닫지 못하는 사실은, 그들이 잘못된 곳에서 답을 찾고 있다는 것이다. 기술적 분석, 기본적 분석, 지표, 비율, 패턴 혹은 추세선에 대한 지식은 누구나 알고 있지만, 1%를 제외하곤 모두 돈을 잃는다.

99%가 하지 않고 1%가 하는 것은 무엇일까?

투자에서 현재의 성공을 이루기 위해, 다른 사람들은 하지 않으면서 내가 하는 것은 무엇일까?

복잡해 보이지만 답은 간단하다. 나는 뛰어난 패배자다. 최고의 패배자가 결국 승리한다.

나는 불안, 정신적 균형의 상실, 감정적 애착, 그리고 원한이나 복수의 감정을 키우지 않고 패배를 받아들이도록 마음을 조절해왔다.

내가 나만의 방식으로 매매할 수 있는 것은 내 마음이 작용하는 방식 때문이다. 기술적 분석에 대한 나의 지식은 기껏해야 평균 수준이다. 나에 대한 나의 지식이 나를 차별화하는 것이다.

인간으로서 진정한 성장의 척도는 당신이 무엇을 알고 있는지가 아니라, 당신이 알고 있는 것으로 무엇을 하느냐다.

나는 나 자신을 어떻게 오늘의 투자자로 변화시켰는지, 그리고 내가 알고 있는 것과 실제로 할 수 있는 것 사이의 격차를 어떻게 메울 수 있었는지를 설명하기 위해 이 책을 썼다.

차례

들어가기

내 이름은 톰 호가드(Tom Hougaard)이고, 나이는 쉰두 살이다. 30년 전, 고향 덴마크를 떠난 나는 런던의 금융시장에서 일하고 싶었다.

나는 투자자가 되기 위해 무엇을 해야 하는지 알고 있었다. 경제학으로 학사 학위를 받았고, 금융과 은행 등의 미시경제학으로 석사 학위를 받았다. 나는 내가 정확한 종류의 교육, 바람직한 직업 윤리 그리고 시장에 대한 열정과 같은, 투자자가 되는 데 필요한 모든 것을 갖추었다고 생각했다.

하지만 착각이었다.

서류상으로, 나는 금융시장에서 활동할 자격이 있었다. 현실적으로는, 학교에서 얻은 자격은 치열한 투자의 세계에서 아무 의미가 없다.

이 책은 오늘의 이 자리에 오기까지 내가 겪었던 여정을 설명한다.

오늘의 나는 어디에 있을까?

글을 쓰고 있는 이 순간, 나는 39영업일 동안 하루 단위로 한 번도 손실을 본 적이 없다. 나는 텔레그램에서 투자 채널을 운영하고 있는데, 내 팔로워들은 내가 지난 한 달 동안에만 32만 5,000파운드를 버는 것을 실시간으로 목격했다. 시장에 진입하는 것, 자금 관리, 포지션 조절 그리고 최종적으로 그 포지션을 정리하는 순간을 실시간으로 목격한 것이다. 시간 지연이 전혀 없는 진짜 실시간이었다. 모든 것이 그들의 눈앞에서 이뤄졌고, 종결되었다.

이 책은 전업투자자든 혹은 어떤 형태의 투자자든 투자자가 되기 위해 무엇이 필요한지에 대한 잘못된 신화를 불식시킨다. 이 여행은 처음에는 수많은 지표, 패턴, 비율에 관한 많은 책처럼 다른 모든 이들이 갔던 길이었다. 마침내 매매로 돈을 번다는 것의 애매한 탐구에 대한 진정한 해답이 바로 내 안에 있음을 깨달았다. 그곳은 내가 마지막으로 떠올린 곳이었다.

유망한 출발

대학을 졸업한 후, 나는 JP모건 체이스(JPMorgan Chase) 은행에서 일을 시작했다. 직접 매매하는 업무는 아니었지만, 매우 유사한 업무였다. 그리고 2000년부터 나는 1년 반 동안 집에서 혼자 매매하는 전업투자자가 되었다. 하지만 돈이 다 떨어져 18개월밖에 버티지 못했다.

나는 내가 거래하던 중개 회사 직원과 친구가 되었다. 그들은 나를 재무분석가로 고용했다. 분석가라고는 하지만, 사실은 얼굴마담이었다. 나의 임무는 중개 회사를 TV에 드러내는 것이었고, 내가 그렇게 할 수 있었던 것은 기술적 분석에 대한 이해 덕분이었다.

2001년 여름에 그 일을 시작했다. 나의 첫 고객 대면 경험은 회사의 대표이사가 나를 부유하고 유명한 사람들의 사회적 일정에서 중요한 행사인 로열 애스콧(Royal Ascot)에 데려갔을 때였다. 샴페인, 우스꽝스러운 모자 그리고 커다란 시가 연기로 뒤섞인 경마 행사였다.

이 VIP 행사에는 수익 기여도가 가장 좋은 최고의 고객들만 초대되었다. 그 고객들을 태우고 애스콧으로 가는 전용 마차에 올랐을 때, 나는 그들에게 새로 온 재무분석가로 소개되었다. "무엇이든 그에게 물어보세요"라고 대표이사가 선언했다.

한 고객이 나에게 마르코니(Marconi, 이탈리아의 발명가 마르코니가 1897년에 설립한 통신 회사로 영국에서 가장 성공적인 제조 회사 중 하나였으나 2006년 이후 재정적 어려움으로 스웨덴 통신 회사 에릭슨이 사업의 대부분을 인수했다-옮긴이)에 대해 어떻게 생각하는지 물었다. 마르코니는 FTSE100 지수(런던 국제증권거래소에 상장된 100개의 우량 주식으로 구성된 지수-옮긴이)의 구성 종목이었다. 그 종목은 한때 잘나간 적이 있었지만, 직전 12개월간 주가가 1,200파운드에서 450파운드로 하락했다.

"마르코니가 싸다고 생각하세요?"라고 루턴(Luton, 영국 잉글랜드 베드퍼드셔주의 도시-옮긴이)의 한 약사가 물었다.

그 당시에는 몰랐지만, 나의 대답 — 그리고 몇 달 후에 TV에서 말한 비슷한 대답 — 은 결국 내가 직장에서 해고되도록 만들었다. 하지만 내가 알았다 해도, 나는 대답을 바꾸지 않았을 것이다.

선생님, 마르코니는 쓰레기입니다. 선생님은 왜 가격이 내려간 주식들을 쫓나요? 주식시장은 슈퍼마켓과는 다릅니다. 그곳에서는 할인 행사가 있을 때 화장지를 사는 것이 맞지요. 물론 화장지를 50% 할인된 가격에 사는 것은 이치에 맞지만, 50% 이상 떨어진 주식을 사는 것은 말이 안 됩니다. '싸다'와 '비싸다' 같은 개념은 식료품 쇼핑의 세계에서는 효과가 있을지 몰라도, 금융시장에서는 그렇지 않습니다.

내 대답은 장례식에서의 우울한 농담처럼 허공에 맴돌았다. 나는 판결을 마치기도 전에 상사가 보내는 죽음의 시선을 알아차렸다. 그곳의 고객들은 오랜 마르코니 주주였고, 그들은 계속해서 재산을 잃을 것이다. 그해 말에 나는 CNBC에 출연했고, 마르코니에 대한 차트 분석을 의뢰받았다.

그때까지 마르코니는 고점인 1,200파운드에서 32파운드까지 떨어져 있었고, 사람들은 여전히 그 종목을 매수하고 있었다. 나는 차트 패턴에 근거하여 마르코니가 0파운드가 될 수도 있다고 말했다.

몇몇 신문사가 그 이야기를 끄집어냈고, 며칠 후 나는 스포팅 인덱스 (Sporting Index)의 사무실로 불려갔다. 대표이사는 '빌어먹을 인터넷'에서 마르코니에 대한 의견을 삭제하는 것이 가능한지를 물었다.

결국 마르코니는 0파운드가 되었고, 나는 다른 직업을 찾으라는 요청을 받았다. 다행히도 그 회사를 떠나던 날, 시티 인덱스(City Index)가 나를 고용했다. 나는 시티 인덱스의 트레이딩 본부에서 7년을 보냈다. 나는 2009년에 직장을 나왔고, 이후 개인투자자가 되었다.

나는 내 인생의 나머지 12년을 내 기술을 완성하는 일에 썼다. 나는 중개업자들이 말하는 왕개미 투자자다. 개인투자자들의 평균적인 매매 규모는 포인트 위험당 약 10파운드다. 나는 포인트당 100파운드에서 3,500파운드까지 위험을 감수한다.

시장이 불안정한 날에 나는 거래 대금 기준으로 2억 5000만 파운드 이상을 거래했다. 7초 만에 1만 7,000파운드가 조금 넘는 돈을 번 적이 있고, 8초 만에 2만 9,000파운드를 날린 적도 있다.

그 정도의 거래 규모는 감각을 날카롭게 한다. 물론 잘될 때는 멋진 삶이지만, 역경이 시작될 때는 매우 도전적인 삶이다.

이 책은 2009년 2월에 실직한 금융 중개인에서 오늘날의 왕개미 투자자로 가는 나의 여정을 그리고 있다. 그러나 이 책은 전통적인 주식 거래에 관한 책이 아니다.

그저 그런 또 다른 투자 지침서?

세상에는 더 이상의 투자 지침서가 필요하지 않다. 그래서 나는 그런 책을 쓰지 않기로 했다. 나는 몇 권의 책을 쓸 만큼 기술적 분석에 대해 알고 있다. 나는 또한 기술적 분석이 당신을 부유한 투자자로 만들지 않는다는 것을 안다. 그것은 당신을 좋은 투자자로 만들지도 않는다.

책을 쓰고 싶다는 야망은 없었다. 그런데 어느 날 유튜브에서 다큐멘터리를 보던 중 모니터에 광고가 하나 떴고, 나는 즉시 그가 누구인지 알아보았다.

내가 런던의 시티 인덱스에서 트레이더로 일할 때 기술적 분석에 관한 몇 번의 강연회에 참석한 적이 있는 사람이었다. 그가 자신의 강연에서 금융시장의 비밀을 밝히겠다고 약속하며 광고에 출연하고 있었다.

그 광고는 만약 당신이 프로 투자자처럼 매매하는 것을 배우고 싶다면, 이 강연이 바로 당신에게 필요한 것이라고 자랑스럽게 선언했다.

때마침 내 친구가 그 강연에 참석했었다. 강연은 주말에 런던의 고급 사무실에서 열렸다. 강연장은 꽉 찼고 수강생들은 이 자칭 주식 도사가 차트를 하나씩 보여줄 때마다 그의 말 한마디 한마디에 매달렸다.

비판적인 생각은 존재하지 않았다. 어느 누구도 그의 주장에 의문을 제기하지 않았다. 사람들은 다가오는 금요일까지 푼돈을 벌 수 있을 것으로 생각하며 일요일 밤에 그 건물을 떠났다.

나는 강의 노트를 살펴보았다. 그것은 기술적 분석에 관한 표준 교과서에서 나온 내용을 반복한 수백 페이지짜리 자료였다. 거기에 독창적인 생각은 없었다. 기술적 분석에 대한 새로운 시각은 없었다.

오후 반나절을 자유롭게 사용할 수 있는 사람이라면 누구나 인터넷에서 똑같은 자료를 무료로 찾을 수 있다. 더 중요한 것은, 친구가 말하길, 그 주식 도사는 주말에 개인 교습과 고급 과정 같은 추가적인 상품을 소개할 기회를 절대 놓치지 않았다고 한다.

할 수 있는 사람은 한다

할 수 있는 사람은 한다는 말이 있다. 그리고 할 수 없는 사람은 누군가를 가르친다.

나는 그 말에 동의하지 않는다. '할 수 있고', '가르치는' 사람들은 많다. 하나가 다른 하나를 배제하지 않는다. 많은 위대한 '행동하는 사람들'은 주변 사람들에게 지식을 전수하는 것을 인생의 임무 중 하나로 여긴다. 시티 인덱스에서 일할 때, 나는 기술적 분석의 신이 아닐 수도 있지만, 고객들보다는 더 많은 것을 알고 있었다. 그런 이유로 나는 대부분의 저녁 시간에 우리의 고객들과 바클레이스 은행(Barclays Bank), 하그리브스 랜스다운(Hargreaves Lansdown), TD 워터하우스(TD Waterhouse) 같은 시티 인덱스와 거래하는 기관 고객들에게 기술적 분석 수업을 했다.

나는 정말로 지식을 전수하는 것을 즐기고, 내가 가진 지식으로 내가 할 수 있는 최선을 다했다. 하지만 그때 내가 깨닫지 못한 것은, 행동 반응 훈련과 결합하지 않으면 기술적 분석이 오히려 무의미하다는 것이었다.

엄청나게 비싼 주말 강연을 하는 주식 도사들에 대한 나의 불만은 그들이 강조하는 결과물이었다. 그들은 마치 자신들이 자가용 헬리콥터나 제트기가 있는 것처럼 묘사하는 과장된 표현으로 자신들의 주장을 펼치고, 주식 매매를 배우기 쉬운 직업 또는 비밀을 배울 수 있는 직업으로 묘사하면서, 이 탐나는 비밀을 손에 넣으면 당신은 스스로 현금 지급기가 된다고 말한다. 이 주식 도사들이 그들의 거래를 실시간으로 공개함으로써 자신들의 명성을 위태롭게 만드는 경우는 거의 없다. 그것은 항상 이미 지나간 차트로 하는 강연이다. 우리는 그들이 주식 매매로 돈을 잃었다는 얘기를 절대 듣지 못한다. 이것은 돈을 잃는 일이 주식을 매매할 때 가끔 경험하는 불편함에 불과하다는 착각을 준다.

이 게임이 주말 강연에서 주식 도사가 말하듯 그렇게 쉽지 않다는 걸 깨닫는 것은 주식 매매에 대한 비싼 강연을 듣고 당신이 월요일 아침 모니터 앞에 앉았을 때, 그리고 이미 지나간 주식 차트가 없는 상태로 시장이 당신의 눈앞에서 움직이고 있을 때다.

나는 99%의 마케팅과 1%의 매매를 하는 사기꾼들이 시장에서 팔고 있는 모든 쓰레기에 대한 해독제가 되는 책을 썼다. 그들은 자기들이 하는 이야기의 10%밖에 얻지 못했다는 것을 선생님도 학생도 깨닫지 못한 채 ― 불쌍하게도 자신들을 믿는 ― 순진한 사람들에게 자신들의 메시지를 설교한다.

무엇보다 중요한 것은, 나는 그들이 절대 가르쳐주지 않는 투자의 다른 측면과, 어떻게 주식투자의 정상에 오를 수 있는지에 대한 모든 것을 다룬 책을 썼다는 점이다.

이 책을 쓰는 동안 고국인 덴마크에서 기술적 분석 강연에 대한 광고를 봤다. 불과 1년 전에, 이 강좌를 운영하는 사람들은 계정을 닫기 전에 팔로워를 위한 카피 트레이딩(다른 투자자의 매매를 복제하는 것-옮긴이) 계정에서 투자 원금의 35%를 잃었다.

그것은 기술적 분석의 문제다. 배우기는 아주 쉽지만, 금융시장에서 헤아릴 수 없는 부(富)를 얻는 길로 선전되어서는 안 된다. 주식 도사들은 시장에서 돈을 버는 데 필요한 것이 기술적인 분석뿐임을 암시하는 광고에 등장한다.

　나도 돈 버는 일이 그렇게 쉬웠으면 좋겠지만, 현실은 그렇지 않다.

기술적 분석이 아니라면, 그럼 무엇인가?

유럽에는 개인 고객들에게 거래 서비스를 제공하는 중개업자들이 자신들의 고객 중 몇 퍼센트가 손해 보는지를 공개해야 하는 법이 있다.

　나는 주요 중개업자들의 자료를 찾아보았다. 그들의 웹사이트에 따르면, 고객의 약 80%가 돈을 잃는다.

　나는 이 숫자가 어떻게 나왔는지 물어보기 위해 한 브로커에게 전화했다. 그 숫자는 분기별로 업데이트된다. 중개 회사는 고객들의 계좌 잔고를 직전 분기와 비교하고 3개월 전보다 잔고가 적은 계좌의 비율을 계산한다.

　주식투자를 위해 도전해야 하는 것이 기술적 분석을 공부하는 일이었다면, 기본적으로 그 비율이 80%가 되지는 않았을 것이다. 덧붙여, 내 친구에게 주말 강좌를 해준 주식 도사도 강연에서 사례로 사용하는 계좌를 중개하는 회사를 소유하고 있었다. 나는 그 중개 회사의 고객 손실률을 찾아보았다.

　80% 이상!

　즉 그의 고객들이 형편없는 투자자이거나, 아니면 그가 형편없는 선생이었다.

나는 형편없는 투자자 혹은 형편없는 선생 양쪽 모두에게 돈을 버는 투자자가 되려면 기술적 분석 이상의 것이 필요하다고 말할 것이다.

그것이 내가 이 책을 쓰게 된 이유다. 오늘날 내가 있는 위치에 도달하기 위해 걸어온 길을 설명하려는 것이다. 지난 20년 동안 나는 기술적 분석과 매매 기술에 관한 많은 책을 읽었다. 나는 개인적으로 그것들 대부분이 지루하고 무의미하다고 생각한다.

그런 투자 지침서들에서 내가 보는 것은 하나씩 차례로 나오는 완벽한 차트 사례들뿐이다. 그것은 독자의 마음속에 착각을 일으킨다. 독자들은 다른 사람과 마찬가지로 실제 투자 세계와 별 관계 없는 기법들을 신봉하는 투자자들이 쓴 우쭐대는 이야기에 빠져든다. 그것은 독자들이 주식시장의 현실을 외면하게 만든다.

물론 예외도 있다. 매매 기법과 매매 전략에 관한 좋은 책도 있지만, 그것들은 저자가 완벽한 거래 사례만 보여줘야 한다는 압박에 시달리기 때문에 대부분 쓰레기다.

그들은 주식투자가 쉬운 도전이라는 환상을 영원히 간직하고 있다. 하지만 나는 80% 정도의 실패율이 나올 만큼 주식투자가 결코 쉽지 않다고 말하는 것이 옳다고 생각한다.

나는 감히 만약 과목으로서의 기술적 분석이 치의학과 같은 것이라면, 80%의 실패율 때문에 이 직업이 사라질 것이라고 확신한다. 80%의 실패율을 가진 치과 의사는 있을 수 없으므로.

100만 뷰를 기록한 유튜버

나는 세계에서 가장 큰 중개 회사 중 하나로부터 전업투자자의 삶에 관해 이야기해달라는 요청과 함께 초대받았었다. 그들은 몇 시간 동안 이어진 행사를 촬영했고, 나는 그 연설에 다음과 같은 자극적인 제목을 붙였다.

'정상인은 돈을 벌지 못한다.'

그 회사는 작년에 이메일을 보내면서 내 동영상이 그들의 두 번째로 조회 수가 많은 동영상보다 5배나 더 많은 조회 수를 기록했고, 지금은 유튜브에서 100만 뷰를 넘어섰다고 말했다.

그것이 나에게 이 책을 펴낼 자신감을 주었다. 왜냐하면 나의 메시지가 주식투자에서 전통적인 가르침을 넘어서기를 원하는 구독자들에게 반향을 일으켰다는 것을 알았기 때문이다.

비록 이 책이 주식투자 기법에 관한 책은 아니지만, 나는 기술적 분석이나 어떤 형태의 분석 없이도 주식투자를 할 수 있다고 주장하는 것은 아니다. 당신의 매수와 청산 그리고 손절매에는 분명 어떤 시기나 이유가 있을 것이다.

하지만 나는 또한 매매 기법만으로는 부자가 될 수 없다고 주장한다. 분석만으로는 원하는 곳에 도달할 수 없다. 나는 당신이 두둑한 부수입을 얻거나 심지어 주요 수입원으로 삼기 위해 주식투자를 원한다고 생각한다.

나는 정상적인 사고 패턴과 특성을 가진 인간은 결코 주식투자에서 돈 벌 기회가 없을 것이라고 주장한다. 다시 말해서 정상적인 방법으로는 안 된다.

주식투자에 관한 최고의 책 가운데 하나가《제시 리버모어의 회상(*Reminiscences of a Stock Operator*)》(굿모닝북스, 2010)이다. 그 책에는 매매 기법에 대한 언급이 하나도 없다.

현실을 직시하자. 우리는 땅에서 한 발짝 높이의 줄타기를 배울 수 있다. 하지만 여러분이 땅에서 100피트 위에 있을 때 같은 줄을 타고 건널 수 있을까?

같은 맥락에서, 우리는 적은 돈으로 투자할 때는 모두 용감하고 공격적으로 매매할 수 있지만, 그 10배나 100배의 돈으로 투자할 때 절대적인 명확성과 감정적인 초연함을 가지고 매매할 수 있을까?

당신이 100배의 돈으로 투자한다고 장담할 수는 없지만, 내가 그런 규모로 투자하게 된 과정을 설명하겠다.

나는 어떤 것도 숨기지 않는다. 나는 평범한 것에서 나를 흥분시키는 것까지 투자자로 사는 삶의 모든 면을 묘사했고, 내가 그 일을 감당할 수 있도록 매일, 매주, 매달 그리고 매년 내가 취하는 정확한 단계를 묘사했다.

그리고 지금 중요한 선언을 하겠다. 나는 듣기 좋은 말로 메시지를 전하지 않을 것이다. 주식투자는 미친 듯이 어려운 직업으로, 모든 사람의 정신적 능력을 넘어서면서 동시에 여러분이 이 게임이 실제로 어떻게 진행되는지를 이해하면 상상 이상의 부를 안겨줄 직업이다.

이 책은 주식투자라는 게임을 하는 방법을 설명한다.

이제 최종 목적지를 알았을 것이다. 만약 이 이야기가 마음에 들지 않는다면, 지금 이 책을 내려놓고 유튜브와 틱톡 동영상을 찾아 페라리를 운전하는 20년 된 주식투자 강사들이 어떻게 모든 일이 이루어졌는지 말하는 것을 보기에 좋은 때다.

그러나 주식투자뿐만 아니라 삶의 방식에도 지속적인 변화가 필요하다면 나와 함께하자. 일관된 투자자로의 변신은 삶의 다른 부분에도 스며들 것이다. 그것은 여러분이 누구인지, 그리고 더 나은 사람이 되기 위해 무엇을 할 수 있는지를 알려줄 것이다. 최종 결과는 당신의 계좌에 더 많은 돈이 쌓이는 것만 아니라, 더 조화롭고 신나는 삶의 여정일 것이다.

라이어스 포커

트레이더로서의 내 여정은 《라이어스 포커(*Liar's Poker*)》(위즈덤하우스, 2006)를 우연히 발견하면서 시작되었다. 나는 독감에 걸려 학교 대신 집에 있었고, 아버지가 도서관에서 책을 몇 권 가져왔다. 《라이어스 포커》도 그중 하나였다.

이 책은 할리우드 블록버스터 영화 〈빅쇼트(The Big Short)〉의 원작자인 마이클 루이스(Michael Lewis)가 쓴 시대의 명작이다. 《라이어스 포커》에서 루이스는 1980년대의 과도기 동안 채권 트레이더로서의 삶을 보여준다. 그 자신의 말처럼, 그것은 금융계에서 일하기를 원하는 젊은 이들을 향한 경고일 뿐만 아니라, 미래 세대들에게 금융 산업의 탐욕을 경고하기 위한 것이었다.

내 생각에 그 책은 반대의 효과가 있었던 것 같다. 나는 나와 같은 수천 명의 젊은 남녀들이 이 책을 읽고 자신들이 있어야 할 곳은 월스트리트라고 여겼을 것으로 생각한다.

이 책은 한 젊은 남자가 런던 대학에서 공부하기 위해 미국에서 영국으로 여행하고 그 후 미국 투자은행에 고용되는 과정을 그렸는데, 거래소에서 일하며 그곳의 거물 트레이더들을 관찰하는 것이 어떤 것이었는지를 묘사한다.

나는 거기에 빠져들었고, 트레이딩이 나의 천직이라는 것을 알았다. 이후 나는 《라이어스 포커》보다 트레이딩에 대해 더 구체적인 내용을 담은 다른 투자 지침서들을 읽었지만, 초심자를 위한 책으로 이보다 더 나은 책은 본 적이 없다.

그 책을 읽고 나서 나의 인생은 바뀌었다. 그 책은 나를 각성시켰다. 나는 스케이트보드를 좋아하는 축구 팬에서 집중력 있고 의욕적인 사람으로 변했다. 나의 소명을 찾은 것이다.

나는 유럽 전역의 대학 학위 과정에 지원했다. 나는 이미 연기금 사무실 실습생으로 일하고 있었다. 그 책을 읽고, 나는 그곳이 나의 최종 목적지가 아니라는 것을 깨달았다.

다음 해 영국에 있는 대학에 합격했지만 문제가 생겼다. 학자금 지원이 없었다. 그래서 나는 학자금을 벌어야 했고, 밤낮없이 일했다. 낮에는 연기금 사무실에서 일하고, 저녁에는 스케이트보드로 5마일을 달려가 놀이공원에서 일했다.

덴마크 재무부 홈페이지에서 최대한 많은 정보를 수집했다. 언어 능력을 키우기 위해 영어책을 계속 읽었다.

가족의 도움은 기대하기 어려웠다. 출발하는 날에도 나는 공항까지

혼자 가야 했다. 그들은 마침내 돌아와 내가 겪은 시련과 고난을 함께
나누었다. 내 누이는 TV에서 나를 처음 봤을 때 손톱을 깨물었다고 말
했다. 그녀는 너무 긴장해서 숨이 막힐 지경이었다.

나의 첫 번째 큰 거래

금융시장에서 투기 거래를 할 때 내가 제일 먼저 생각하는 격언이 있
다. 재능과 행운을 혼동하지 말라는 것이다. 나는 금융시장의 원리에
대해 전혀 몰랐지만, 믿을 수 없을 정도로 운이 좋았다.

때는 1992년 9월이었고, 나는 막 대학에 합격한 참이었다. 열심히 일
해서 3년 정도의 학비와 생활비를 충당할 만큼 돈을 모았지만, 그것으
로는 조금 부족했다. 나는 부족한 부분을 채우기 위해 휴일에도 일하기
로 마음먹었다.

대학 생활 첫해를 맞아 짐을 정리하고 영국 여행을 준비하고 있을 때
외환시장에 폭풍이 들이닥쳤다.

영국은 유럽환율조정장치(ERM)의 회원국이었다. ERM은 유럽 경제
공동체가 환율 변동성을 줄이고 유럽의 통화 안정을 위해 도입한 시스
템이었다.

영국은 1990년 ERM에 가입했지만, 1992년에 이르러서는 경기 침
체에 빠졌다. 영국 중앙은행은 유럽의 다른 통화에 대해 영국 파운드를
엄격한 범위 내에서 유지하겠다는 약속을 지키는 일이 점점 더 어렵다
는 것을 알았다. 투기 거래자들은 파운드화가 심하게 과대평가되었다

고 여겨 적극적으로 파운드화를 매도했다.

그때까지 모아둔 덴마크 크로네를 영국 파운드로 환전하기 위해 덴마크에 있는 지방은행으로 걸어가는 동안, 금융시장에는 큰 드라마가 펼쳐지고 있었다. 그것은 '검은 수요일'이라고 불렸다.

1992년 9월 16일, 영국 정부는 ERM에 의해 의무화된 낮은 환율 이상으로 파운드를 유지하려는 시도가 실패하여 ERM에서 파운드를 탈퇴시켜야 했다.

나는 위키백과에서 검은 수요일에 대한 정보를 찾았다. 그것은 내가 막 경험하게 될 것과 스물두 살의 트레이더 지망생에게 엄청난 횡재를 가져다줄 것에 대해 잘 설명해준다.

소로스(Soros)의 퀀텀 펀드(Quantum Fund)는 1992년 9월 15일 화요일에 파운드의 대규모 매각을 시작했다. 환율 메커니즘은 영국 중앙은행이 파운드를 매도하는 모든 제안을 받아들여야 한다고 명시했다. 그러나 영국 중앙은행은 영업일 동안에만 주문을 받았다. 다음 날 아침 런던에서 시장이 열리자, 영국 중앙은행은 당시 재무장관이자 영국은행 총재였던 노먼 러몬트(Norman Lamont)와 로빈 리 펨버턴(Robin Leigh-Pemberton)의 결정에 따라 통화를 지지하기 위한 시도를 시작했다.

그들은 오전 8시 30분 전에 3억 파운드의 매수 주문을 두 번이나 냈지만 소로스의 퀀텀 펀드가 훨씬 더 빨리 파운드를 투매하고 있었기 때문에 영국 중앙은행의 개입은 효과가 없었다. 하지만 영국 중앙은행은 매수를 계속했고, 퀀텀은 러몬트가 존 메이저(John

Major) 총리에게 파운드 매입이 성과를 내지 못한다고 말할 때까지 매도를 계속했다.

9월 16일 오전 10시 30분, 영국 정부는 투기꾼들이 파운드를 매수하도록 유도하기 위해 기준 금리를 이미 높은 10%에서 12%로 인상했다고 발표했다. 이 발표와 같은 날 늦게 기준 금리를 15%로 다시 인상하겠다는 약속에도 불구하고 딜러들은 정부가 약속을 지키지 않을 것이라고 확신하며 파운드를 계속 내다 팔았다.

그날 저녁 7시가 되자, 당시 재무 장관이었던 노먼 러몬트는 영국이 ERM을 탈퇴하고 금리는 12%의 새로운 수준을 유지할 것이라고 발표했지만, 다음 날 기준 금리는 다시 10%로 돌아왔다.

물론 내가 이런 상황을 모두 알 수 있었던 것은 아니지만, 내 공부에 실질적인 영향을 미쳤다. 며칠만 일찍 은행에 갔더라면 1파운드에 12덴마크 크로네에 가까운 돈을 지불해야 했을 것이다. 운 좋게도 나는 은행으로 들어가 현대의 가장 큰 통화 폭락 중 하나로부터 이익을 얻었고, 약 9크로네의 환율로 덴마크 크로네를 파운드로 바꿀 수 있었다.

나는 저축한 돈으로 4,000파운드를 더 벌었다. 학비와 숙식비를 포함한 연간 예산은 2,500파운드였다. '조지 소로스 삼촌' 덕분에 빚 없이 대학 교육을 받을 수 있었다.

그날은 검은 수요일로 불렸지만, 많은 역사가들은 더 싼 파운드가 투자를 끌어들였기 때문에 황금 수요일이었다고 주장한다. 또한 그날은 영국에서 급격한 경제 성장의 발판을 마련했다.

파리의 핫도그 가격

그날 인생을 바꿀 만한 돈을 번 사람은 나뿐만이 아니었다. 조지 소로스는 10억 달러를 벌어들여 역사상 가장 위대한 투자자 중 한 명으로서의 명성을 굳혔다.

그리고 그가 1992년 9월의 치명적인 날 이전에 유럽 통화들 사이의 극명한 가치 차이를 알아차린 유일한 사람은 아니었다. 다른 투자자도 마찬가지였다. 사실 그는 투자자가 전혀 아니었다. 그는 이스트 런던에 인쇄 회사를 소유하고 있었다. 우리는 그를 영국인이라고 불러야 할 것이다(조지 소로스는 헝가리 부다페스트 출신의 펀드매니저다-옮긴이).

런던에서 일할 때, 나는 프랑스에서 휴가를 보낸 고객의 이야기를 들었다. 파리를 여행하는 동안, 그는 에펠탑 아래 있는 길모퉁이 노점에서 우연히 핫도그를 사게 되었다.

그런데 핫도그 가격이 그들 영국인에게 너무 충격적이어서 노점 주인이 자신을 속이려 한다는 생각이 들 정도였다.

그는 이것이 파리에서 파는 핫도그의 일반적인 가격이라고 확신했다. 그는 자신이 사기당하지 않았음을 확인하기 위해 다른 곳에서 핫도그를 사보기로 했다. 결과는 똑같았다.

우리 영국인은 소매 무역 산업 역사상 가장 위대한 1인 베팅의 토대를 마련하고 있었다. 그는 파리의 슈퍼마켓으로 들어가 음식, 음료수 그리고 다른 가정용품들의 가격을 메모했다.

런던으로 돌아온 영국인은 지역 슈퍼마켓에서 같은 상품의 가격과 프랑스 가격을 비교했다. 그리고 프랑스 프랑이 엄청나게 과대평가되었다고 결론지었다. 그는 자신의 금융 거래소에 전화를 걸어 나중에 내 상사가 될 젊은 중개인과 통화했다.

내 상사는 자신의 고객이 어떻게 5,000파운드의 예금을 800만 파운드(800만 파운드가 맞다!)의 이익으로 바꾸었는지 자랑하기를 좋아했다. 그는 프랑스 프랑이 절대적으로 과대평가되었다는 생각을 끝까지 버리지 않은 덕분에 엄청난 이익을 얻었다.

이 일화를 공유하는 이유는 그저 좋은 이야기를 들려주기 위해서가 아니라 이 책이 어떤 내용인지 알려주기 위해서다. 고객이 나중에 그 돈을 모두 잃었고, 이후에도 더 많은 돈을 잃었다는 사실이 없었다면, 그야말로 멋진 성공담이었을 것이다.

성공적인 투자는 돈을 벌고, 그것을 유지하는 일이 전부가 아닌가?

매매에서 돈을 벌었을 때 99%의 사람들이 알지 못하는 것은 뇌 화학에서 일어나는 일들이 있다는 것인데, 만약 이를 간과하고 내버려둔다면 당신의 의사 결정에 해로운 영향을 미칠 것이다.

경제 이론과 경제사

대학에서 공부할 때 경제 이론에서 배울 것이 무엇인지 알게 되었다. 그것은 나에게 금융시장이 어떻게 구성되어 있는지, 그리고 현대의 경제 이론이 우리 주변 세계를 어떻게 설명하려 하는지를 가르쳐주었다.

하지만 어떻게 거래하는지는 가르쳐주지 않았다. 경제 이론은 내게 모멘텀, 심리와 감정이 금융시장에 얼마나 큰 영향을 미치는지 가르쳐주지 않았다. 내 학위 과정은 현실 세계를 준비하는 데 별 도움이 되지 않았다. 나는 석사 학위가 그것을 변화시키리라 생각했고, 그것이 좀 더 실제에 가까운 것이기는 했지만, 나는 여전히 시장이 큰 미스터리라고 느꼈다.

다른 요소들을 일정하게 유지함으로써 경제 체계 내에서 변수를 테스트할 수 있다는 생각은 나와는 잘 맞지 않았다. 그때 내가 의식적으로 그것을 염두에 두었는지는 모르겠지만, 나는 세상을 다르게 보았다.

나는 금융시장이 효율적이라고 생각하지 않았다. 나는 금융시장이 결코 합리적이지 않다고 굳게 믿었다. 시장은 인간에 의해 움직이며, 스트레스에 노출되었을 때 이성적이거나 논리적으로 생각하는 것은 인간에게 기대할 수 없는 것이다.

부자의 공포

나는 경제 모델보다 경제사 공부가 더 즐거웠다. 1903년의 주식시장 폭락과 1907년의 공황을 연구할 때 결정적인 순간 중 하나가 다가왔다. 월스트리트의 유명한 투기 거래자인 버나드 바루크(Bernard Baruch)는 철도 주식의 실패한 주가 조작을 정확히 예측하여 큰돈을 벌었다.

주가 조작은 한 무리의 사람들이나 조작단이 주식의 가격을 부풀려 투자자들이 합류하도록 유인한 다음, 이 주식을 후발 주자들에게 매도하는 것이다. 우리는 이를 '주가 띄우고 팔아넘기기'라고 부른다. 게임스탑(GameStop, 미국의 비디오 게임 전문 소매점 체인이며, 2021년 1월에 개인투자자들이 주식을 대량으로 매수하여 주가가 폭등한 후 곧바로 폭락한 사건이 있었다-옮긴이)을 생각해 보라!

내가 인상 깊게 본 대목은 버나드 바루크가 사건의 순서를 어떻게 예측했는가였다. 그는 조작단이 실패한 주가 조작을 유지하려면 더 많은 자금을 조달해야 할 것이라고 판단하고 광범위한 인기 주식을 공매도하기 시작했다. 그가 옳았다. 대부분 종목이 급락했다. 다우존스 지수는 몇 달 만에 49% 하락했고, 바루크는 그 덕분에 큰 이익을 얻었다.

그때부터 나는 경제 모델을 공부하기가 어렵다는 것을 알게 되었다. 나는 그것들이 경직되고 개념이 너무 이론적임을 알았다. 나는 그것들이 정확하지 않은 가정을 했다고 생각했다. 그것들은 인간이 항상 이성적으로 행동한다고 주장했다.

하지만 인간이 항상 이성적으로 행동하는 것은 아니다. 나는 지금 이 페이지를 쓰면서 시세 모니터를 보고 있다. 다우존스 지수가 500포인트 하락했다. DAX 지수(독일 프랑크푸르트 증권거래소에 상장된 30개 주식으로 구성된 주가지수-옮긴이)는 이미 250포인트 하락했다. "왜 그럴까?" 당신이 묻는 소리가 들린다. 왜냐하면 코로나바이러스라는 심각한 바이러스가 전 세계에 퍼지고 있기 때문이다. 이미 80여 명이 사망했다.

시장은 80여 명의 사망자들에 대해 크게 걱정하지 않는다. 시장은 사태가 악화할 것을 우려하고 있다. 시장은 경제적 현실이 뿌려진 인식에 관한 모든 것이다. 나는 바이러스 뒤에 숨겨진 근본적인 것들을 이해하지 못한다. 그리고 그럴 필요도 없다.

내가 할 일은 바이러스의 의미를 이해하는 것이 아니다. 내가 할 일은 시장 참여자들을 이해하고, 그들이 느끼는 감정을 이해하는 것이다.

그들은 겁먹었고, 나는 그들의 두려움을 발견했다. 그래서 매도 포지션을 취했다. 나는 바이러스가 세계 경제에 큰 피해를 준다고 생각하여 매도 포지션을 취한 것이 아니다. 나는 시장 참여자들이 끔찍한 일이 벌어질 것으로 생각하리라고 여기기 때문에 매도 포지션을 취했다.

무슨 일이 벌어지든, 내가 할 일은 시장의 감정을 읽고 나 자신의 감정을 억제하는 것이다.

이것이 바로 내가 이 책에서 가르치고자 하는 것이다. 나는 강세장과 약세장을 설명할 때 이성과 일치한다. 경제의 잠재적 건전성은 시장을 상승 또는 하락시킨다. 하지만 매일 거래하는 투자자로서 나는 정신적 유연성을 가져야 하는데, 경제 이론으로는 설명할 수 없는 것이다.

나는 또한 케니 로저스(Kenny Rodgers)가 〈더 갬블러(The Gambler)〉에서 노래하는 것처럼 "언제 달려야 하는지, 언제 멈춰야 하는지"를 알아야 한다. 나는 도박사인가? 내가 그렇다고 하면, 당신은 약간 흥분한 상태로 카지노를 방문하는 남자와 나 사이에 차이점이 없다고 생각할 수도 있다.

만약 내가 평균적인 프로 축구 선수들보다 더 많은 돈을 번다고 말한다면, 그리고 내가 그럴 수 있는 것이 시장을 읽는 특별한 능력 때문이 아니라 감정을 통제하는 법을 배웠기 때문이라고 하면 어떤가?

나는 감정이 없는 소시오패스가 아니다. 나는 느끼고, 사랑하고, 울고, 아파하고, 슬퍼하고, 웃거나 미소 짓기도 한다. 당신은 멋진 사람이 될 수 있고 최고가 될 수도 있다. 하지만 투자할 때는 99%의 투자자들과는 다르게 생각하는 법을 배워야 한다. 우리는 곧 그런 경지에 도달할 것이다.

JP모건 체이스

졸업한 뒤에 은행과 금융업계에서 숱한 면접을 보았다. 나는 내가 꿈꾸던 수습 트레이더 일자리를 구하지는 못했지만, 나중에 JP모건 체이스(JPMorgan Chase, 투자은행가였던 존 피어폰트 모건이 설립한 은행으로, 세계에서 가장 오래된 투자은행 중 하나 – 옮긴이)라고 불리는 체이스 맨해튼 은행에서 좋은 일자리를 얻었다.

그것은 매우 귀중한 경험이었다. 나는 열정으로 가득 차서 일을 시작했다. 미국 투자은행에서 일하는 것은 아마도 나에게 일어날 수 있는 가장 좋은 일이었다.

나는 금융시장에 대한 열정을 내 일에 쏟았다. 나는 포트폴리오를 분석하고, 성과 비교를 통해 매일 눈앞에서 펼쳐지는 금융시장을 관찰했다.

우연히 블룸버그(Bloomberg, 금융시장의 뉴스와 데이터, 분석 정보를 서비스하는 미국의 미디어 – 옮긴이) 단말기 옆에 앉을 수 있었다. 나는 그 기계를 사랑했다. 종종 토요일과 일요일에 사무실로 몰래 들어가 분석과 매매 정보를 탐닉하고 데이터를 내려받곤 했다.

미국 은행의 좋은 점은 전형적인 유럽 회사들과는 다른 직업 윤리가 있다는 것이다. 지난 20년 동안 바뀌었을지도 모르지만, 내가 JP모건에서 일할 때는 말 그대로 우리가 원하는 만큼의 시간외근무가 허용되었다.

나는 JP모건에서 3년 가까이 일했는데, 40시간 이상의 시간외근무를 하지 않은 달이 없었다. 특별한 몰입이 필요한 일이었으므로 장시간 집중해서 일했다.

은행을 떠날 무렵, 나는 단련되고 노련한 일 중독자였다. 자랑삼아 이런 말을 하는 것은 아니지만, 내가 성공한 원인이 엄청난 지능 덕분이 아니라 투철한 직업 정신 덕분이었다는 사실을 숨길 필요는 없다고 생각한다. 나는 정말로 다른 사람들보다 더 오래 일했다. 나는 내가 원하는 것을 위해 나 자신을 희생했다.

일에 대한 나의 마음가짐은 미국 특수부대 네이비 실(Navy SEALs)의 정신과 닮았다. 무엇이든 인생에서 할 가치가 있는 것은 지나치게 할 가치가 있다. 절제는 겁쟁이들을 위한 것이다.

트레이딩 본부에 처음 들어갔을 때, 내 꿈은 마침내 현실이 되었다.

트레이딩 본부

트레이딩 본부로 들어가는 것은 특별한 경험이다. 대학 졸업 후 트레이더 면접을 본 기억이 생생하다. 그 면접은 스칸디나비아 은행인 한델스방켄(Handelsbanken)의 트레이딩 본부에서 진행되었고, 면접관은 트레이딩 책임자였다.

하지만 그는 다른 일에 집중하고 있었고, 나는 불편한 방해물이었다. 나는 트레이더 생활을 하면서 여러 차례 그런 상황을 겪었다. 시장에서 상당한 위치에 올라선 뒤에 트레이딩 이외의 사소한 일들을 처리하는 것은 독특한 경험이 될 수 있다.

2018년의 복싱데이(크리스마스 다음 날로, 영미권에서는 이날 소매점들이 재고를 없애기 위해 대규모 할인 판매를 한다 - 옮긴이)가 좋은 사례다. 나는 크리스마스 푸딩을 먹으며 다우존스 지수의 역사상 가장 큰 하루 상승장에서 매매하고 있었다. 나는 상사의 기분을 상하게 하지 않으려고 저녁 식탁 밑에 휴대전화를 숨겼다. 그러곤 한 휴대전화에서는 차트를 보고 다른 휴대전화에서는 중개 회사의 매매 시스템을 보려고 수없이 화장실에 가는 척했다.

나는 대부분의 동료들과 다른 마음가짐으로 트레이딩 본부에 들어왔다. 그중 많은 사람들이 이 책을 읽으리라는 것을 알고 있으므로, 그들이 게으르다고 비난할 생각이 아니라는 것을 꼭 설명해야겠다. 시장이 잠잠할 때 브로커가 할 수 있는 일이 많지 않다는 사실을 포함하여 나는 배울 게 많았다.

내가 발견한 것은 사람들이 둘러앉아 신문이나 만화책을 읽는 모습이었다. 전화벨이 울리지 않으면 브로커에게 어떤 일도 강요할 수 없다. 나는 이것을 내가 경험한 가장 큰 문화적 충격이라고 생각하는데, 그것은 평범한 사무직과 트레이딩 현장의 뚜렷한 차이다.

트레이딩 본부에서 처음 일할 때는 겁이 난다. 하지만 몇 달 지나면, 큰돈이 오가는 데 면역이 생긴다. 그것은 그저 모니터 속의 숫자일 뿐이다. 한번은 오전 6시에 러시아 고객이 1000만 달러의 마진 콜(투자 손실로 인해 발생하는 추가 증거금 요구 – 옮긴이)을 받고 있다는 것을 알았다. 나는 1000만 달러를 벌려면 당시 내 월급으로는 133년이 걸릴 것이라고 재빨리 계산했다. 오전 7시까지 증거금을 입금한 그는 개인투자자였다. 나는 경외감에 빠졌고, 고무받았다.

트레이딩 본부에는 독특한 분위기가 존재한다. 한창 바쁠 때, 그곳은 인간 감정의 거대한 용광로나 다름없다. 한번은 동료가 자기 컴퓨터를 세게 걷어차 엔지니어가 컴퓨터를 교체하는 것을 본 적도 있다.

트레이딩 본부에서 벌어지는 일만 보면 금융시장이 복잡한 메커니즘이라는 것을 짐작하기 어렵다. 그곳은 바쁜 토요일 아침에 한 노점 주인이 다른 사람보다 큰 목소리를 내려고 애쓰는, 세계 어느 도시에서나 볼 수 있는 동네 시장을 연상케 한다.

트레이딩 본부에서 눈앞에 펼쳐지는 원시적이고 검열되지 않은 감정을 목격할 때, 그것이 현대 사회와 문명의 구조를 구성하는 미세하게 조정된 세계 경제 환경에 어떻게 부합하는지 알기 어렵다.

충동 구매, 패닉 매도, 패배를 인정하지 않는 마음, 탐욕, 어리석음, 고집, 절망, 눈물, 비참한 우울증, 흥분과 열광이 모두 여기에 전시되어 있고, 그것들이 빠르게 반복된다.

나는 스프레드 거래를 하는 팀에서 1년 동안 일했고, 이후 그만두라는 요청을 받았다. 같은 날 나는 세계에서 가장 큰 미국 국채 중개 회사인 ICAP(영국 런던에 본사를 둔 금융 서비스 회사-옮긴이)가 소유한 시티 인덱스(City Index)에 스카우트되었다.

시티 인덱스에는 약 2만 5,000명의 고객이 있는데, 그중 3,000명이 매일 거래하는 투자자들이었다. 이들은 통화, 상품, 주가지수, 개별 주식, 옵션, 채권 및 관련된 모든 금융 상품을 거래했다. 나는 이곳에서 수천 명의 사람이 해낸 수억 건의 거래를 목격했다. 그중 두드러진 성과를 낸 사람은 극소수였고, 행여 성공을 거두어도 모두 잘못된 이유 덕분이었다. 나는 모든 성공담마다, 여러분에게 열 개씩의 두려운 비밀을 들려줄 수도 있다.

위대한 트레이더에 대한 기억이 없음

최근에 나는 런던에 있는 투자 회사의 CEO 친구와 이야기를 나눴다. 나는 그에게 30년 동안 트레이딩 본부에서 일하며 두각을 나타낸 트레이더가 있는지 물었다. 그는 많은 기이한 일들을 목격했지만, 좋은 트레이더라는 관점에서 보았을 때 거의 보지 못했다고 말했다.

여기 성인이 된 후 트레이딩 현장에서 평생을 보낸 사람이 있다. 하지만 그는 잘해낸 사람들을 기억하지 못한다. 우리는 성공적인 트레이더의 비율과 그 비율이 너무 낮다는 점에 관해 이야기했는데, 그 많은 트레이더들이 왜 처음부터 트레이딩을 하고 싶어 하는지, 아니면 이 직업을 잘하는 사람이 있기는 한지 궁금할 정도다. 그와의 대화는 다음과 같이 진행되었다.

> 나　당신은 30년 동안 차익결제거래(CFD, Contract For Difference, 실제로는 투자 상품을 보유하지 않으면서 차후 가격 변동에 따른 차익만 정산하는 장외 파생 상품-옮긴이) 업계에서 일했습니다. 그동안 좋은 트레이더들을 보았을 겁니다. 그들에 대해 말해줄 수 있나요?
>
> CEO　저도 그랬으면 좋겠네요. 저는 많은 사람이 큰돈을 버는 것을 보았지만, 극소수만 그 돈을 지켰습니다. 차익결제거래가 주류가 아니었을 때부터 저는 이 업계에서 일을 시작했습니다. 차익결제거래 계정을 가진 이들은 대부분 매우 부유하거나 업계 종사자들이었습니다. 당시 이 고객들은 종종 오래된 클럽처럼 끼리끼리 아는 사

람들 안에서 매매하곤 했습니다. 이는 그들이 대부분 특정 주식이나 특정 상품을 거래했다는 것을 의미합니다. 그 당시의 트레이딩은 오늘날처럼 흔한 일이 아니었습니다.

나　그들은 좋은 트레이더였나요?

CEO　아니요, 저는 그들이 좋은 트레이더였다고 말하지 않을 겁니다. 우리는 도시에서 유명한 인물들을 고객으로 갖고 있었고, 그들의 개인적인 거래는 헤지펀드 트레이더나 펀드매니저임에도 불구하고 종종 끔찍했습니다. 자기 돈을 거래할 때는 마치 규율을 잃은 것 같았습니다. 저는 그들이 자신의 돈으로 거래하듯이 고객의 돈으로 거래하지는 못할 것이라고 확신합니다.

오늘날 우리는 훨씬 더 많은 소규모 투자자들을 보유하고 있지만, 그 패턴은 소규모 투자자와 대형 투자자를 가리지 않고 놀랍게도 유사합니다. 대부분의 고객이 지는 쪽보다 이기는 매매가 더 많습니다. 이런 이유로 당신은 그들이 좋은 트레이더라고 주장할 수도 있습니다.

하지만 그들은 이기는 매매에서 버는 돈보다 지는 거래에서 더 많은 돈을, 훨씬 더 많은 돈을 잃는 경향이 있습니다. 한 번의 매매에서 1파운드를 번다면, 질 때는 약 1.66파운드를 잃는 비율입니다.

나　차익결제거래 중개인은 그런 곳에서 어떻게 돈을 버나요?

CEO　믿을지 안 믿을지 모르겠지만, 우리는 우리의 고객들이 이기길 원합니다. 저는 차익결제거래 업계에서 인맥이 넓습니다. 저는 경쟁사 CEO들과 정기적으로 모입니다. 비록 서로가 경쟁자이고, 경쟁자를 이기기 위해서라면 무엇이든 하겠지만, 우리에게는 한 가지 공통된 소망이 있습니다. 우리의 고객들이 더 잘 매매하는 것입니다.

우리는 그들을 돕기 위해 최선을 다합니다. 우리는 그들에게 줄 수 있는 모든 도구를 제공합니다. 우리는 그들에게 유리한 스프레드와 뉴스 서비스를 제공합니다. 또한 정교한 차트 작성 패키지를 제공하고 데이터를 줍니다. 우리는 그들의 성과를 측정하는 분석 도구도 제공합니다.

간단히 말해서, 우리는 그들이 돈을 버는 데 필요한 도구를 갖추도록 우리가 할 수 있는 모든 것을 합니다. 그런 다음에 그들이 거래하도록 합니다. 문제는 대부분의 소규모 계좌들이 짧은 시간 내에 손실을 보는 경향이 있다는 겁니다.

그러지 않기를 바란다는 제 말을 믿어주세요. 중개인으로서 우리가 고객들을 위해 무엇을 더 할 수 있을지 모르겠습니다. 우리는 매매해서 돈을 버는 사람이 계속해서 거래할 수 있다는 명확한 증거가 있으므로 고객들이 돈 버는 것을 좋아합니다. 그것은 우리 사업에 더 좋은 일입니다.

문제는 지속적으로 수익을 올리는 투자자와 일반 투자자의 차이를 분명히 볼 수 있다는 겁니다. 그들의 접근 방식은 매우 다릅니다.

나　그들이 무엇을 하고 있는지 어떻게 알 수 있나요?

CEO　우리가 살펴볼 수 있는 매개변수는 많습니다. 가장 중요한 다섯 가지 요소로 좁힌다면 다음과 같습니다.

1. 계좌의 크기

2. 거래 빈도

3. 이기는 매매의 보유 기간과 지는 매매의 보유 기간 비율

4. 이기는 매매에 추가 투자를 하는지, 지는 매매에 추가 투자를 하는지 여부

5. 손절매를 하는지 여부

100파운드 미만의 계좌를 개설하는 사람은 확실히 그 돈을 잃게 됩니다. 슬프게도 말이죠. 계좌에 있는 모든 돈을 한꺼번에 매매하는 사람, 즉 과도한 매매를 하면 결국 돈을 잃을 겁니다.

이기는 매매를 오래 끌고 가지 못하고, 지는 매매를 오래 끌면 결국 돈을 잃게 됩니다.

이익을 거두고 있는 매매에 포지션을 추가하는 사람이라면 (긍정적인 면에서) 우리의 관심을 끌지만, 손해 보는 매매에 포지션을 추가하는 사람은 거의 확실하게 어느 시점에서 계좌의 잔고를 모두 잃게 될 겁니다.

손절매 없이 매매하는 사람 역시 그 길을 따를 겁니다. 우리는 슬프게도 그런 사람을 항상 봅니다.

보시다시피 우리는 중개업자로서 사람들이 돈을 벌게 해주려고 할 수 있는 모든 일을 합니다. 하지만 사람은 어쩔 수 없나 봅니다. 그들이 결국은 자신을 스스로 파괴하는 방법을 찾게 된다는 말이지요.

20년 전의 조건

나는 가장 뛰어나고 거래 비용이 적은 업자를 찾기 위해 모든 중개업자를 비교한다. 1파운드의 수수료를 낼 수 있는데 왜 군이 1.5파운드의 수수료를 지불해야 하는가? 이것은 단순한 경제학이다. 나는 사업을 하고 있으며, 거래 비용은 최대한 줄이고 싶다.

내가 제일 좋아하는 상품 중 하나는 독일 DAX 지수다. 오늘날 나는 DAX 지수를 매매하는 비용으로 2.7포인트를 낸다.

하지만 약 20년 전에 내가 거래를 시작했을 때 DAX의 하루 거래 비용은 6~8포인트였다. 하루 단위 다우 지수 차익결제거래를 했던 기억이 생생하다. 당신이 그때 하루 단위 다우 지수 차익결제거래를 했다면 거래 비용으로 8포인트를 내야 했을 것이다.

분기 단위 계약은 거래 비용이 16포인트였다. 다우 지수가 약 1만 포인트에 거래되던 시기였다. 오늘 나는 다우 지수를 1포인트의 비용으로 거래하고 있으며, 다우 지수는 현재 3만 5,000포인트 정도에 거래되고 있다.

1999년보다는 2020년에 거래하는 것이 훨씬 낫다. 그 당시에는 돈을 버는 매매가 훨씬 더 어려웠다. 1999년과 비교할 때 지금은 당신이 원하는 방향으로 시장이 아주 조금만 움직여도 본전을 찾을 수 있다.

오늘날 투자를 시작하는 사람들의 또 다른 이점은 중개 회사들이 제공하는 도구다. 오늘날 사실상 모든 거래 플랫폼을 보면, 당신이 돈 버는 것을 도우려고 중개 회사들이 들인 노력이 어느 정도인지 알 수 있을 것이다.

당신은 수백 개의 기술적 분석을 활용할 수 있다. 실시간 뉴스를 확인할 수 있다. 온라인 학습과 웹 세미나를 통해 교육받을 수 있다. 전 세계 주식에 대한 레벨2(가격 변동의 이면에 있는 이유까지 설명하는 데이터-옮긴이) 수준의 정보를 얻을 수 있다. 또한 당신은 상당한 범위의 매수-매도 호가 정보를 알 수 있다. 30년 전의 기관투자자가 오늘날 여러분이 사용하는 도구를 보았다면, 그들은 질투심에 사로잡힐 것이다.

방대한 정보창에서 당신이 생각하는 모든 기술적 분석 도구를 자유롭게 사용할 수 있다. 볼린저 밴드(Bollinger Band)도 있고, 켈트너 채널(Keltner Channel)도 있고, 이동평균도 있다. 당신은 내가 들어본 적도, 사용한 적도 없는 도구를 가지고 있다.

전 세계의 모든 중개 회사가 시장에서 최대한 많은 돈을 벌 기회를 제공하기 위해 비용을 아끼지 않았다.

하지만 아무 소용이 없다. 대부분 실패할 것이다. 트레이딩 업계에서 실패율은 천문학적이다. 그 누구도 통계에 면역이 되지 않는다.

실패자가 정상

매매하는 사람들의 접근 방식에는 근본적으로 잘못된 것이 있다. 우리는 사회 구성원 대부분이 정상적이고 잘 적응된 인간이라고 가정해야 한다. 성격 차이에 따른 여지가 있겠지만, 그들의 행동 패턴은 아주 유사할 가능성이 크다.

요람에서 무덤까지, 아침부터 밤까지, 1년에서 다음 해까지, 일반적인 사람들은 놀라울 정도로 비슷한 행태를 보인다. 생각의 패턴, 행동의 패턴, 희망과 꿈, 두려움과 불안의 패턴이다. 우리는 그런 사람을 '정상'이라고 말한다.

정상이 익숙한 패턴을 말하는 것이고, 차익결제거래 중개 회사의 계좌를 개설하여 (조만간) 돈을 잃는 것이 정상이라면, 정상은 모든 사람의 전형(典型)일 뿐이다. 정상인 사람들은 결국 모두 돈을 잃을 것이다.

지나친 억측일까? 소매 금융시장의 전형적인 차익결제거래 투자자의 행태에서 증거를 살펴보겠다.

중개 회사가 세상의 모든 도구를 이용할 수 있게 해준다고 해도, 금융시장의 통계에 면역을 가진 사람은 아무도 없다. 체계적인 훈련을 받지 않았거나, 여러분이 걷고 싶은 길을 이미 걷고 있는 누군가에게 교육을 받지 않았거나, 혹은 여러분이 이 노력을 진지하게 생각하지 않는 한, 여러분은 금융시장에서 실패할 가능성이 매우 크다.

유럽연합의 중개 회사 웹사이트를 보면 실패율이 나온다. 중개 회사들은 법적으로 웹사이트의 첫 페이지에 이를 게시할 의무가 있다. 다음은 세계에서 가장 크고 잘 알려진 차익결제거래 중개 회사와 그들의 고객 실패율이다.

중개 회사	고객 실패율
IG Markets	75%
Markets.com	89%
CMC Markets	75%
Saxo Bank	74%
FX PRO	77%

2019년 11월 7일 기준

누구나 자신은 다르다고 생각한다는 것을 나도 안다. 하지만 금융시장의 관점에서, 당신은 통계적으로 다른 모든 사람과 같다.

세계 상위 10개 중개 회사의 데이터를 본다고 해도 통계는 바뀌지 않는다. CMC Markets, IG Markets, Gain Capital 또는 최상위 혹은 차상위 어떤 중개 회사든 살펴볼 수 있다. 고객 실패율이 70% 미만인 중개 회사는 없다.

정상(正常)으로는 충분하지 않다

도구가 당신을 최고의 투자자로 만들어주지는 않는다. 매매 기법이 당신을 최고의 트레이더로 만들어주지는 않는다. 만약 좋은 투자자가 되고 싶다면, 그리고 최고 수준의 성공을 이루고 싶다면 트레이딩에서 부를 얻는 길이 당신이 사용하는 도구나 매매 기법과 관련 있다는 생각을 즉시 멈춰야 한다.

물론 전략은 필요하다. 당연히 계획도 필요하다. 그리고 당신은 시장을 이해할 필요가 있다. 그렇다면, 이 책이 도구와 전략에 관한 책이 아니라면 무엇에 관한 책일까?

이제 다른 관점에서 그 질문을 다루겠다. 업계에서 중개인, 개인투자자를 상대하는 트레이더, 마케팅 담당자로 일하는 사람들의 관점에서 이야기해보자.

그들이 매매를 하는가?

나는 그렇지 않을 가능성이 크다고 말하고 싶다. 하지만 투자자들은 그들에게서 조언이나 지도, 훈련을 받고 있다. 투자자들은 자신들보다 트레이딩에 관해 별로 나을 것 없는 사람들로부터 지도받고 있다.

기차와 버스를 타고 출근하는 사람들이 리무진과 헬리콥터를 타고 출근하는 사람들에게 조언해주는 곳은 월스트리트가 세계에서 유일하다고 말하는 프레드 쉐드(Fred Schwed)의 《고객의 요트는 어디에 있는가(Where Are the Customers' Yachts?)》(부크온, 2012)가 떠오른다. 투자자들은 트레이딩을 할 줄 모르는 사람들의 안내를 받고 있다!

빗나간 초점

투자 관련 프로그램을 시청하거나 투자 지침서를 읽을 때, 혹은 중개 회사의 웹사이트에서 온라인 교육 자료를 볼 때, 그들이 말하는 초점의 100%는 다음과 같은 소위 '어떻게'에 맞춰져 있다.

- 어떻게 단타 매매를 하는가?
- 고점과 저점을 어떻게 포착하는가?
- 데이트레이딩은 어떻게 하는가?
- 추세는 어떻게 따를 수 있는가?
- 외환시장은 어떻게 매매하는가?
- 일목균형표는 어떻게 사용하는가?
- 이동평균 수렴 확산 지수(MACD)나 스토캐스틱으로 어떻게 매매하는가?

이건 지극히 정상이다. 투자 프로그램과 지침서는 대다수 사람들이 금융시장에서 돈을 버는 데 필요하다고 믿는 해결책을 제공하는 쪽에 초점을 맞추고 있다. 중개 회사들도 마찬가지다. 그들은 투자자들에게 필요하다고 자신들이 생각하는 정보와 투자자들이 필요하다고 생각하는 정보를 제공한다.

투자를 새로 시작하는 이들은 종종 잘못된 길로 이끌 가능성이 있는 바로 그 사람들의 손에 인도된다. 초보 투자자들은 매매 기법과 전략이 전부라고 믿게 된다. 다른 투자자들과 차별화되는 것은 전략이 아니라는 사실을 염두에 두는 사람은 아무도 없다.

투자자들을 특별하게 만드는 것은 그 사람들의 전략을 어떻게 생각하는지, 그리고 그 전략을 따르는 능력에 달려 있다.

당신은 이것이 자신에게 맞는 길인지 궁금하지 않은가? 당신 이전에 그 길을 걸었던 대부분의 사람이 실패했다면, 당신의 모든 자원을 하나의 목표에 바친다는 게 무의미할 수도 있다는 의심이 들지 않는가?

의심해보아야 한다. 정말로 무엇이 돈을 벌지 못하는 90%의 투자자들과 당신을 다르게 만들 수 있는지 자문해야 한다. 만약 당신이 (다른 사람들과 마찬가지로) 정상이라면 당신은 해낼 수 없을 것이다.

정상적인 것으로는 해결할 수 없다

한 투자 프로그램의 주최자가 나를 강연에 초대했다. 그 프로그램은 런던에서 열렸고, 나는 내가 원하는 것은 무엇이든 말할 수 있다고 들었다. 나는 투자업계의 비참한 실패율을 이야기하기로 마음먹었다.

내 주장은 전체 차익결제거래 계좌의 90%가 손해를 본다면, 이는 인간의 문제라는 것이다. 차익결제거래 계좌를 개설하는 모든 사람이 정상적인 사고방식을 가진 평범한 사람이라고 말할 때 나는 이것이 합리적인 추측이라고 여긴다. 정상적인 사람들이 생각하고 행동하는 방식에 근본적으로 잘못된 무언가가 있기 때문에 그들의 투자가 성공하기 어려운 것이다.

그 어느 때보다 매매로 쉽게 돈을 벌 수 있어야 한다

20년 전과 비교했을 때 오늘날의 차익결제거래 비용이 얼마나 적은지 앞에서 언급했다. 따라서 투자자들이 돈을 버는 것이 그 어느 때보다 쉬워야 한다. 하지만 현실은 그렇지 않다.

사람들은 여전히 돈 버는 매매를 하기 위해 고군분투하고 있다. 이 책의 주요 전제는 수수께끼 같은 이 난제의 진상을 규명하는 것이다. 내가 선택한 접근 방식은 다음과 같은 사실을 중심으로 한다.

1. 매매가 이처럼 쉬운 적이 없었다. 투자자에게 최고의 IT 인프라가 제공된다.
2. 거래 비용이 그 어느 때보다 적다.
3. 기대 수익이 그 어느 때보다 크다.
4. 매매 관련 도구를 이처럼 쉽게 사용할 수 있었던 적이 없다.

5. 중개 회사가 지금처럼 고객에게 많은 것을 해준 적이 없다.

6. 주가지수가 지금보다 높았던 적이 없고, 변동성도 가장 크다.

거듭 말하지만, 나는 거래 계좌를 개설하는 사람들이 사회에서 완벽하게 제 역할을 하는 정상적이고 잘 조정된 인간이라고 생각한다.

내가 묻고 싶고, 답하고 싶은 질문은 다음과 같다. 정상적인 행동은 어떻게 보일까? 내가 매매할 때 어떻게 하면 정상적인 것을 피할 수 있을까? 매매하는 사람들의 80~90%가 정상인이라고 가정한다면, 나는 그들처럼 행동하고 싶지 않다.

당신은 정상인가?

내 주장은 자극적이지만, 다음과 같은 본질적인 질문을 던진다. 당신은 다른 사람들처럼 생각하고, 다른 사람들과 같은 방식으로 매매에 접근하는가?

만약 그렇다면 당신에게 문제가 생길 것이다.

만약 당신이 다른 사람들처럼 생각한다면, 당신이 다른 사람들과 똑같은 결과를 얻는 것이 이상한 일일까?

정상적인 행동이 무엇인지 살펴보자.

정상적인 행동은 끝없는 교육에 참여하여 새로운 우위를 찾는 것이다. 나는 《라이어스 포커》를 읽는 순간부터 내가 트레이더가 되려 한다는 것을 알았지만, 좋은 트레이더가 어떻게 행동하는지에 대한 공식적인 훈련을 받은 적은 없다. 내가 왜 그래야 하지? 나는 좋은 트레이더는 싸게 사고 비싸게 판다는 말을 들었다. 하지만 내가 무언가를 싸게 살 때마다, 그 가격은 항상 점점 더 낮아졌다. 이것은 무슨 의미인가?

이것은 우리가 매매를 시작할 때 항상 듣는 조언이다. 이것이 표준이고, 이것이 표준이라면 90%만 손해를 보는 것은 기적이다. 싸게 사고 비싸게 파는 것은 파멸의 확실한 방법이므로 100%가 되어야 한다.

사람들은 비밀을 배우기를 바라면서 주말 투자 강연에 참석한다. 사람들은 주봉 분석, 스토캐스틱, 상대 강도 지수(RSI), MACD, 이동평균과 같은 도구를 사용하는 법을 연구하고 배울 것이다. 그 목록은 끝없이 늘어난다. 이 모든 것이 간단히 말해서 정상적인 행동이다.

바이블도 틀릴 수 있다

기술적 분석의 바이블도 초기 학습 곡선이 끝나면 길을 가는 사람에게 큰 도움이 되지 않는다.

기술적 분석의 바이블은 로버트 에드워즈(Robert D. Edwards)와 존 머기(John Magee)가 저술했다. 이 책은《주식 추세의 기술적 분석(*Technical Analysis of Stock Trends*)》이라 불리며, 1948년 초판 이후 수백만 부가 팔렸다.

그러나 대부분의 독자는 에드워즈와 머기가 현대 기술적 분석의 진정한 창시자가 아니라는 사실을 모른다. 진정한 창시자는 리처드 샤베커(Richard W. Schabacker)라는, 잘 알려지지 않은 기술적 분석가였다.

뛰어난 기술적 분석가인 샤베커는 찰스 다우(Charles Dow)의 다우 이론과 같은 선구적인 작업을 포함하여 자신의 시대까지 기술적 분석에 대해 알아야 할 거의 모든 것을 코드화했다.

1930년과 1937년 사이에, 샤베커는 진지한 월스트리트의 트레이더들과 투자자들을 상대로 몇 차례 강의를 했다. 불행히도, 그는 40세도 되지 않았을 때인 1938년에 사망했다.

샤베커는 죽기 직전에 처남인 로버트 에드워즈에게 강연 자료의 복사본을 주었고, 에드워즈는 MIT 출신 엔지니어인 동료 존 머기의 도움으로 샤베커의 자료를 다시 작성했다.

결과적으로, 기술적 분석의 원조에 대한 공로를 인정받은 사람은 샤베커가 아니라, 그들의 작품이 영원한 베스트셀러가 된 에드워즈와 머기였다.

분명히 말하건대《주식 추세의 기술적 분석》과 같은 책을 읽는 것은 필수이지만, 테니스에 관한 설명서가 라파엘 나달(Rafael Nadal, 클레이 코트의 황제라 불리는 테니스 선수-옮긴이)과 경쟁할 수 있도록 만들어줄 수 없듯이, 그 책이 당신을 전문적이고 수익성 있는 투자자로 만들어줄 것이라고 생각해서는 안 된다.

초심자들이 기술적 분석에 관한 책을 읽고 고전적인 실수를 하는 것을 자주 본다. 그들은 상대 강도 지수(RSI)와 확률론 같은 지표를 연구할 것이고, 시장이 '과매수' 또는 '과매도' 상태라고 흥분해서 선언할 것이다.

그들이 깨닫지 못하는 것은 '과매수'가 '비싸다'라는 심리적 개념화에 대한 감정적 표현이라는 사실이다. 스토캐스틱 차트를 읽는 사람들은 (데이터의 수학적 조작을 통해) 시장이 이제 비싸므로 매도 포지션을 취해야 한다고 믿게 된다.

'과매도' 역시 마찬가지다. 그것은 시장이 싸다는 것과 이와 관련된 어떤 가치가 있다는 것을 당신의 마음에 말하는 또 다른 방법이다.

예를 하나 들어보겠다. 어제는 다우존스와 독일 DAX 지수에서 특히 약세장이었다. 나는 온종일 매도 포지션을 취했으며, 텔레그램 채널에서 모든 것을 확인하고 문서로 만든 괜찮은 날 중 하나를 보냈다. 그날은 2019년 10월 3일이었다.

다우 지수가 더 하락한 그날 오후 늦은 시간, 지인이 연락해서 매우 놀라운 질문을 했다. 그 질문은 덴마크어로 되어 있었고, 번역하면 다음과 같다.

"톰, 스토캐스틱 지표를 확인해보았나요? 스토캐스틱이 엄청난 '과매도' 영역에 있습니다. 장 마감을 앞둔 지금 매수 포지션을 취하는 것이 좋다고 생각하나요?"

나는 이렇게 대답했다.

"흠, 나는 매도 포지션인데……. 그 문제는 다른 사람에게 물어봐야 할 것 같군요."

내가 매도 포지션을 취하고 있다는 말에 그는 계속해서 절대적인 충격을 표현했고, 조금 후에는 다우 지수를 2만 5,590에 매수했다고 말했다.

물론 매수자가 있으면 매도자가 있다. 하지만 나는 다우존스 지수가 400포인트 하락한 날 장 마감 10분 전에 매수 포지션을 취하는 것이 좋은 생각인지 확신할 수 없다.

그것은 내가 20년 전에 했을 법한 생각을 떠올리게 한다. 하지만 오늘은 아니다. 내가 장 마감 직전에 다우 지수를 매수한다면, 그것은 매도 포지션을 정리하기 위한 것이다. 나는 포지션을 다음 날까지 가져가기보다는 편안한 잠자리를 더 소중히 여긴다.

나는 그에게 이렇게 말했다.

"당신은 온종일 매도 포지션을 취할 기회가 있었습니다. 그런데 이제 와서 매수 포지션으로 무얼 얻기를 바라나요? 400포인트나 떨어졌기 때문에 지금은 값이 싼 것이고, 마감 직전에 이런 값싼 주식들을 매수해야 한다고 생각하나요?"

나도 그렇게 생각한 적이 있었다. 내가 이익을 내지 못하고 있을 때였다.

다우 지수는 상승으로 마감하지 않았다. 반등은 없었다. 나는 그가 많은 것을 잃지 않았다고 확신한다. 내가 걱정하는 것은 그의 지갑이 아니라 그의 사고방식이었다.

그것이 이 책의 내용이다. 내가 원하는 것은 당신이 시장에 대해 올바른 생각을 하도록 만드는 것이다. 시장은 손실을 보는 80~90%의 투자자가 잘못된 방향으로 가는 곳이다.

학교 문을 닫아라

트레이딩이 학교였다면 문을 닫았을 것이다. 학생들의 90%가 시험에 실패한다면 어떤 학교나 대학도 제 기능을 할 수 없다.

우리는 정상적인 사람들이고, 현대 사회의 구조 안에서 잘 작동한다. 투자에 종사하는 모든 사람이 정상적인 인간이라면, 그들은 제대로 기능하고, 지적이고, 사려 깊고, 근면하다는 것을 의미한다. 그렇다면 왜 우리 업계에서 실패율이 90%나 될까?

그건 전혀 말이 되지 않는다. 보통 사람들이 열심히 일할 때 그들은 성공할 것이고, 최소한 어느 정도의 성과를 얻게 될 것이다. 트레이딩은 그렇지 않은 듯싶다. 다른 직업은 실패율이 90%나 되지 않는다.

만약 치과 의사가 당신의 치아를 못 고칠 가능성이 90%라고 말한다면, 당신은 병원에서 쏜살같이 빠져나올 것이다. 하지만 그것이 바로 개인투자자가 직면한 가능성이다. 그러나 꼭 그럴 필요는 없다.

투자자로서 우리는 끝없이 예측 가능한 사이클에 참여하는 경향이 있다. 당분간은 매매가 잘된다. 우리는 행복하다. 우리의 규율은 약해진다. 우리는 돈을 잃는다. 그러면 우리는 결의를 강화하고, 더 많은 교육을 받는다. 그리고 다시 당분간 잘해낸다. 하지만 우리는 돈을 잃는다. 때로는 잠시, 때로는 영구적으로 매매를 멈추기도 한다.

친숙하게 들리는가?

이 주기의 슬픈 부분은 모든 사람이 매매에서 좋을 때가 있다는 것이다. 누구나 돈을 버는 시기가 있다. 사람에게는 자신의 순간이 있다. 아마 당신도 그랬을 것이다.

그래서 어떻게 될까? 99%의 사람들이 잘 잃는 방법을 모른다는 것이다. 그들이 잃을 때 경험하는 감정은 그들 자신에게 가장 이익이 되지 않는 방식으로 행동하도록 만든다.

감정은 반응으로 만들어진다. 재미있는 농담을 들으면 큰 소리로 웃는다. 그것이 감정이다. 그러나 다음번에 똑같은 농담을 들을 때, 당신은 웃지 않는다. 당신의 마음은 이미 그 농담에 익숙해졌다.

누군가와 사랑에 빠졌을 때 당신은 강한 감정을 경험하고, 당신의 내면은 아름다운 혼란에 빠진다. 그 사람을 보면서 당신은 그에 대한 사랑을 표현하고 그와 하나가 되어 그의 눈을 응시하고 싶을 뿐이다.

시간이 지날수록 혼란스러움은 평온함으로 대체된다. 당신은 그의 주변에 있는 것을 좋아하지만, 열정은 처음보다 약하다. 당신은 상대방에게 익숙해져 있다.

밧줄 없이 위험한 바위를 오르는 등반가는 손을 놓치면 심각한 결과에 직면하게 된다. 그들은 수년간의 연습을 통해 그들의 마음에 적응하기 때문에, 그들의 편도체(감정, 특별히 공포와 공격성을 처리하는 핵심적인 뇌 영역 – 옮긴이)는 등반할 때 모든 부분이 발화하지 않는다. 그들은 침착하다.

뛰어난 군인은 처음으로 전투 상황에 부닥쳤을 때 죽음의 공포를 느낀다. 그의 첫 번째 전투 상황이 모의 전투인 것은 그 때문이다. 그다음에 또. 그다음에 또. 그리고 조금씩, 그의 두려움은 반복과 습관화를 통해 극복된다.

기술적 분석을 공부할 때마다 최소 25%의 시간을 내적 분석에 할애해야 한다. 당신은 자신의 약점이 무엇인지 알아야 한다. 당신은 자신의 장점이 무엇인지 알아야 한다. 당신은 자신이 잘하는 것을 알아야 하고, 자신이 못하는 것을 알아야 한다.

만약 여러분이 이런 것들을 개선하기 위해 시간을 투자하지 않는다면 어떻게 나아질 수 있겠는가? 원하는 결과를 얻고자 그런 수준의 자기 성찰에 참여하는 사람은 극소수다. 돈을 버는 매매가 목표인데 99%의 사람들이 손해를 보고, 99%의 사람들이 분석과 매매 전략이 이익을 보는 거래의 열쇠라고 생각한다면, 전략과 분석이 돈을 버는 매매의 열쇠가 아니라고 100% 확신할 수 있다.

4300만 건의 매매 분석

매우 흥미로운 연구 결과가 있다. 그것은 데이비드 로드리게스(David Rodriguez)라는 분석가의 아이디어이고, 매우 훌륭하다. 큰 규모의 외환(FX) 중개 회사에서 일한 그는 통화를 거래하는 고객들의 실패율이 왜 그렇게 높은지 알아내려고 했다. 중개 회사에서는 매일 약 2만 5,000명이 FX를 거래했다.

로드리게스는 15개월 동안 이뤄진 모든 거래를 조사했다. 거래의 수는 놀라울 정도였다. 2만 5,000명이 4300만 건에 가까운 거래를 성사시켰다. 통계학적 관점에서 볼 때, 그것은 매우 중요하고 흥미로운 표본 공간을 만들었다.

구체적으로 로드리게스와 그의 동료들은 돈을 버는 매매의 수를 살펴보았다. 나는 지금 여러분에게 얼마나 많은 매매가 성공적이었는지, 그리고 얼마나 많은 매매가 실패했는지에 대해 생각해볼 기회를 주고 싶다. 전체 4300만 건의 매매 중 어느 정도 비율일지 생각해보라.

당신이 하고 싶은 대답에 도움을 주자면, 대부분의 거래가 유로/달러, 파운드/달러, 스위스 프랑/달러, 엔화/달러 통화 매매로 이루어졌음을 밝힐 수 있다.

그리고 대부분의 거래는 스프레드가 매우 좁은 유로/달러에서 실행되었다. 불행하게도 그것은 결과에 큰 차이를 만들지 않는 것처럼 보인다.

중개 회사 고객의 모든 거래의 62%가 이익을 보고 끝났다. 10건의 매매 중 6건이 조금 넘는 수준이다. 꽤 좋은 적중률이다. 적중률이 10건 중 6건인 투자자는 매매로 돈을 벌 수 있어야 한다.

물론 벌 때 얼마나 벌고 잃을 때 얼마나 잃느냐에 따라 크게 달라진다. 2만 5,000명이나 되는 사람들의 문제가 여기에 있다.

그들은 적중률에서 매우 성공적이었다. 하지만 그들이 매매당 평균 얼마나 벌었고 매매당 평균 얼마나 잃었는지를 보면, 당신은 곧바로 그들에게 큰 문제가 있었음을 깨닫게 된다. 그들은 이익을 거두는 매매에서 약 43틱을 벌었고, 손해를 보는 매매에서는 약 78틱을 잃었다.

이익을 거두는 매매에서 버는 것보다 손해를 보는 매매에서 잃는 것이 더 많은 시스템을 갖는 것은 잘못된 일이 아니다. 그러나 손실이 발생하는 매매를 벌충하기 위해서는 적중률이 매우 높아야 한다.

헤지펀드에서 전문 트레이더로 일하는 남아프리카공화국 출신의 내 동료는 약 25%의 적중률을 보여준다. 그의 이야기는 책 후반부에서 더 자세히 말하겠지만, 그의 헤지펀드 맥락에서 적중률을 설명하겠다.

헤지펀드가 매매에서 손실을 볼 때, 그들은 1단위의 손실을 본다. 매매에서 이익을 볼 때, 그들은 25단위까지 크게 이긴다. 내 동료가 근사한 적중률을 가지고 있지는 않지만, 적어도 전체적인 관점에서 그렇지 않은 것은 당연하다.

내가 특히 흥미롭게 생각하는 것은 투자업계에 얼마나 많은 나쁜 조언이 있는지다. 당신은 종종 투자자들이 이야기하는 위험 보상 비율에 대해 듣게 될 텐데, 투자자가 문자 그대로 이를 받아들이고 매매할 때마다 기준으로 적용하지 않는 한, 그 자체로는 아주 순진한 생각이다.

텔레그램 라이브 대화방에서 실시간 매매를 할 때, 나는 항상 손절매 가격을 공개한다. 항상! 그리고 종종 내가 생각하는 목표 수익에 대한 질문을 받는다. 내 대답은 가끔씩 약간 빈정거리기도 한다. "아니요, 수정 구슬을 수리 중이라서요" 또는 특별히 심술궂고 피곤한 날이라면, 나는 무례하게 "미안하지만 내가 점쟁이처럼 보이나요?"라고 말한다.

물론 예의 바른 대답이 아니라는 것은 나도 잘 안다. 미안하다. 450번째 같은 질문을 받았을 때 예의를 차리지 못하는 나의 뻔뻔한 무능함을 무시하면, 내가 매매에서 목표 수익을 정하지 않는 데에는 더 깊은 의미가 있다. 그것은 위험 보상 비율과 많은 관련이 있다.

위험 보상 비율

나는 개인적으로 모든 위험-보상 개념에 엄청난 결함이 있다고 생각하지만, 내가 그렇게 이야기하는 유일한 사람이기 때문에, 아마도 내가 틀렸으리라는 것을 나는 인정한다. 그래도 끝까지 이야기해보겠다.

내게 주어질 보상이 얼마나 될지 도대체 어떻게 알겠는가? 나는 정말 모른다. 비록 내가 (예를 들어 스윙 패턴 계산이나 피보나치 확장을 사용하여) 아는 척을 했더라도, 나는 그 과정에서 내가 이익을 거두고 있는 매매에 포지션을 추가했으리라는 것을 알고 있을 정도로 나 자신에 대해 잘 안다. 목표 가격에 도달했을 때 나는 그 포지션을 정리하지 않는데, 그것이 나의 철학이기 때문이다.

목표 수익을 달성한 가격에서 매매를 정리했는데 가격이 더 올라간다면, 나는 화를 낼 것이다. 나는 잠재적인 더 많은 이익을 놓치느니 차라리 평가이익 일부를 버릴 것이다.

내가 괜한 야단법석을 떨고 있는지 모르겠지만, 목표 수익은 나와 어울리지 않는다. 나는 시장이 나에게 얼마나 보상을 줄 것인지 보고 싶다. 나는 그것이 내 평가이익의 일부를 포기한다는 것을 의미한다고 해도 받아들일 준비가 되어 있다. 나는 다우 지수에서 100포인트를 벌다가 수익이 0으로 떨어진 적이 셀 수 없이 많다.

이 글을 쓰기 일주일 전에도 그렇게 이익을 보던 매매가 있었는데, 결국 전부 잃고 최종 이익이 0이 되었다. 만족스럽지 못한 몇몇 투자자들이 실시간 트레이딩 대화방에서 내가 왜 수익을 실현하지 않았는지 항의했다. 설명하기는 어렵지만, 그것은 모두 고통과 관련이 있다.

100포인트의 수익에 작별 키스를 하는 것이, 100포인트의 수익을 실현한 뒤에 시장이 내가 원하던 방향으로 더 움직이는 것을 볼 때보다 훨씬 덜 고통스럽다.

이러한 철학 덕분에 나는 오늘처럼 400포인트에서 500포인트의 이익을 얻을 수 있다. 둘 중 하나만 가능하다. 나는 당신이 두 세계의 최고를 모두 가질 수 있다고 생각하지 않는다!

CNN과의 인터뷰

몇 년 전 CNN과의 인터뷰에서, 이기는 투자자의 특성에 대한 질문을 받았다. 이 솔직한 인터뷰에서, 나는 승리하는 투자자와 패배하는 투자자를 차별화한다고 느낀 점을 몇 가지 강조했다. 그것은 내가 트레이딩 본부에 있는 동안 개인투자자들이 수행한 수백만 건의 매매를 관찰한 경험을 바탕으로 한 것이다. 내가 확인한 주요 차이점은 다음과 같다.

1. 저점을 찾으려는 노력

시장이 하루 중이든 더 긴 시간에 걸쳐서든 하락 추세를 보일 때 개인투자자들은 주가의 저점을 찾으려고 노력한다.

그것이 싸게 사고 싶은 욕구 때문인지, 아니면 그들이 비효율적인 도구를 사용하기 때문인지 나는 잘 모른다. 내가 아는 바로는 이런 특성이 누구의 계좌든 엄청난 피해를 준다는 것이다.

승리하는 투자자들은 주도적인 추세를 훨씬 더 신뢰하는 듯하다. 이런 태도의 변화는 사소한 것처럼 보일 수 있지만, 말 그대로 승리하는 투자자와 패배하는 투자자 사이에 차이를 만든다.

시간이 지나면서 패배하는 투자자는 주도적인 추세에 대한 불신을 반복하고 추세에 역행하는 포지션을 취할 것이다. 감정적인 관점에서 보면 그가 싼 가격에 매수하거나 비싼 가격에 매도하는 것처럼 보이기 때문에 그렇게 할 것이다.

이것은 동네 슈퍼마켓에서 화장지를 50% 할인된 가격에 사는 것처럼 정서적으로 만족스러운 일이지만, 금융시장은 슈퍼마켓이 아니다.

여기에는 '싼' 것이 없다. '비싼' 것도 없다. 그저 대세가 만드는 가격이 있을 뿐이다.

승리하는 투자자는 '싸다'거나 '비싸다'는 생각에 감정적으로 집착하지 않는다. 그는 지금 이 순간에 집중하고, 지금 이 순간에 시장이 추세를 형성한다는 사실에 집중하면서, 이 추세를 믿고 내적으로 불편함 없이 무감각하게 이 추세에 동참한다.

2. 고점을 찾으려는 노력

그 반대도 마찬가지다. 시장이 상승 추세를 보일 때, 투자자들은 매도할 지점을 찾는다. 비록 사람들은 일반적으로 이미 크게 하락한 시장에 매도 포지션으로 올라타기보다 이미 상승한 시장에 더 잘 올라탄다고 알려졌지만 말이다.

시장이 특히 단기적으로 꽤 높은 수준으로 움직인다면 개인투자자들은 상승하던 가격이 하락하기를 바란다. 즉 그들은 매도 포지션을 취하려고 한다. 다시 말하지만, 이것은 아마도 물건들이 싸거나 비싸다고 생각하는 왜곡된 관점의 결과다.

3. 추세에 역행하는 모든 작은 움직임이 새로운 추세의 시작이라는 생각

나는 금융시장이 가장 어두운 터널을 지날 때 트레이딩 본부에 앉아 있었다. 예를 들어 리먼 브러더스(Lehman Brothers, 2007년부터 불거진 미국 부동산 가격 하락에 따른 비우량 주택 담보 대출, 즉 서브프라임 모기지 부실 사태로 파산한 글로벌 투자은행 - 옮긴이)가 파산 선고를 받은 2008년 9월 15일, 다우존스 지수는 4.5% 하락했다.

그 거래일 내내 두 번의 반등 시도가 있었지만 둘 다 실패했다. 수많은 고객들이 그날의 가장 저점에 매수하려 했지만, 점점 하락하는 다우 지수를 보는 것은 비극이었다.

그날 5분 차트에 파란색 봉이 하나 생길 때마다 우리는 매수 주문이 트레이딩 본부에 있는 모니터로 흘러들어오는 것을 보았다. 고객들은 최저가가 가까이 있고, 그것을 사야 한다는 생각에 사로잡혀 있는 것처럼 보였다.

하지만 최저가는 오지 않았다. 다음 날도 마찬가지였다.

이것은 투자자들이 보여주는 흔한 특성이다. 그들은 추세에 대한 작은 반작용 하나하나가 새로운 추세의 시작이라고 생각한다. 떨어지는 시장에서 저점을 잡으려다 모든 전쟁에서 잃은 것을 합친 것보다 더 많은 부를 잃었다(물론 이것은 강조하기 위한 근거 없는 표현이지만, 저점을 잡으려고 애쓰지 말라는 얘기다).

초보 투자자든 (돈을 벌었는지 잃었는지 모르겠지만) 경험이 풍부한 투자자든 성공적인 매매는 차트에 관한 것이라고 믿는 듯싶다.

아무도 그들에게 다르게 말할 시간을 가져본 적이 없으므로, 이 믿음은 그들의 계좌에 해가 된다. 차트에 모든 시간을 집중하는 것은 잘못된 전략이라고 아무도 그들에게 말하지 않았거나, 그럴 생각도 없었다. 이에 대해서는 다음 장에서 자세히 살펴보겠다.

모든 사람이 차트 전문가

주말 시간만 투자하면 기술적 분석의 기초를 배울 수 있다고 어떤 기사에서 선언한 적이 있다. 내가 조금 과장했을 수도 있지만, 정말로 조금만 과장했을 뿐이다.

차트 전문가가 매매 전문가와 일치하지 않는다는 말은 의심할 여지가 없다. 나는 매매하는 많은 친구들이 인상적인 기술적 지표 라이브러리를 구축하고, 익히 알려진 기술적 지표나 이해하기 어려운 기술적 지표에 대한 지식을 습득하는 것을 보았다. 하지만 그것이 더 많은 돈을 버는 쪽으로 이어지지는 않았다. 차트나 지표는 가급적이면 적게 사용하는 것이 더 좋다.

차트는 원하는 만큼 단순하거나 복잡할 수 있다. 투자자들은 차트 작성을 필요 이상으로 복잡하게 만드는 경향이 있는 것 같다. 나는 많은 신규 투자자들이 정작 주가 그래프는 거의 볼 수 없을 정도로 너무 많은 차트와 도구를 화면에 함께 띄워놓는 것을 종종 보았다.

많은 사람들이, 특히 초보 투자자들이 내 주식 그래프 화면을 보면 깜짝 놀란다. 내 주식 그래프 화면에는 단 하나의 지표도 없다. 정말 단 한 개도 없다. 내가 구식일 수도 있지만, 나는 주가 그래프 이외에 다른 도구는 필요하지 않다.

트레이더로서 내가 하는 일은 위험이 낮은 매매 조건을 찾는 것이다. 매매에 대한 나의 접근 방식은 가격 그 자체 이외의 다른 도구를 중심으로 두지 않는다. 모든 지표는 많든 적든 시간과 가격을 기준으로 작성된다. 따라서 그 지표는 눈앞에 보이는 현실을 왜곡한 것이다.

시장은 일정 범위에서 횡보하거나, 추세를 보일 수 있다. 어떤 지표는 횡보하는 시장에서 잘 작동한다. 이런 지표는 보통 추세를 보이는 시장에서 끔찍한 결과를 만든다. 어떤 지표들은 추세 시장에서 잘 작동하지만, 일정 범위 내에서 횡보하는 시장에선 사용하기가 끔찍하다.

유명한 트레이더인 친구 테피드(Tepid)가 지금은 없어진 애비드 트레이더(Avid Trader)라는 트레이딩 도구에 대해 이렇게 말한 적이 있다.

"지표는 모두 일정 시간 동안은 잘 작동하지만, 그중 어느 것도 항상 잘 작동하는 것은 아니다."

나는 매매에서 돈을 잃는 90%의 투자자 중 많은 사람이 훌륭한 차트 판독 능력을 갖추었을 것으로 생각한다. 그들은 차트를 매우 잘 읽을뿐더러 패턴도 잘 이해하고 있다.

하지만 나는 매매에는 헤드 앤드 숄더 패턴이나 봉 차트 패턴 또는 피보나치 비율을 아는 것 이상의 것이 있다고 생각한다.

뛰어난 트레이더들이 간단한 10분 차트만 사용하여 수백만 파운드의 주가지수 선물 계약을 다루는 것을 본 적이 있다. 사실 나는 날마다 그렇게 매매한다.

나는 상위 1%와 나머지 99%로 나뉘는 것은 그들이 매매할 때 어떻게 생각하고, 어떻게 감정을 처리하는지에 있다고 생각한다. 그렇다고 해서 차트를 읽는 기술을 배우는 데 장점이 없다는 것은 아니다. 차트 읽기가 내 의사 결정에 절대적으로 필요하다는 것은 나 자신의 경험을 통해 알고 있지만, 그것은 전체 매매 상황의 작은 부분에 불과하다.

전문가들의 투자 강연이 급증하는 것은 그만큼 매매 기술과 비법을 배우려는 수요가 있다는 증거다. 나는 그들의 '족집게' 과외가 그 시간에 책을 읽으며 보내는 것보다 훨씬 더 매력적인 유혹이라고 생각한다.

만약 주말 매매 강좌를 열고 있는 전문가가 일요일 밤까지 자신의 강의를 들으면 "백만장자 전문가들처럼" 매매하는 수준으로 올라올 것이라고 주장한다면, 순진한 사람들은 그 옵션을 선택할 것이다. 인간이 가장 저항이 적은 길로 가려고 하는 것은 지극히 자연스러운 일이다.

새로운 기술을 배우려면 시간이 걸린다. 그래서 "30일 안에 새로운 언어를 배운다"라는 광고 문구를 보았을 때, 여러분은 그것을 의식적으로 믿지 않을 수도 있지만, 무의식적으로는 그것을 믿고 싶어 한다. 왜냐하면 사람들은 대개 지름길을 좋아하기 때문이다. 마찬가지로 1년 안에 5킬로그램 감량을 약속하는 다이어트 책은 2주 안에 5킬로그램 감량을 약속하는 책만큼 잘 팔리지 않을 것이다.

나의 삶에 대한 철학은 여느 사람들의 철학과 다르다. 이것이 내가 많은 사람들이 꿈꾸는 것들을 가진 이유다. 나는 99%의 의견에서 벗어나야 한다는 것을 알기 때문에 가장 저항이 많은 길을 선택할 것이다.

만약 내가 자만하다고 생각한다면, 당신은 완전히 잘못 생각한 것이다. 나는 스스로에 대해 과장된 견해를 갖고 있지 않다. 오히려 정반대다. 나는 내가 원하는 것을 신중하게 결정하고, 그것을 얻기 위해 노력한다. 이 책은 그 정신을 반영하고 있다.

당신은 진정으로 노련한 투자자가 될 수 있다. 원하는 집에서 살면서, 원하는 차를 타고 드라이브할 수도 있다. 하지만 당신이 원하는 것을 얻기 위해서는 1%처럼 생각해야 한다고 말할 때 당신은 내 말을 믿어야 한다. 사실 당신은 1%처럼 생각할 필요도 없다. 99%처럼 생각하지만 않으면 된다.

다음에 보여줄 매매는 마음가짐이 기술적 분석을 어떻게 능가하는지를 보여주는 좋은 예다. 여기서 나는 독일 DAX30 지수의 매도 포지션을 취했다.

나는 손실을 보고 매도 포지션을 정리할 수밖에 없었다. 하지만 내가 설정한 손절매 가격을 살짝 넘어선 뒤에 가격이 내게 유리한 방향으로 되돌아섰기 때문에 나는 자책했다. 내 손절매 가격은 너무 여유가 없었다. 나는 침착함을 잃지 않고 그것을 무시한다.

잠시 다른 이야기를 해보자. 여러분은 왜 몇몇 운동선수들이 경기가 좋지 않을 때 좌절의 함성을 지르는지 알고 있는가? 나는 세레나 윌리엄스(Serena Williams, 2010년대 중반까지 테니스계의 여제로 군림한 미국의 테니스 선수-옮긴이)가 윔블던 결승전에서 중요한 점수를 잃었을 때 소리치는 것을 보고 한동안 생각에 잠겼다.

그들이 소리 지르는 것은 마음을 정리하고, 균형을 되찾고, 원래 모습으로 돌아가는 방법이기 때문이라고 생각한다. 소리 지르는 행동은 그들이 좌절감을 없애고 내면의 평화와 균형을 다시 찾도록 돕는다.

나는 1만 2,479.80에 다시 매도 포지션을 취했다. 아래 표는 매매를 수행할 때의 상황을 정리한 것이다.

		계약 수	진입 가격	현재가	평가손익
DAX30	매도	200	12,479.8	12,478.5	€260.00
다우 지수	매도	200	27,044	27,046	-$500.00

거래 당시의 차트는 그림 1과 같다.

DAX 지수는 갭 상승을 했다. 동일한 거래일에 이 갭의 48%만 다시 채워졌다는 사실을 아는가?

갭 상승 후 3거래일째 되는 날까지 갭의 76%가 메워졌다. 내가 왜 이런 이야기를 할까? 모든 갭은 반드시 메워진다는 투자 지침서들을 믿지 마라. 그렇게 되지 않는다!

차트의 두 번째 봉이 직전 첫 10분 봉의 고점과 저점 사이에 들어가는 인사이드 바 형태이므로 나는 DAX 지수를 매도한다. 세 번째 봉은 인사이드 바의 저점 아래로 종가가 만들어진다. 세 번째 봉의 고가가 이전의 고가와 같은 이중 고점이므로 나는 매도 신호를 받고 손절매를 준비한다. 나는 트레이더로서 내 일을 했다. 위험이 낮은 진입 지점을 확인하고, 손절매 주문을 넣었다.

이 시점에서 나는 시장의 처분을 기다린다. 아마도 이것은 좋은 매매가 될 것이다. 안 그럴 수도 있다. 누가 알겠는가? 아무도 모른다. 이야기를 계속하기 전에 당신에게 질문을 하나 하고 싶다. 그것은 당신이

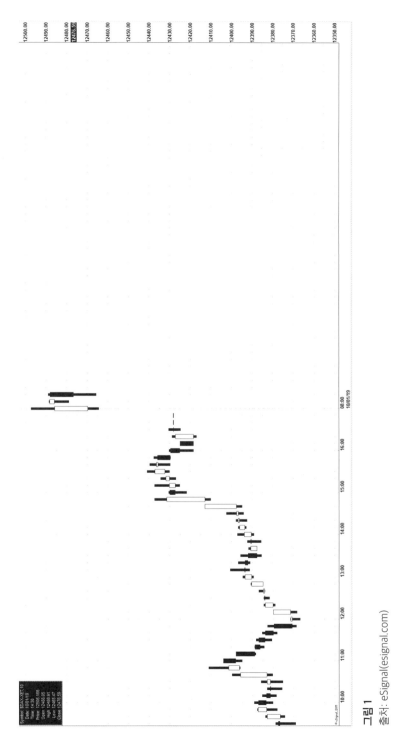

그림 1

출처: eSignal(esignal.com)

곰곰이 생각해볼 문제다.

여러분이 모든 위험 보상 비율 주장을 받아들여, 40포인트의 목표 이익을 설정한다고 가정해보자. 당신은 20포인트의 위험을 감수하기 때문에 40포인트의 목표 이익을 설정한다. 따라서 당신은 보상에 대한 위험이 2:1, 즉 위험의 단위 하나에 대해 이익이 두 단위라고 주장한다. 꽤 괜찮은 주장처럼 보인다.

모든 것이 좋게 들리고, 거기에 반대하는 투자 지침서는 사실상 없다. 하지만 나는 반대한다. 몇 가지 간단한 질문을 하고 싶다.

만약 당신이 매도 포지션에 대해 40포인트를 목표 이익으로 설정하고 시장이 당신에게 유리한 쪽으로 계속 움직인다면, 당신은 어떻게 느낄까? 몇 시간 후에 시장이 목표 이익 가격에서 100포인트 더 하락하는 것을 본다면 기분이 어떨까?

나는 위험 보상 비율 개념이 위험을 이해하지 못하고, 마음과 위험의 연관성을 이해하지 못하는 학자가 고안했다고 생각한다. 나는 이 학자가 고통을 피하기 위해 마음을 안정시키는 방법을 만들었다고 생각한다.

50분 후 DAX 지수가 갭 상승을 메우고 있다. 그림 2에 그 장면이 보인다. 매도 포지션은 이익을 내고 있다.

동료가 내 매매를 따라 했다. 차트 모양이 우리에게 좋은 것 같다. 우리는 매매에 관해 대화를 나누고 있다. 우리의 대화는 다음과 같다.

> 동료 이제 이익을 실현하고 싶어요. 당신은 이 매매의 목표 이익이 있습니까?

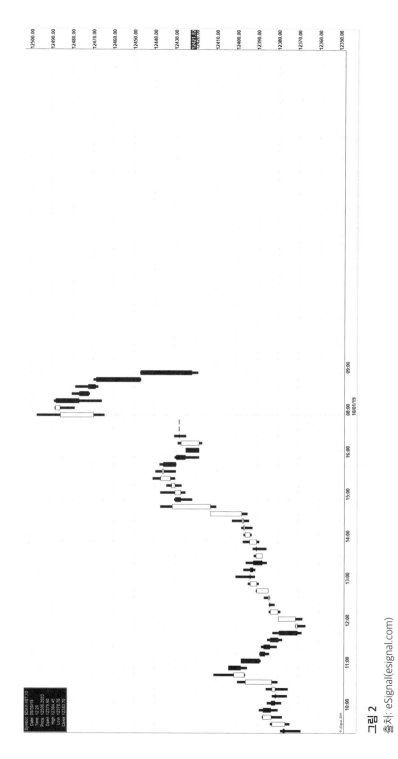

그림 2
출처: eSignal(esignal.com)

나   친구, 난 목표 이익을 설정하고 매매하지 않아요. 시장이 우리에게 얼마나 줄지 한번 지켜봅시다. 손절매 가격이 손익분기점에 있습니다. 우리는 손실을 볼 수가 없어요.

동료   네, 알아요. 하지만 어제는 매매가 잘 안 됐습니다. 저는 150포인트를 잃었어요. 저는 시장을 잘 읽지 못합니다. 아이디어가 있었는데, 그 아이디어는 잘 맞지 않았습니다. 어쨌든 저는 150포인트를 잃었습니다. 지금 당장 DAX 지수의 포지션을 정리하면 오늘 오전의 손실을 만회하고, 어제의 손실도 상당 부분 회수할 수 있습니다. 어떻게 생각하나요?

나   당신은 어제의 경험으로 매매하는 것 같아요. 마음의 찌꺼기를 깨끗이 씻지 않았군요. 현재를 보지 못하는 것 같습니다. 당신은 과거에 집중하고 있어요. 당신은 감정적인 균형으로 돌아가려고 노력하고 있습니다. 당신은 어제의 손실을 떨쳐버리지 못해 불균형 상태에 있습니다. 결과적으로, 당신은 현재 매매 자체의 특징에 따라 판단하는 것이 아니라 과거 매매의 특징에 따라 판단하고 있어요. 당신은 세상을 있는 그대로 보지 않고, 자신이 편한 대로 보고 있습니다. 매매를 중단하는 것이 위안이 되는 생각이라는 것을 이해합니다. 하지만 우리는 손익분기점을 맞추려고 매매하는 것이 아닙니다. 우리는 돈을 벌기 위해 매매하고 있습니다.

매매가 심리 게임이라는 것을 이해할 수 있는가? 매매는 신경전이다. 내 동료는 어제의 패배로 당연히 동요했다. 그는 손실을 다음 날로 넘겼다. 그리고 그것은 그의 의사 결정에 영향을 미쳤다.

나는 2007년 윔블던 테니스 결승전에 초대받았다. 내 친구는 미디어 업계에서 유명한 사람이었고, 다름 아닌 랠프 로런(Ralph Lauren, 미국의 대표적인 패션 디자이너 – 옮긴이)이 그 친구를 다른 손님과 함께 테니스 결승전에 초대했다. 나는 VIP석에 있었고, 당시 세계 최고의 골프 선수 중 한 명이었던 루크 도널드(Luke Donald) 옆에 앉게 되었다.

그는 점잖았고, 매우 공손했다. 우리는 타이거 우즈에 관한 이야기를 나눴는데, 나는 타이거 우즈와 경쟁하는 것에 대해 그에게 아주 핵심적인 질문을 던졌다.

"타이거 우즈가 당신보다 골프를 잘 치나요?"

그의 대답은 너무나 통찰력이 있어서 결코 잊을 수가 없다. 그는 이렇게 말했다.

> 우리가 얼마나 퍼팅을 잘하는지, 얼마나 멀리 공을 치는지로 따진다면 타이거 우즈가 저보다 더 낫다고 생각하지 않습니다. 하지만 타이거 우즈는 자신의 실수를 잊고 앞으로 나아가는 놀라운 능력을 갖추고 있습니다.
>
> 예를 들어 우리는 15번 홀에서 둘 다 나쁜 퍼팅을 할 수 있습니다. 우리가 16번 홀에서 티업(tee up, 골프에서 각 홀의 제1타를 치기 위해 티에 공을 올려놓는 것 – 옮긴이)을 할 때쯤, 타이거 우즈는 15번 홀에서 있었던 일을 이미 잊은 것 같고, 그는 온전히 그 순간에 있습니다.
>
> 반면에 나는 15번 홀에서 실수한 부분을 계속 마음에 담아두고 있었는데, 그것이 16번 홀의 성적에도 영향을 미칠 겁니다.

그것은 특별한 분야에서 가장 우수한 것을 구분하는 통찰력 있는 관점이다. 그것은 '마음'이고, 그 '마음'이 어떤 주어진 순간에 무엇을 처리하는가이다. 마음이 당신과 동행하는가? 아니면 반대로 하는가?

인지 부조화

내 친구는 이익을 챙기기 위해 머릿속으로 찬반 논쟁을 벌인다. 그 모습이 낯설지 않다. 나 또한 수년간의 트레이딩 경험이 있음에도, 아직도 그런 생각들이 머릿속에 남아 있다. 나는 그런 생각이 들 때 마음을 다잡는다. 그런 오락가락하는 생각이 들 때, 나는 차트와 차트가 나에게 무엇을 알려주는지에 집중한다. 나는 손익을 보지 않는다.

내 친구가 겪고 있는 것은 인지 부조화로 알려져 있다. 심리학에서 인지 부조화는 두 개의 모순된 믿음이나 생각을 동시에 머릿속에 가지고 있는 개인이 경험하는 정신적 불편함, 즉 심리적 스트레스다.

이런 불편함은 사람의 믿음이 그 믿음과 모순되는 새로운 증거와 충돌하는 상황에서 촉발된다. 믿음, 이상, 가치관과 모순되는 사실에 직면했을 때, 사람들은 자신들의 불편함을 줄이기 위해 모순을 해결할 방법을 찾으려고 한다.

당신의 이성적인 마음이 이익을 거두고 있는 포지션의 불편함을 해결하는 가장 좋은 방법은 그것을 정리하는 것이다. 이성적인 정신이 손실을 보고 있는 포지션의 불편함을 해결하는 가장 좋은 방법은 그것을 그대로 놔두는 것이다.

작가 레온 페스팅거(Leon Festinger)는 《인지 부조화 이론(*A Theory of Cognitive Dissonance*)》(1957)에서, 인간은 현실 세계에서 정신적으로 기능하기 위해 내적인 심리적 일관성을 추구한다고 말했다. 그는 내적 불일치를 경험하는 사람은 심리적으로 불편해지는 경향이 있고, 인지적 불일치를 줄이려는 동기가 있다고 말한다.

불편함을 줄이는 한 가지 방법은 스트레스를 받는 행동을 정당화하기 위해 입증되지 않았거나 아무 관련이 없는 새로운 정보를 인지에 추가하든가 인지 부조화를 키울 가능성이 있는 상황과 모순된 정보를 피함으로써 변화를 만드는 것이다.

내 친구의 경우, 그는 갈등을 겪고 있다. 그는 어제의 매매 결과와 고통을 연관시키고 있다. 그는 지금 당장 이익을 거두고 있는 포지션을 정리함으로써 고통을 근절할 기회를 찾고 있다. 그가 이 추론을 정당화하는 방법은, 시장이 그의 포지션에 대해 주는 정보를 무시하는 것이다. 시장 참가자들은 시장에서 매도 포지션을 취해야 한다는 데 동의하지만, 이를 인정하기는커녕 무시하고 있다.

논리적인 관점에서 볼 때는 타당하다. 그러나 감정적인 관점에서 보면 매매에 대한 일관성 없는 접근이다. 어제의 매매는 오늘의 시장과 아무 관계가 없다.

오늘은 새로운 날이고, 새로운 환경이다. 하지만 대부분의 사람들은 두 거래일이 연결되어 있다고 생각한다. 우리가 생각하기에 우리는 어제 했던 것을 오늘 계속하고 있다. "어제와 다르게 생각할 이유가 무엇일까?"라고 우리는 자문한다.

매일 아침 감정을 '재설정'할 수 있다고 말하는 것일까? 사랑하는 사람과 격렬한 말다툼을 벌인 뒤 밤에 잠자리에 들 수 있고, 다시 일어나 감정적으로 균형을 잡을 수 있다는 걸까?

나는 그것을 의심한다. 적어도 의식적인 노력 없이는 안 된다. 내가 거래일을 앞두고 절차를 밟아 마음을 다잡는 것도 이 때문이다. 그 내용은 책 뒷부분에서 다룰 것이다. 그것이 결국 이 책이 다루는 내용이다. 이 책은 90%가 경험하는 함정을 피하는 방법에 대한 지침서다.

자, 그럼 내 친구가 혼란을 겪는 원인은 무엇일까? 그것은 두려움이다. 순수하고 단순한 두려움. 그는 자신이 미처 실현하지 못한 이익을 잃어버릴까 두려워한다. 그는 평화로운 감정 상태로 돌아가기 위해 필사적이다. 그는 이제 더 이상 차트를 이용하여 매매하지 않는다. 그는 다시는 시장을 따라 매매하지 않는다. 그는 자신의 정신적 행복을 위해 매매한다.

두려움

내 친구는 두려워한다. 그는 어제 잃은 돈이 지금의 좋은 매매로 상쇄되지 않으면 어쩌나 걱정하고 있다. 그는 현재 자신이 확보한 이익이 줄어들까 봐, 아니면 최악의 경우 사라질까 봐 두려워하고 있다.

그는 이 매매에서 손실을 보지 않을 거라는 사실을 알고 있다. 손절매 포인트는 이미 손익분기점에 도달했다. 하지만 불행히도, 그에게는 별 위안이 되지 않는다.

살짝 미소 짓게 만드는 격언을 본 적이 있다. "당신이 원했던 모든 것은 두려움의 반대편에 살고 있다." 하지만 두려움은 우리의 삶에 필수적이다. 인간의 뇌는 수백만 년에 걸쳐 이루어진 진화의 산물이고, 우리는 조상들이 생존할 수 있게 해준 본능과 연결되어 있다. 특정 상황에서 생존을 보장하기 위해서는 두려움이 필요하지만, 우리가 가지고 있는 온갖 두려움은 우리의 매매에 적절하지 않다.

우리의 마음은 고통으로부터 우리를 보호하는 기능이 있다. 만약 여러분이 삶에 크고 급격한 변화를 도입한다면, 여러분은 그 고통과 마주하게 될 것이다. 변화하는 동안 중심을 잡는 현명한 방법은 변화를 천천히 도입하는 것이다.

당신이 마라톤을 완주하는 야심 찬 목표를 세웠다고 치자. 당신은 몸과 마음을 단련함으로써 이 목표를 달성한다. 큰 규모로 매매하는 것도 똑같은 과정이다. 당신은 판돈이 더 클 때 잃는 것에서 오는 정신적 고통을 다룰 수 있도록 당신의 마음에 시간을 줄 필요가 있다.

자신을 다른 사람들과 비교하는 것은 의미가 없다. 물론 다른 사람들로부터 영감을 얻는 것은 필요하지만, 이것은 개인적인 여행이며, 당신이 할 일은 어떤 규모로 매매하든 균형 잡힌 마음가짐을 만드는 것이다.

필리프 프티

오래전에 필리프 프티(Philippe Petit, 프랑스의 거리 공연자이자 곡예사 - 옮긴이)에 관한 다큐멘터리를 본 적이 있다. 프티는 두 개의 세계무역센터

건물 사이에 와이어를 걸고 수차례 걸어서 건너간 프랑스 예술가였다.

놀라운 위업에서 인상 깊었던 것은 그의 준비였다.

프티는 이 업적을 달성하기 위해 약 7년의 육체적·정신적 훈련을 받았다. 당신은 그가 무작정 출발하면서 최선을 바랐다고 생각하는가? 아니다. 사실 그가 처음 훈련한 높이는 그가 도달할 높이에 비해 상당히 낮았다.

필리프 프티는 매력적인 인물이다. 그는 우리가 가지고 있는 수준 이상의 두려움에 대처해야 했던 사람이다. 나는 목표에 대한 그의 접근법을 연구하면서 두려움에 대해 많은 것을 배웠고 나의 단점을 발견했다.

시각화

"센강을 건너 에펠탑 2층까지 높이 매단 와이어를 타고 가기 전에 700야드의 경사진 케이블이 너무 가파르고 공포의 그림자가 너무 현실적으로 느껴져서 걱정했습니다. 혹시 지지대 계산에 오류가 있지는 않았을까?"

프티는 이런 의심을 어떻게 극복했을까?

그는 간단한 시각화 연습을 사용했다.

"그 자리에서 저는 최고의 결과를 상상함으로써 불안감을 극복했습니다. 환호하는 25만 명의 관중들 위에서 승리의 마지막 걸음을 떼는 상상입니다."

여기에 더해, 프티는 자신의 두려움을 과장한다. 그는 두려움을 극복하거나 이겨내려고 애쓰기보다는 두려움을 구축함으로써 두려움을 길들인다면, 마침내 두려움에 직면했을 때 그 위협이 얼마나 평범한 것인지를 알고 실망할 것이라며 다음과 같이 말한다.

두려움은 공포를 파괴할 수 있는 영리한 무기입니다. 악몽이 당신의 어깨를 두드린다면 지레 겁먹을 것으로 예상하고 돌아서지 마십시오. 잠시 멈추고 더 많은 것을 기대하세요, 과장하세요.

크게 두려워할 준비를 하고, 공포에 질려 소리 지를 준비를 하세요. 당신이 기대하는 공포가 더 클수록, 당신이 상상했던 것보다 현실이 훨씬 덜 끔찍하다는 것을 볼 때 당신은 더 안전해질 것입니다. 이제 돌아보세요. 보이나요? 그것은 그렇게 나쁘지 않았습니다. 그리고 당신은 이미 웃고 있습니다.

그는 자신도 다른 사람들처럼 두려움을 가지고 있다고 말한다. 특히 그는 거미에 대해 다음과 같이 이야기한다.

지상에서 저는 두려움을 모른다고 공언하지만, 사실은 거짓말입니다. 거미 공포증과 개 공포증을 고백합니다. 저는 두려움을 지식의 부재로 보기 때문에 그러한 어리석은 공포를 극복하는 것은 간단합니다.

"요즘 너무 바빠요"라고 저는 말할 겁니다. "하지만 제가 많은 다리를 가진 동물(또는 뱀처럼 다리가 없어서 절대로 친구가 될 수 없는 동물)에 대한 혐오감을 없앨 때라고 결정했을 때, 저는 어떻게 해야 할지 정확히 알고 있습니다."

저는 과학 서적을 읽고, 다큐멘터리를 보고, 동물원을 방문할 것입니다. 저는 거미가 어떻게 진화했는지, 그들이 어떻게 사냥하고, 짝짓기를 하고, 잠을 자는지, 그리고 가장 중요한 것은 털이 많고 무서운 짐승을 겁주는 것이 무엇인지 알아보기 위해 거미 조련사(그런 직업이 있나요?)들을 인터뷰할 겁니다. 그러면 제임스 본드처럼, 저는 타란툴라가 팔뚝에서 춤을 춰도 문제가 없을 겁니다.

프티의 와이어 횡단은 지금까지 가장 유명하고 놀라운 공공 예술 행위 중 하나로 남아 있다. 그는 와이어 횡단을 마친 뒤에 별다른 이유가 없었다고 말한다. 그의 말을 인용하면 다음과 같다.

나에게 그것은 정말 간단합니다. 인생은 생명의 경계에서 살아야 합니다. 여러분은 반란을 일으키고, 규칙을 따르기를 거부하고, 자신의 성공을 거부하고, 반복하기를 거부하고, 매일, 매년, 모든 아이디어를 진정한 도전으로 여기며 살아야 합니다. 그러면 여러분은 줄 타는 곡예사의 삶을 살게 될 것입니다.

자아 그리고 멋진 실패

나는 진부한 말을 좋아하지 않는다. 그 말들은 독창적인 생각의 부족을 보여준다. 나는 진부한 말을 하는 사람들에게 꽤 냉소적이다. 사람들이 이익이 난 포지션을 유지하고 손실이 난 포지션을 정리해야 한다고 말할 때 나에게 잘 와닿지 않는다. 그러면 나는 수익이 난 포지션을 유지하는 것에 대한 두려움에 어떻게 대처할까?

한 여자가 자신이 학대적인 관계에 있다고 말했을 때, 다른 친구가 낄낄거리면서 "그 개자식을 그냥 떠나는 것"이 해결책이라고 무시하듯 하는 말은 나에게 와닿지 않는다. 그것은 상투적인 말이다. 그것은 사실이지만, 그럼에도 말도 안 되는 소리다.

해결책이 분명할 때 그 문제가 유일한 문제인 경우는 거의 없다. 알코올 중독자에게 술을 그만 마시라고 말하는 편이 나을 것이다. 그가 술을 마시는 데에는 이유가 있고, 그가 멈추려고 애쓰는 데에도 이유가 있다.

'실패'란 것이 존재하는가? 나는 성취한 것에 대해 칭찬을 거의 받지 못하는 집에서 자랐다. 그것들은 예상된 성취들이었다. 반면 실패는 지적을 받았다. 그것도 건설적이지 않은 방식으로 말이다.

나는 실수에 대한 두려움을 다스리기 위해 마음가짐을 다시 훈련해야 했다. 나는 어렸을 때 "그건 네 잘못이 아니야"라는 말을 가장 좋아했다. 지금은 매번 나에게 책임이 돌아온다. 그것은 항상 내 잘못이다. 나는 실패하는 방법을 잘 알기 때문에, 실패를 통해 배울 수 있다.

실패해도 괜찮다고 마음에 말할 수 있다면, 실패는 인생의 친구다. 나는 트레이딩과 투자를 다루는 라디오 프로그램에 참여하고 있다. 그 쇼의 초점은 다른 두 명의 트레이더와 내가 벌이는 토론이다.

토론은 항상 치열하고, 매주 포트폴리오의 구성에 대한 질문을 받는다. 나의 매매 방식은 흑과 백이 명확하다. 시장이 하락 방향으로 간다고 생각되면 풋 옵션이나 매도 포지션을 취하고, 상승 추세라고 생각되면 매수 포지션을 취한다.

나는 기자를 해고하는 가장 좋은 방법이 100% 정직이라는 것을 오래전에 배웠다. 그래서 라디오 진행자가 "톰, 당신 이번에 실수한 거야?"라고 농담할 때, 내가 할 수 있는 최악의 경우는 나 자신을 방어하는 것이다. 내가 변명하거나 방어적인 입장을 취하면, 그건 불난 곳에 기름을 붓는 일이다.

그것은 삶에 대한 아주 훌륭한 은유다. 자신의 잘못을 인정하고 서둘러 끝내야 한다. 그래서 라디오 진행자가 나를 변호하기 위한 질문을 하려고 할 때, 나는 항상 거꾸로 "오, 세상에, 나는 아무리 그러고 싶어도 이보다 못할 수는 없을 거다"라거나, 또는 "다섯 살짜리 아이도 나보다는 더 잘할 수 있었을 거다"와 같은 말로 선수를 친다.

매매의 마음가짐 뒤집기

시티 인덱스에서 근무하는 동안 고객의 행동에 관한 연구에서, 나는 대다수에게 건강하지 못한 정신적 사고 패턴이 있다는 결론을 내렸다. 그들은 두려워할 이유가 없을 때 두려움을 느낀다. 그것은 그들이 보유한 포지션이 이익을 거두고 있는 시기에 나타난다.

내가 아무리 표현을 다르게 해도, 그것은 여전히 실패에 대한 두려움이다. 이 경우에는 실현하지 못한 평가이익을 잃는 것에 대한 두려움이다.

손해를 보는 상황에 부닥쳤을 때, 고객들은 손실을 실현하기를 꺼린다. 그들은 마치 그 포지션을 유지하는 한 여전히 잘될 거라는 듯한 태도를 보인다. 내가 보기에, 그들은 두려움을 희망으로 대체하기로 한 것이다. 그들은 실패한 포지션이 손익분기점으로 돌아오기를 바란다.

DAX 지수 사례로 돌아가서, 내 친구는 매매에 매달렸다. 나는 그가 고통을 이겨낼 수 있도록 최선을 다했다. 그는 손절매 가격을 낮췄다. 그것은 시장이 다시 상승하면, 그가 약간의 이익을 볼 수 있다는 것을 의미했다.

내 경험상 성공적인 매매를 통해 한 사람을 인도할 수 있고 매매를 지속하게 할 수 있다면, 올바른 종류의 신경 연관성을 만들기 시작할 것이다. 투자자는 매매를 유지할 때의 전율을 경험한다. 그들은 점점 더 많은 이익을 얻는 기쁨을 경험할 것이다.

친구는 차트 개발에 푹 빠져 있었다. 하지만 그가 이익을 실현할 이유를 끊임없이 찾고 있다는 것은 분명했다. 테이블 위에 돈을 놓고 간다는 생각은 그에게 전혀 어울리지 않았다.

그가 잘한 일은 시장이 약세를 보일 뿐이라는 나의 확신에 자극을 받아 포지션을 유지했다는 것이다. 우리는 곧 갑작스러운 유동성 공백으로 보상을 받았다. 시장이 뜻밖의 횡재를 안겨줄 때 나는 흥분하지 않으려고 노력한다. 하지만 가끔은 사무실에 홀로 남아 주먹을 불끈 쥘 때도 있다.

전체 매매 과정은 2019년 10월 1일의 내 텔레그램 채널에 기록되어 있다. 그림 3을 참조하라.

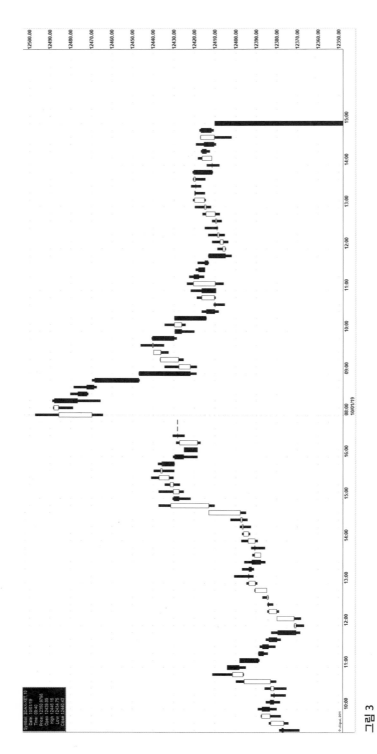

그림 3
출처: eSignal(esignal.com)

일론 머스크

나는 테슬라의 팬이 아니다. 테슬라 주식을 공매도했다가 큰 손해를 보았기 때문이다. 물론 나도 알고 있다. 테슬라가 멋진 차라는 걸 고려하면 얼마나 어리석은 주장인지를 말이다.

하지만 나는 일론 머스크(Elon Musk)의 팬이다. 우리는 인생에서 언제든 실수하지만, 실수는 로켓의 성능을 개선하기 위한 연료와 같다. 로켓 얘기가 나와서 말인데, 일론 머스크와 같은 사람들이 실패를 어떻게 처리한다고 생각하는가?

그는 자동차의 전동화와 우주의 식민지화 같은, 믿을 수 없지만 삶을 변화시키는 일들을 이루고자 노력하고 있다. 그리고 전 세계가 지켜보는 가운데 그런 일을 한다.

그에게는 실패할 가능성이 항상 존재한다. 그뿐만 아니라, 그가 실패했을 때는 뉴스의 멋진 머리기사가 된다. 그러나 머스크는 매우 위험하지만, 매우 중요한 일을 하면서 계속 나아가고 있다.

그는 실패에 대한 두려움을 어떻게 처리할까? 심지어 그는 실패를 두려워하는가, 아니면 어떻게든 이런 형태의 불안에 대한 회복력과 연결되어 있는가?

분명 아니다. 머스크는 공개적으로 자신이 매우 강한 두려움을 느낀다고 말했다. 그럼 그는 이런 공포에도 불구하고 어떻게 계속 나아갈 수 있을까?

머스크가 두려움을 극복하는 능력에는 두 가지 중요한 요소가 있다. 첫 번째는 자신의 프로젝트에 대한 더할 수 없는 열정이다. 그는 스페이스X(SpaceX, 일론 머스크가 설립한 우주 탐사 기업으로, 화성의 식민지화와 인류의 우주 진출이 목표다 – 옮긴이)가 미친 모험이었음을 인정했지만, 그 사업을 추진해야 할 강력한 이유가 있었다.

> 나는 로켓 기술을 발전시키지 못하면, 우리가 영원히 지구에 갇힌 채 살아갈 것이라는 결론을 내렸다. 사람들은 때때로 기술이 매년 자동으로 발전한다고 생각하지만 실제로는 그렇지 않다. 기술은 똑똑한 사람들이 그것을 더 좋게 만들기 위해 미친 듯이 일해야만 발전한다.
>
> 사람들이 노력하지 않는다면, 기술은 쇠퇴할 것이다. 고대 이집트를 보라. 그들은 놀라운 피라미드들을 만들었지만, 지금은 피라미드 짓는 방법을 잊어버렸다. 역사에는 이런 예들이 많다. 엔트로피(열역학적으로 유효하게 이용할 수 있는 에너지의 감소나 무효 에너지의 증가를 나타내는 개념이지만, 사회학적으로는 인류가 에너지의 고갈로 인해 파멸할 것이라는 개념으로 사용된다 – 옮긴이)는 당신 편이 아니다.

일론 머스크는 반복되는 역사를 수수방관할 수 없었다.

두 번째 요소는 머스크가 운명론이라고 부르는 것이다. 당신이 왜 무서운 위험을 감수하는지에 초점을 맞추는 것만으로는 망설임을 극복하기에 충분하지 않다. 그것은 머스크에게 어울리는 것이 아니었다.

> 어느 정도 도움이 되는 것은 운명론이다. 만약 여러분이 그 가능성

을 받아들인다면, 그것은 두려움을 줄여준다. 스페이스X를 시작했을 때, 나는 성공 확률이 10% 미만이라 생각했고, 모든 것을 잃을 수 있다는 사실을 받아들였을 뿐이다. 어쩌면 그것이 우리가 약간의 진전을 이루는 방법일 것이다.

그가 이런 접근법을 사용하는 유일한 사람은 아니다. 최악의 시나리오를 시각화하면 우리가 달성하려는 목표를 객관적으로 이해할 수 있다. 두려움을 마주할 때 우리를 향한 두려움의 힘은 사라진다.

앞으로 펼쳐질 투자의 여정에서 너무 멀리 벗어났는가?

하지만 난 그렇게 생각하지 않는다. 나는 코비 브라이언트, 라파엘 나달, 크리스티아누 호날두, 세르히오 라모스, 찰리 멍거 등 투자에 종사하는 사람이든 다른 일에 종사하는 사람이든 많은 이들에게서 영감을 얻는다.

매우 다른 사람들이지만, 그들은 여행, 삶의 풍요로움 그리고 기술의 완벽함에 집착한다. 일에 대한 그들의 접근 방식을 연구한 결과, 그들이 돈을 벌지 못해도 하고 싶은 일을 찾았다는 것을 알 수 있다. 나는 그들도 사업가라고 확신하고, 그들이 들어오는 수입을 주시하고 있다고 확신한다. 하지만 그들은 일을 사랑하기 때문에 자신들의 재능을 펼치는 것처럼 느껴진다.

얼마나 원하는가?

당신은 얼마나 원하는가? 이 여행이 당신을 위한 것인가? 나는 모른다. 당신만이 대답할 수 있다. 질문 하나 하겠다. 대안은 무엇인가?

당신은 매매를 잘하고 싶어서 이 책을 읽고 있다. 어쩌면 당신은 나의 실시간 텔레그램 채널에 있었을 수도 있고, 나의 트레이딩 철학이 나를 위해 무엇을 하고 있는지 보았을 것이다. 그리고 더 배우고 싶을 것이다. 그런 당신에게 박수를 보낸다.

아마도 지금이 투자가 어떤 의미인지 인정할 때인가? 그것은 당신의 모든 결점을 드러내는 좋은 방법이다. 그것은 당신의 장점을 강조할 수 있는 좋은 방법이다. 나는 매매와 연구를 통해 내 성격의 약점을 발견했다.

나의 경우, 금융시장에서 매매를 통해 생계를 유지하는 것의 부수적인 이점은 그것이 내게 주입하는 성격의 특성이다. 나는 그 어느 때보다 인내심이 강하다. 나는 전보다 훨씬 더 집중하고 규율이 잡혀 있다.

실패는 우리의 가장 위대한 학습 도구 중 하나다.

의심의 시간

당신은 정말 수익성 있는 투자를 하고 싶은가? 나는 내 경력에서 이에 관해 몇 차례 대답해야 했다. 나는 그 과정에서 약간의 희생도 치러야 했다. 나는 내 노력이 불성실하다고 여긴 코치로부터 호출을 받은 적이

한 번 있다.

최근에 친구와 저녁을 먹었다. 15년 동안 알고 지낸 친구였다. 영국 북부 어딘가에서 강연할 때 그를 만났다. 맨체스터에 있는 동안 그가 매매에 관해 이야기할 수 있는지 물어왔고, 나는 당연히 동의했다.

그는 식사하면서 활기를 띠었다. 그런데 어느 순간 매매에 대한 좌절감을 드러내며 물잔을 쓰러뜨렸다. 그가 자기 문제에 대해 구체적으로 언급한 적이 없었기 때문에, 그의 매매에서 무엇이 문제인지 정확히 파악하기는 어려웠다.

그가 정말 곤경에 처해 있고 도움을 원한다는 것은 분명했지만, 나는 내 도움이 어떤 형태여야 하는지 알 수 없었다. 그래서 나는 적절하다고 생각하는 분야에서 그에게 도움을 주었다. 나는 그의 거래 내역서를 검토해보겠다고 제안했다. 그것이 내가 누군가를 진정으로 도울 수 있는 유일한 방법이었다. 그것은 수고가 많이 드는 일이지만, 적어도 나는 투자자로서 그가 어떤 사람인지를 이해하고 있다.

작별 인사를 할 때, 그는 나에게 거래 내역서를 보내겠다고 말했다. 나는 기꺼이 연락을 기다리겠다고 했다. 그러나 지금 이 글을 쓸 때까지, 그는 이메일을 보내지 않았다. 그는 메시지도 남기지 않았고, 침묵했으며, 한마디도 없었다.

내가 정말 잘하고 싶은 분야에서 도움을 받을 수 있고, 그 분야의 전문가인 친구로부터 도움을 받는다면, 즉시는 아니더라도 가능한 한 빨리 답변하는 것이 정상이다. 4~5일이 지난 현재, 나는 어떤 소식도 듣지 못했다.

그가 얼마나 간절히 도움을 원한다고 생각하는가? 그가 얼마나 절망

적이라고 생각하는가? 나는 그가 정말 얼마나 도움을 원하는지 의문이다. 나는 이런 패턴을 여러 번 경험했다. 투자자는 정말 간절하다고 주장하지만, 실제로는 말뿐이다.

유명한 투자자 에드 세이코타(Ed Seykota)가 또 다른 투자자인 친구와 나눈 대화가 생각난다. 그 친구는 에드에게 말하길, 어떤 고객의 매매에서 빠진 중요한 조언들을 가르쳐줌으로써 패배하는 투자자를 승리하는 투자자로 지도할 생각이라고 했다.

에드 세이코타는 잠시 멈추었다가, 그 친구는 아무것도 가르치지 못할 것이라고 말했다. 그는 손실을 보는 투자자는 자신을 변화시키고 싶어 하지 않을 것이라고 덧붙였다. 그것은 오직 이기는 투자자들만이 하는 일이다.

우리는 모두 우리보다 나은 사람에게 조언을 요청할 수 있다. 속담에 있듯이, 사람은 자기보다 나은 사람을 상대해야 더 나아진다. 나는 이미 자신 있게 매매의 길을 잘 가고 있는 많은 사람을 안내했다. 나는 단지 다듬고 제안했을 뿐이다.

친구에게서 연락이 올지 안 올지는 아직 알 수 없다. 확실한 것은 많은 사람들이 돈을 벌기 위해 거래 계좌를 개설한다는 점이다. 그들의 노력은 그들의 기대에 반비례하고, 그들의 결과는 그들의 노력과 일치한다. 그들은 그저 열심히 노력하지 않을 뿐이다.

다음 주제로 넘어가기 전에 경고하고 싶은 것이 하나 있다. 나는 차트를 사용하는 투자자이지만, 그렇다고 해서 차트가 수익성 있는 투자의 근본이라고 믿는 것은 아니다. 나는 기술적 분석가들이 높은 곳을 무서워한다는 글을 읽은 적이 있다. 그것은 그들이 높은 가격의 저항선을 계속 주시하기 때문에 이익을 거두고 있는 포지션이 유지되도록 놔두지 못한다는 또 다른 표현이다.

다음 장의 제목을 '패턴의 저주'라고 정했는데, 패턴이 우리에게 도움이 되는 만큼 우리의 투자도 어렵게 만든다고 전적으로 믿기 때문이다. 우리는 패턴을 찾는 과정에서 존재하지 않는 것들을 볼 수도 있다.

패턴의 저주

주가 차트에서 시간 축과 가격 축을 제거하면, 5분 차트와 1시간 차트를 구분하지 못할 것이다.

어떤 의미에서 그것은 좋은 소식이다. 왜냐하면 우리가 우리의 기술을 완벽하게 만든 다음, 거래 특성에 맞는 시간 간격을 찾을 수 있다는 것을 의미하기 때문이다. 오랫동안 집중할 수 있는 투자자는 1분 차트와 5분 차트가 돈을 벌 충분한 기회를 제공한다는 걸 알게 될 것이다.

시간에 제약이 있는 투자자는 시간 차트나 4시간 차트와 같은 더 긴 타임프레임을 선호할 것이다. 차트를 자주 확인할 필요가 없기 때문이다.

포지션 진입 시점과 정리 시점에 관해서는 차트가 기본적 분석보다 훨씬 우수하며, 나는 매매에 이용하는 타임프레임과 관계없이 동일한 차트 도구를 사용할 수 있다.

내가 기본적 분석을 이용한 거시경제 분석에 반대할까? 내가 기본적 분석에 의한 펀더멘털을 무시한다면 바보가 될 것이다. 두 진영이 서로 대립해서는 안 된다. 그것들은 서로의 결점을 보완하기 때문에 손을 잡고 걸어야 한다.

차트 분석이 성배(聖杯)라고는 말하지 않겠다. 물론 나는 차트 분석으로 많은 돈을 벌었지만, 나를 부유한 투자자로 만든 것은 차트를 읽는 능력이 아니었다.

나는 매매에 관한 한, 성배가 있다는 것을 믿지 않고, 차트 분석이 성배라고는 확실히 믿지 않는다.

유형화

'아포페니아(apophenia)'는 '유형화'를 의미하는 라틴어로, 존재하지 않는 것들을 보는 것을 중심으로 한 행동이며, 관련 없는 사건들 사이에서 의미 있는 패턴과 연관성을 인식하는 작용이다. 유형화는 종종 해롭지 않은 주의 전환이다. 그러나 음모론처럼 증거가 부족한 믿음을 뒷받침하는 데 사용될 수도 있다.

우리의 마음은 이미 결정한 편견을 뒷받침하는 정보를 찾는 경향이 있다. 따라서 차트 분석에서 완전히 객관적인 것은 사실상 불가능하다.

나의 초기 멘토인 브라이스 길모어(Bryce Gilmore)가 이에 대해 언급한 적이 있다. 그는 이렇게 말했다.

"톰, 자네가 시장과 차트에서 볼 수 있는 것은, 그렇게 볼 수 있도록 훈련받은 것들뿐이라네."

그런 지혜에 대한 또 다른 관점은 아나이스 닌(Anaïs Nin)에 의해 표현되었다. 그녀는 "우리는 사물을 있는 그대로 보지 않고, 우리가 보고 싶은 대로 본다"라고 말했다.

"그게 매매와 무슨 관련이 있느냐?" 하고 당신이 말하는 소리가 들린다. 나에게는 오래전에 투자로 많은 돈을 번 친구가 있다. 닉(Nick)은 2004년까지만 해도 뛰어난 투자자였다.

그는 제로 헤지(Zero Hedge, 월스트리트 금융·경제·정치 관련 이면과 진실을 알려주는 사이트로, 미국 주류 언론에서는 볼 수 없는 통계와 뉴스를 실시간으로 업데이트해준다-옮긴이)의 몇몇 작가들과 기고가들의 글을 읽고 시장 전망을 부정적으로 보기 시작했다. 그는 매도 포지션을 유지했다. 하지만 시장은 계속해서 상승했다. 그는 2000~2003년 약세장 이후 더 이상의 하락은 없다는 사실을 받아들이지 못했다. 그는 시장을 있는 그대로 보지 않고 자기가 생각하는 대로 보았다. 그는 부정적이었다. 그는 약세장이 계속될 것이라고 보았다. 그는 있는 그대로 보고 매매하지 못했다. 그의 생각이 그의 객관성을 흐리게 했다.

닉은 이제 더 이상 트레이딩을 하지 않는다.

나는 차트에 관한 책을 쓰고 싶지 않았다. 세상에는 풀타임으로 투자를 하는지 의심스러운 사람들이 쓴 기술적 분석과 관련된 책이 너무 많다. 내 생각에 그들은 자신이 매매 계좌를 가지고 수시로 매매하기 때문에 그런 책을 쓸 자격이 있다고 스스로 말하는 것 같다.

나는 풀타임으로 투자하지만, 차트 작성의 세계에 새로운 내용을 추가할 수는 없을 것 같다. 차트 작성은 돈을 벌지 못했다. 지표가 돈을 벌어준 적도 없다. 비율과 밴드가 내 은행 계좌를 채우지 않았다.

내가 몇 개의 차트를 사이트에 올린다면, 그것은 기술적 분석의 장점에 대해 교육하려는 목적이라기보다 요점을 증명하기 위한 것이라는 점을 지적하고 싶다.

추세선에 관한 맹신

차트 여행의 초기 단계에서는 추세선을 접하게 된다. 추세선은 사용하기 쉽고, 특히 '시간이 지난 이후'에 사용할 때 훌륭한 매매 전략을 제공한다.

그림 4는 아무 지표도 없는 차트를 보여준다. 부지런한 차티스트는 추세선을 긋기 시작한다. 그는 하루의 전체 개요를 알고 있다.

기억하라, 뇌는 당신이 고통을 경험하지 않게 하려고 '주요 목표'를 가질 것이다. 매매에서의 실패는 고통과 같다.

따라서 뇌는 작동하지 않는 설정을 무시하라는 신호를 눈으로 보낸다. 이 선택 편향은 추세선의 유효성에 대한 왜곡된 이미지를 만든다.

추세선을 피보나치 비율, 볼린저 밴드, 켈트너 채널 같은 차트 작성 패키지의 다른 분석 도구로 바꾸어도 선택 편향은 변함없이 그대로 유지된다.

당신의 눈은 보고 싶어 하는 것만 본다. 기껏해야 손해를 입는 매매를 볼 수도 있지만, 당신의 눈은 그것들을 대충 훑어보며 그것들의 중

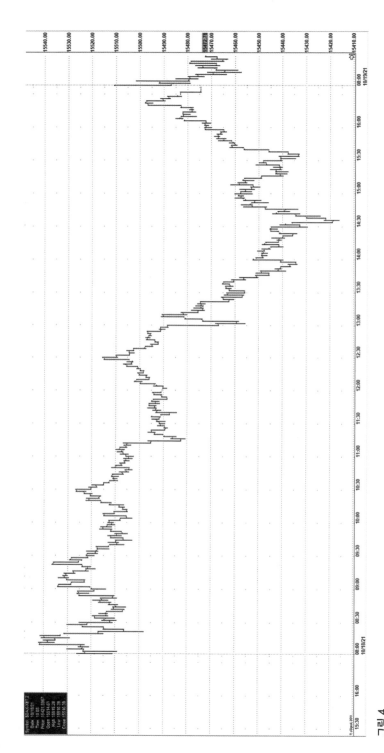

그림 4

출처: eSignal(esignal.com)

요성을 떨어뜨린다.

결과는 예측할 수 있다. 차트 분석가는 그림 5와 같은 차트를 작성한다. 추세선 설정이 많아 매매 횟수가 많다.

손해 보는 매매는 없다. 모든 매매가 상당한 이익을 남긴다. 그것이 우리가 가진 잠재의식의 힘이다.

(나처럼) 냉소적인 투자자는 다른 투자자들이 놓치는 부분을 알아차릴 것이다. 다른 투자자들이 그것을 놓치는 이유는 볼 능력이 없어서가 아니라 보고 싶지 않기 때문이다. 그림 6을 참조하라.

만약 당신이 분석가의 입장이고, 시간이 지난 후에 이러한 추세선을 충분히 그려낸다면, 당신은 추세선이 환상에 불과한 도구, 아마도 성배에 지나지 않는다는 결론을 내릴 가능성이 크다.

추세선은 아무 문제가 없지만, 그것들이 여러분을 부자로 만들어주지는 않는다. 당신을 부자로 만드는 것은 당신이 거래할 때 어떻게 생각하느냐다. 만약 여러분이 다른 사람들처럼 생각한다면, 결과는 그들과 같을 것이다.

돈을 벌고 싶지 않은가? 당신은 무리로부터 자신을 분리하고 싶지 않은가? 그렇다면 무엇보다 수익을 내는 매매는 당신이 사용하는 도구와 아무 관련이 없다는 사실을 깨달아야 한다.

여러분에게 매매 도구가 얼마나 무의미한지를 보여주기 위해, 세계에서 가장 존경받는 투자자인 래리 페사벤토(Larry Pesavento)와 래리 윌리엄스(Larry Williams)를 소개하고자 한다.

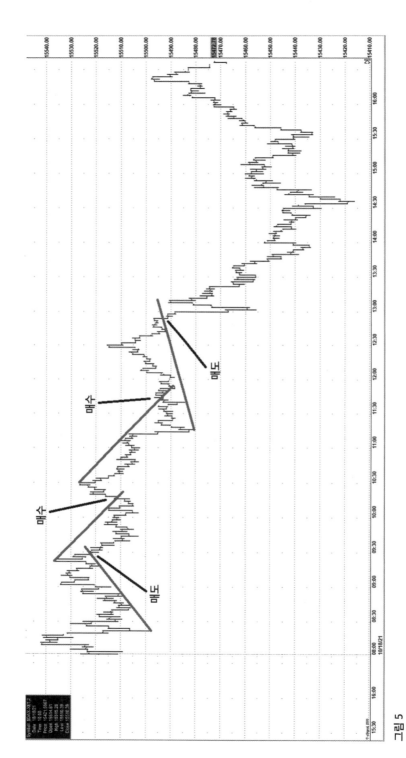

그림 5

출처: eSignal(esignal.com)

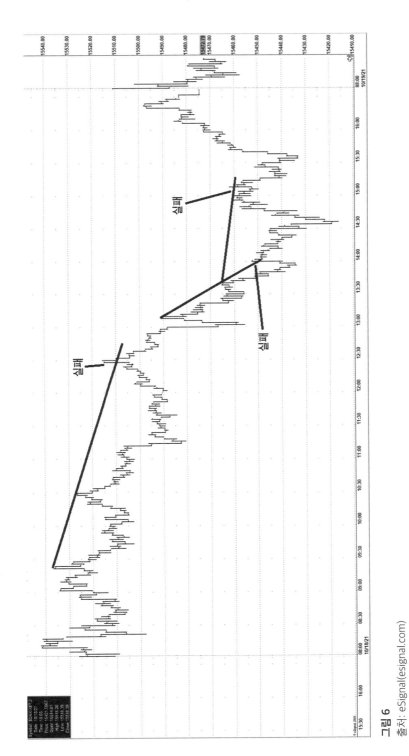

그림 6
출처: eSignal(esignal.com)

래리 페사벤토와 래리 윌리엄스

두 래리는 모두 인생의 황혼기를 보내고 있다. 둘 다 미국인이고, 우연히도 그들은 친구다. 두 사람 모두 수십 년의 투자 경력을 쌓아왔으며, 투자를 직업으로 삼고 있다.

래리 페사벤토는 패턴과 피보나치 비율을 사용하는 것으로 유명하고, 래리 윌리엄스는 고유의 패턴 인식 설정으로 유명하다. 둘 다 자신들이 선택한 도구에 대해 여러 권의 책을 썼다.

2005년에 내가 개최한 워크숍에서 연사 중 한 명이었던 래리 윌리엄스는 S&P500 지수의 통계를 보여주었다. S&P500 지수는 10년에 걸친 1시간 차트에서 모든 주요 되돌림을 보여주었다.

여러분이 상상하듯, 생각할 수 있는 거의 모든 비율의 되돌림이 나타나고 있었다. 그러나 눈에 띄지 않는 것은 61.8% 또는 38.2%라는 두 가지 주요 피보나치 비율이다. 물론 그 비율들은 그곳에 있었지만, 다른 비율의 무리에 둘러싸여 있었다.

그렇다, 피보나치의 마법 같은 수열이 결국 시장을 지배하지 않는다는 사실이 밝혀졌다. 그렇다면 래리 페사벤토에게는 그것이 어떤 효과가 있을까? 답은 간단하다. 수익성 있는 전략을 만들기 위해 항상 맞을 필요는 없다.

나는 2016년 노르웨이 오슬로에서 피보나치 비율에 대해 강연했다. 강연을 위해 독일 DAX 지수가 78.6%(0.618제곱근)로 되돌림을 보인 모든 사례를 조사했고 78.6%의 되돌림이 20%에 불과했지만, 여전히 유용한 전략이 될 수 있음을 증명했다. 그것이 효과를 거두려면 아주 적은 위험에 노출되도록 투자 규모를 조절하고 그것이 작동할 때 큰 금액을 걸어야 한다.

S&P500과 피보나치

S&P500 지수는 2021년 여름 동안 11%의 상승률을 기록했다. 지수는 4,050에서 4,550으로 올라갔다. 다음 차트에서 볼 수 있듯이, 그 과정에서 세 번의 중요한 되돌림이 있었다. 피보나치 수열의 역할은 38.2%의 되돌림, 61.8%의 되돌림 또는 78.6%의 되돌림 상황에서 매수 포지션을 취하는 것이다. 그림 7을 참조하라.

내가 지금 보여주려는 것은 과장과 선택 편향의 힘에 대한 간단한 설명이다. 그림 8을 참조하라.

피보나치 비율은 트레이딩 분야에서 가장 잘 알려진 도구 중 하나다. S&P500 지수에서 38.2%, 61.8%, 심지어 78.6%의 비율로 확인되는 세 가지 주요 되돌림은 단 하나도 없다.

실제로는 43% 되돌림과 74% 되돌림이라는 두 가지 비율이 더 자주 등장하는 것 같다. 나는 그것을 무작위로 계산했다. 그렇다, 이것이 우리 신념의 힘이다.

우리는 금융시장이 확장되고 축소되는 방식에 마법 같은 수열이 있다고 믿고 싶어 한다. 또 우리가 피보나치라고 부르는 수학적 순서를 이용하여, 우주를 창조한 더 높은 신의 뜻에 따르는 시장에 대한 보편적인 순서가 있다고 믿고 싶어 한다.

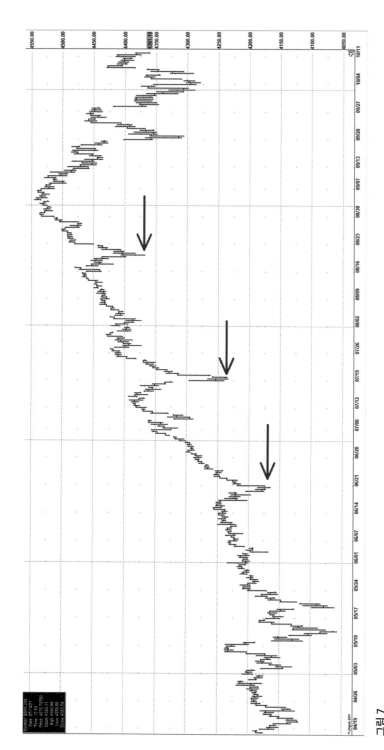

그림 7

출처: eSignal(esignal.com)

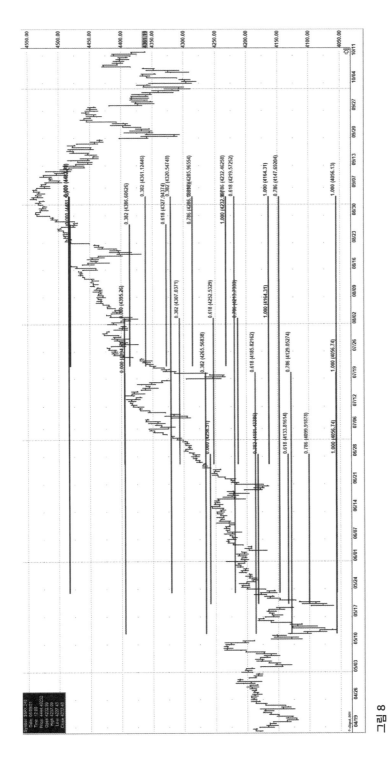

그림 8

출처: eSignal(esignal.com)

그리고 그것은 신자들이 계속해서 믿게 할 만큼 자주 작동한다. 이것이 차트의 위험이다. 우리가 시장을 분석할 때는, 우리를 장기적으로 끌어들일 뭔가를 찾고 있기 때문에 절대로 시장의 상승을 놓치지 않으려 하거나, 또는 공매도를 할 무언가를 찾고 있으므로 시장의 하락을 놓치지 않으려고 한다. 우리는 편견을 가지고 접근한다.

이것이 아포페니아(유형화)의 함정이다. 조심하라!

스페인의 이혼율

무지의 정의는 지식이나 정보의 부족이다. 당신은 똑똑한 사람이지만 어떤 분야에서는 무지할 수도 있다. 예를 들어 나는 영혼의 동반자나 지구 이론에 관해서는 다소 무지하다. 당신은 내가 그것들에 관심이 없거나 믿지 않기 때문에 무지하다고 주장할 수 있다.

맞는 지적이다. 구체적으로 영혼의 동반자, 즉 영원히 함께할 유일한 사람, 행동이나 성격에서 당신과 완벽하게 어울리는 사람을 찾는 일이라면, 글쎄, 나는 그것이 진짜라고 생각하지 않는다.

알다시피 나는 사랑의 방식에 대해선 무지하지만, 통계를 읽을 수 있다. 그리고 그것을 바탕으로 생각할 때, 영혼의 동반자가 특정 국가에서 서로를 찾을 가능성이 더 크다고 결론지어야 하는가? 나는 그렇게 생각하지 않는다!

예를 들어 스페인이나 룩셈부르크에는 자칭 영혼의 단짝이 많지 않다. 스페인의 이혼율이 65%이고, 룩셈부르크의 이혼율은 87%라는 사실을 아는가?

영국의 이혼율은 42%에 불과하다. 이것이 스페인보다 영국 제도에 살면 영혼의 동반자를 찾을 확률이 높다는 뜻일까?

많은 사람들이 누군가 태어났을 때 무작위로 정의된 별자리와 태양의 위치가 그 사람의 성격에 어떻게든 영향을 준다고 믿고 있다.

또한 시장이 해결되어야 할 방정식이고, 해독되어야 할 코드라고 믿는 사람들도 있다. 그들은 모두 망상에 빠져 있거나, 좀 더 점잖게 말하면 무지한 사람들이다.

캔들 차트 전문가의 사기

소송을 피하기 위해 다음 이야기 주인공의 이름을 밝히지는 않겠다. 1990년대에 캔들 차트가 화제에 올랐을 때, 캔들 차트를 전파하는 데 중요한 역할을 했던 한 사람이 또 다른 유명한 투자자 그리고 나와 함께 세계 어딘가의 식당에 앉아 있었다.

그 당시 주인공은 캔들 차트에 관한 책을 펴냈다. 우리가 식당에 앉아 있을 때, 나는 그에게 패턴 중 일부는 사실상 동일한데 다른 이름으로 구분되어야 한다고 믿는지 물었다.

예를 들어 하라미 패턴과 하라미 크로스 패턴은 둘 다 잉태형(장대 음봉 또는 양봉 이후 그 봉의 몸통에 완전히 포함되는 작은 봉이 나타나는 패턴 – 옮긴이)이고, 하라미 크로스 패턴은 몸체가 없는 반면 하라미 패턴은 몸체가 있는 점을 제외하면 모든 면에서 동일하다고 주장했다. 하지만 둘

다 잉태형 패턴이다.

내가 보기에 그것은 정상적인 매매 이유보다는 순수하게 상업적인 이유로 패턴의 수를 부풀리려는 의도처럼 보였다. 많은 패턴이 사실상 거의 같지만 다른 이름을 가지고 있다.

나는 그에게 가장 좋아하는 패턴이 있는지, 아니면 그가 고수하거나 선호하는 패턴의 선택이 있는지, 만약 그렇다면 언제 그것들을 매매에 사용하는지 물었다.

그는 패턴을 이용해서 매매하지 않는다고 대답했다. 또 매매를 전혀 하지 않는다는 점도 인정했다.

이에 대해 여러분은 어떻게 생각하는지 모르겠지만, 나는 그것이 이해되질 않는다. 나는 곧바로 그와 모든 관계를 끊었다. 나는 그의 유일한 임무가 책과 교재의 페이지를 채우고 매매 소프트웨어에 많은 신호를 생성하기 위해 가능한 한 많은 패턴을 발명하는 것이라고 생각했다.

여러분의 눈에는 내가 캔들 차트는 가치 없다고 주장하는 것처럼 보이는가? 아니다. 나는 그저 모든 패턴이 통계적으로 연관성이 있다고 생각하지 않을 뿐이다.

나 혼자서만 그렇게 생각하는 것은 아니다. 소수의 학술 연구 기사들도 같은 견해를 시사한다. 모하메드 자말루딘(Mohamed Jamaloodeen), 아드리안 하인츠(Adrian Heinz), 리사 폴라시아(Lissa Pollacia)가 작성하고 2018년 6월 《국제 융합 비즈니스 연구 저널(*Journal of International & Interdisciplinary Business Research*)》에 발표한 〈일본식 캔들 차트의 예측력에 대한 통계적 분석〉에서 나온 결론은 다음과 같다.

일본식 캔들 차트는 주식, 지수 또는 상품과 같은 특정 기초 자산의 과거 가격 행동을 시가, 고가, 저가 및 종가를 사용해 표시하는 기법이다. 이러한 캔들이 모여 미래의 가격 움직임을 예측하는 것으로 믿어지는 패턴을 만든다. 비록 캔들 차트의 인기가 지난 10년 동안 빠르게 늘어났지만, 수많은 예측 효과에 대한 통계적 증거는 여전히 거의 없다. 본 연구에서는 S&P500 지수의 60년 이상의 과거 데이터를 사용하여 슈팅 스타(유성형) 및 해머(망치형) 패턴의 예측력을 분석한다. 우리의 연구에서, 우리는 역사적으로 이러한 패턴이 종가를 사용할 때 예측 신뢰성을 거의 제공하지 않았다는 것을 발견했다.

또 피야파스 타라바니(Piyapas Taravanij), 바산 시라파파시리(Vasan Sirapapasiri) 및 키티차이 라차마하(Kittichai Rajchamaha)의 다른 연구에서 연구원들은 다음과 같이 결론짓는다.

이 연구는 캔들 차트 패턴의 수익성을 조사한다. 보유 기간은 1일, 3일, 5일, 10일이다. 이 연구는 필터링 도구[스토캐스틱(%D), 상대 강도 지수(RSI), 자금 수급 지수(MFI, Money Flow Index)]를 사용했을 때와 사용하지 않았을 때를 비교함으로써 강세장과 약세장에서 캔들 차트 반전형 패턴의 예측력을 검증한다.

통계 분석에서는 대부분 패턴의 평균 이익이 통계적으로 0과 다르지 않아서 강세장과 약세장의 캔들 차트 반전형 패턴들 모두 거의 사용하는 의미가 없었다.

통계적으로 유의미한 수익률을 가진 패턴도 표준편차 측면에서 높은 위험을 내포하고 있다. 이항 검정 결과는 캔들 차트 패턴이 시장의 방향을 신뢰할 수 있도록 예측할 수 없음을 나타낸다. 또한 이 연구는 스토캐스틱(%D), 상대 강도 지수(RSI) 또는 자금 수급 지수(MFI)에 의한 필터링이 일반적으로 캔들 차트 패턴의 수익성이나 예측 정확도를 높이지 않는다는 것을 발견했다.

투자자 주의

중개 회사와 투자 강연자들은 본말을 전도하고 있다. 그들은 우리가 많은 패턴을 배울수록 투자 성공의 기회를 늘릴 것으로 생각하게 만든다. 하지만 이는 사실이 아니다. 더 많은 패턴을 알면 알수록, 좋은 위치에서 더 많이 벗어나는 경향이 있다.

기술적 분석과 패턴, 캔들 차트 패턴과 지표, 비율과 밴드에는 아무런 문제가 없다. 물론 나는 그것들이 주관적이어서 실질적인 검사를 통과하기 어렵다고 생각하므로 그중 상당수를 믿지 않는다. 그러나 한편으로, 트레이딩은 어쨌든 매우 주관적이기 때문에 트레이딩으로 생계를 유지하기 위해 우리가 그렇게까지 옳을 필요는 없다.

늙은 여우 이야기

친구 트레버 닐(Trevor Neil)은 헤지펀드를 운영했는데, 그의 펀드는 매매에서 25%의 적중률을 기록했다. 나는 최고의 전문 투자자들이 어떻게 일하고 생각하는지에 대한 더 깊은 통찰력을 제공하기 위해 그의 이야기를 들려주려 한다. 당신이 비밀을 알아낼 수 있기를 바란다.

이 이야기는 시장에서 돈을 버는 많은 방법이 있다는 사실을 상기시켜준다. 여러분의 일은 누군가를 따르는 것이 아니라 여러분이 좋아하는 방법을 찾는 것이고, 여러분이 누구이고 무엇을 하고 싶은지 공감할 방법을 찾는 것이다.

이야기는 내가 트레버에게 질문하는 것으로 시작한다. 나는 그가 톰 디마크(Tom DeMark)와 그의 순차 지표와 연관되어 있다는 것을 알았다. 톰 디마크는 기술적 분석의 전설적인 인물이다.

필자는 몇 년 전 블룸버그의 점심 식사에서 디마크를 만난 적이 있다. 그의 일에 익숙하지 않아서 물어볼 내용이 거의 없었지만, 좋은 사람처럼 보였다. 알다시피 그의 분석 기법은 블룸버그 단말기를 가진 사람들만 이용할 수 있었다.

당시 블룸버그 단말기의 연간 이용료는 약 2만 5,000달러였다. 그러나 오늘날 톰 디마크의 분석 기법은 여러분이 관심을 갖고 찾아보면 많은 거래 플랫폼에서 이용할 수 있다.

트레버에게 순차 지표에 관해 물었을 때 그의 눈에 불이 들어왔다. 그는 친구와 함께 매우 짧은 기간에 순차 지표를 사용하여 매매했을 때 얻어낼 것이 있다고 결정한 과정에 관한 이야기를 해주었다.

그들은 남아프리카공화국으로 이주했고 1분 차트에서 남아프리카공화국 주식을 거래하기 시작했다. 나는 많은 자금을 관리하는 전문적인 기관투자자가 그렇게 짧은 타임프레임으로 매매한다는 것을 들어본 적이 없다.

하지만 이것이 그 이야기에서 가장 인상 깊었던 부분은 아니다. 내게 가장 인상 깊었던 것은 그들이 다른 투자자들이 최악의 적중률이라고 생각하는 확률로 어떻게 돈을 벌 수 있었는지였다.

대부분의 사람들은 적중률이 50% 이상의 매매 전략을 구축해야 한다고 생각한다. 트레버는 그것들의 결과가 다양하다고 말했다. 아주 잘 맞을 때도 있고, 그렇지 않을 때도 있었다.

아주 잘 맞을 때는 적중률이 40%까지 치솟았다. 그렇지 않을 때는 20%대 중반까지 떨어졌다.

그러나 전체적으로 보았을 때, 그들의 손에는 100건의 매매 중에서 약 25~30건의 매매를 성공시키는 도구가 있었다. 그것들은 대체로 성공적인 도구는 아니었다.

두 사람은 몇 년 동안 그 펀드를 운용한 후에 투자자들에게 원금과 수익금을 돌려주었다. 그들은 돈을 벌었고, 둘 다 햇병아리 풋내기가 아니었기 때문에 그것으로 충분하다고 결정했다. 이제 집으로 가서 가족들과 즐거운 시간을 보낼 시간이었다. 그들이 좀 더 젊었더라면, 아마 매매를 계속했을 것이다.

지금 여러분은 어떨지 모르지만, 나는 이 이야기가 마음에 든다. 이 이야기는 내가 투자에 대해 가지고 있는 생각을 재확인시켜준다. 전략의 적중률이 50%대인지, 70%대인지, 90%대인지보다 매매할 때 어떻게 생각하느냐가 더 중요하다.

이 이야기가 누구나 매매로 돈을 벌 수 있다는 결정적인 증거는 아니지만, 적절한 자금 관리 규칙과 필요한 인내심이 있는 한, 이론상의 전략이 이익을 창출하지 못했어야 함에도 두 명의 투자자가 돈을 벌 수 있었다는 것은 (전통적인 관점에서 보면) 훌륭한 일화다.

그렇다면 그 비밀은 무엇이었을까?

대답은 간단하다. 비록 그들이 100건의 매매 중 75건을 잃었지만, 그 25건의 승리한 매매가 거둔 이익은 75건의 매매가 만든 손실을 능가했다. 트레버는 그들이 부담한 위험의 25배의 수익을 올릴 것으로 예상한다고 말했다. 그는 또한 그들이 매매를 실행했을 때, 그것이 즉시 효과가 있을 것으로 기대했다고 말했다. 그래서 나는 그 점에 대해 조금 따져 물었다.

"당장 효과가 있으리라고 기대했다니, 그게 무슨 말입니까?"

내 질문에 그는 매매를 실행했을 때, 그 매매가 즉시 작동할 것으로 예상했다는 뜻이라고 말했다. 만약 그들이 50에 샀다면, 그들은 48로 가는 매매를 원하지 않았을 것이다. 48까지 내려간다면, 그들은 스스로 멈출 것이다.

이것은 그들이 작은 손실을 많이 보았다는 것을 의미했다. 그들의 과거 데이터 테스트는 전략이 제대로 운용된다면 진입 즉시 효과가 있으리라는 것을 보여주었다. 당장 효과가 없다면 그 포지션을 정리한다는 전략이었다.

믿고 행동하기

결과와 영향에 대한 두려움 없이 행동할 때, 당신은 이상적으로 매매하는 것이다. 투자에서 전체적으로 얼마나 많은 사람들이 손해 보는지를 고려할 때, 당신은 돈을 버는 것이 쉬운 일이 아니라는 논리적인 결론을 내려야 한다. 이러한 마음 상태를 쉽게 또는 심지어 자연스럽게 만들 수 있다고 생각하는 것은 어리석은 일이다. 그렇게 쉽지 않다.

나는 독일에서 온 남자와 몇 달 동안 함께 트레이딩을 한 적이 있다. 그는 아무것도 하지 않는 거의 초인적인 능력을 갖추고 있었다. 그의 인내심은 타의 추종을 불허했다. 우리가 매매하는 동안 나는 그 친구처럼 인내심을 갖는 것을 스포츠로 만들었다.

그것은 재미있었고, 감히 말하자면 다소 고통스러웠다. 나는 좋은 매매를 많이 놓쳤지만, 한 번씩 만든 큰 수익이 그 모든 것들을 능가했다.

당신은 스스로에게 인내심을 갖고 당신의 지식이 자기 안에서 정착하고 성숙해질 때까지 기다려야 한다. 지금은 작은 크기로 매매하지만 더 큰 규모로 매매하고 싶다면, 그 여정은 선형적인 과정이 아닐 가능성이 크다.

그것은 전진과 좌절의 여정이 될 것이다. 그것은 전진과 현상 유지의 여정이 될 것이다. 이것은 내가 보증할 수 있다. 당신은 자신이 꿈꾸는 투자자로 성장해야 한다.

시장에 진입할 때 인내심을 가져야 한다. 당신에겐 인내심이 필요하다. 만약 당신이 그 두 가지 특성을 테이블로 가져올 수 있다면, 나머지는 시간이 해결해줄 것이다. 당신은 당신의 마음이 불안하거나 두려워하지 않는 속도로 당신의 투자 규모를 성장시킬 수 있다.

나는 이 문제를 책의 마지막 부분에서 좀 더 자세히 논의할 것이다. 그렇지 않으면 알코올 중독에 빠진 친구에게 "제발, 술 좀 그만 마셔"라고 말하는 선의의 친구와 다를 바 없다.

물론 그렇게 쉬웠으면 좋겠다. 마찬가지로 내가 당신에게 "좀 더 인내심을 가지세요"라고 말하는 것은 채식주의자들의 모임에서 돼지고기를 굽는 것만큼 도움이 안 된다.

내가 무척 존경하는 매크로 투자자는 탁월한 런던 헤지펀드 투자자인 그레그 코피(Greg Coffey)다. 신문 기사에서 한 고객은 그를 "겸손하기도 하고, 오만하기도 한 완벽한 투자자"라고 묘사했다.

기사는 그레그 코피가 거만할 정도로 자신의 매매에 절대적인 확신이 있었지만, 매매가 잘되지 않을 때도 똑같은 겸손함을 보였다고 설명한다.

다음 격언을 기억하라.

당신의 지식이 당신을 죽이는 것이 아니다. 잘 모르면서도 당신이 알고 있다고 생각하는 것이 당신을 죽이는 것이다.

게임의 법칙

게임은 절대 변하지 않고, 그럴 리도 없다. 알고리즘은 게임을 바꾸지 않는다. 법도 게임을 바꾸지 않을 것이다. 이것은 내적인 게임이고, 당신의 매매라는 게임에 어떤 인간적인 자질을 가졌는지 생각하는 데 차트에 바치는 시간보다 훨씬 더 많은 시간을 투자해야 하기 때문이다.

올바른 방향으로 나아가는 일은 자신에 대한 지식과 시장에 대한 이해에서 비롯된다. 게임은 절대 변하지 않는다. 물론 선수들은 바뀐다. 우리는 모두 늙고 죽고, 젊고 새로운 세대로 대체된다. 슬프게도 사람은 아주 특별한 노력을 기울이지 않는 한, 변하지 않는다.

우리는 변화를 좋아하지 않는 파충류의 마음을 가지고 있다. "이봐, 고장이 나지 않았다면서 왜 고치려 하는 거지?" 흠, 왜냐면 고장이 났기 때문이다. 나는 내가 아는 방법으로 돈을 벌고 있지 않기 때문에 그것을 바꾸고 싶다. 만약 그것이 내가 다른 패러다임 아래 사는 법을 배워야 하고, 두려움과 희망에 대해 다른 관점을 가져야 한다는 것을 의미한다면, 그렇게 할 것이다.

차트의 역할

한 가지 색만으로는 걸작을 만들 수 없다. 한 가지 재료만으로 미슐랭 별점을 받는 요리를 만들 수도 없다. 그리고 여러분 대부분은 분명히 차트에만 집중하여 투자자로서 생존 가능한 매매를 할 수 없다.

차트의 역할은 다른 시장 참가자들의 생각을 시각적으로 표현하는 것이다. 그것은 내가 기본적 분석을 사용하는 투자자보다 훨씬 더 구체적으로 시장 진입과 정리의 기준을 정할 수 있게 해준다.

하지만 차트의 무작위성에 빠져들기 쉽다. 그러나 시간이 지날수록 당신 계좌 잔고의 자릿수를 결정하는 것은 차트를 읽는 기술이 아니다.

마음을 다스리는 것은 쉬운 일이 아니다. 당신의 역행하는 마음은 정말로 고려할 충분한 시간을 갖기 전에 성급한 결론을 내리게 한다.

이 책의 유일한 목적은 당신의 마음을 투자자로, 돈을 버는 투자자로 프로그래밍할 수 있는 도구를 제공하는 것이다.

우리의 정신은 그냥 내버려두면 약해지는 미약한 생명체다. 투자에서 심리의 역할을 이야기할 때마다, 나는 사람들에게 페더럴 익스프레스(Federal Express, 미국의 우편 및 화물 특송 회사 – 옮긴이)의 로고를 보여주고 나서 그들에게 묻는다. "화살표는 어디에 있나요?"

아직 모르고 있었다면 페덱스(FedEx)의 로고를 확인해보라. 'E'와 'x' 사이에 화살표가 숨겨져 있다.

눈과 마음의 조화는 매혹적이다. 눈은 하나를 볼 수 있지만, 반응적이고 충동적인 마음은 우리가 다른 것을 보고 있다고 말한다.

우리가 본다고 생각하는 것을 믿는 경향을 마음으로 다스리는 일은 관찰과 훈련을 통해 가능하다.

다음 페이지의 이미지를 보라. 이 체커 판의 정사각형은 A와 B 중 어느 것이 더 어두운가?

두 사각형이 같은 회색 색조라는 것을 알게 되면 놀랄지도 모르지만, 여러분의 마음은 사각형 A가 더 어둡다고 말했을 가능성이 매우 크다. 1995년에 MIT 교수 에드워드 애덜슨(Edward H. Adelson)이 개발한 이 착시 현상은 눈으로 전달되는 정보를 마음이 어떻게 잘못 해석할 수 있는지를 완벽하게 보여준다.

여러분이 이전에 접했을 수도 있는 또 다른 예는 이 책에서 설명하기가 조금 더 어렵겠지만, 내가 이 책을 쓰게 된 계기가 된 연설에서 어떻

게 진행되었는지 설명하겠다. 이것은 마음의 유연성 훈련이다.

나는 청중들에게 빨간 사각형의 간단한 이미지를 보여주었다. 그리고 이미지의 색상을 말해달라고 요청했다. "빨간색!" 그들은 일제히 소리쳤다.

아주 간단하다. 그다음에 나는 빨간 사각형을 제거하고 노란 사각형을 드러냈다. 같은 결과였다. "노란색!"

이번에는 초록색 사각형으로 바꿨다. 이번에도 그들은 "초록색!"이라고 소리쳤다.

빨간색. 노란색. 초록색. 지금까지는 좋다.

청중들은 그것에 대해 생각할 필요조차 없었다. 그것은 바로 자동 응답 시스템이 얼마나 지배적인지를 보여주는 것이다.

그리고 나서 우리는 더 까다로운 부분으로 넘어갔다. 나는 청중들에게 파란색 잉크로 쓴 빨간색이라는 단어의 이미지를 보여주고, 그 이미지가 무슨 색인지 물었다.

많은 사람들이 "빨간색!"이라고 외쳤다.

나는 빨간 잉크로 노란색이라고 쓴 것을 보여주었다. 몇몇은 "빨간색!"이라고 외쳤지만, 나는 "노란색!"이라고 외치는 소리를 훨씬 더 많이 들었다.

우리는 다른 색의 잉크로 쓴 일련의 색이름으로 이 과정을 반복했다. 시간이 지나면서 청중들의 반응은 더 일관되게 정확해졌다. 나는 재미있는 훈련을 통해 우리의 눈과 마음이 반드시 조화롭게 작용하지는 않는다는 것을 밝혀냈다. 빨간색이라는 단어를 본 우리의 뇌는 질문에 대한 대답이 '파란색'일 때조차도 '빨간색'이라고 말하기를 원한다. 마치 우리가 의식적으로 뇌가 성급하게 결론을 내리지 못하도록 막을 필요가 있는 것처럼 보인다.

우리는 종종 문자 그대로 존재하지 않는 것들을 보는데, 이것은 매매에서 중요한 특성이다.

차트는 시간이 지난 뒤에 보여주는 것인 만큼 실시간으로 작동하지 않는다. 불행하게도 여러분은 믿고 행동해야 한다.

만약 당신이 몇 번의 매매에서 실패한 후에 그것과 씨름한다면, 그것은 당신의 뇌가 당신을 고통으로부터 보호하려 하는 것이다. 당신은 당신의 신호를 다시 추측할 것이고, 자신의 최선의 이익을 방해할 것이다. 나도 그런 적이 있다. 나도 그렇게 했었다. 그리고 나는 이제 치료법을 알고 있다.

좋은 매매는 인간의 본성을 거스른다

개인 혹은 유튜브에서 다수를 상대로 투자에 대해 강연할 때, 나는 종종 가치와 가격의 개념에 관해 이야기한다. 무엇이 가치가 있는가?

나는 내 오래된 차가 1만 파운드의 가치가 있다고 생각하지만 자동차 딜러는 8,000파운드의 가치가 있다고 생각한다. 내가 그 차를 꼭 팔고 싶어 한다면 그 논쟁에서 누가 이길 것 같은가?

어떤 것이 가치 있다는 이야기는 감정적이고 편향된 진술이다. 반면에 가격은 구매자와 판매자가 만나는 지점이다. 어떤 것이 더 가치 있다고 말하는 것은 타당하지 않다.

당신은 어떤 것이 미래에 더 가치 있거나 가치가 덜할 것이라고 예상할 수 있다. 내 말은, 그것이 내 일이 작동하는 본질이라는 것이다. 심리학은 제쳐두고, 나는 내가 무엇을 사든 가격이 오를 것이라는 희망을 품고 산다.

소크라테스 이전의 그리스 철학자 헤라클레이토스는 다음과 같이 말했다. "같은 강에 두 번 발을 디딘 사람은 없다. 강은 같은 강이 아니고, 사람도 같은 사람이 아니기 때문이다." 시장은 끊임없이 변하기 때문에 투자자로서 명심해야 할 사항이다.

인류는 변화에 대해 양면적인 태도를 보인다. 우리는 변화를 원하는데, 그렇지 않으면 우리의 삶이 평범하고 지루해지기 때문이다. 하지만 그 변화가 동기와 열정에 의해 추진되는 것이 아니라 강요되는 것이라면, 우리는 그것을 원망하는 경향이 있다.

내가 투자에서 마음가짐의 중요성을 처음 알게 된 것은 '거래소의 유령(Phantom of the Pit)'이라 불리는 익명의 투자자가 쓴《투자자의 매매 생활에 관한 책》을 읽고서였다. 무료로 읽을 수 있는 그 책은 www.tradertom.com에서 나의 논평과 함께 찾을 수 있다.

베일에 싸인 투자자는 이 책에서 행동 교정이 투자에서 가장 중요한 개념이라고 주장한다. 정신적 불균형을 일으키지 않고 마음을 바꿀 수 있는 능력은 투자자에게 가장 중요한 능력이다.

실시간 텔레그램 매매 채널을 운영한다는 것은 내가 끊임없이 질문받고 있음을 의미한다. 대부분 경험이 없는 투자자들이다. 내가 자주 받는 질문 중 하나가 "당신은 왜 추세에 역행하는 매매를 하는가?"다.

그런 질문은 너무 순진하면서도 천진난만해서 나도 모르게 미소를 짓는다. 어떤 투자자라도 추세에 반하여 매매한다고 비난받을 수 있기 때문에 순진한 것이다.

그것은 당신이 보고 있는 타임프레임에 달려 있다. 만약 당신이 5분 차트를 사용하는 투자자라면 주간 차트의 추세가 하락하는 것을 신경 쓰지 않을 것이다. 당신은 5분 차트의 추세에 관심이 있는 것이다.

그것이 순진한 질문인 또 다른 이유는 기술적 분석의 전체 구조가 모순으로 가득 차 있기 때문이다.

잘 생각해보라.

당신은 추세를 따르라는 이야기를 듣지만, 이중 천장에서 매도하면 어떻게 되는가? 당신은 추세에 역행하는 베팅을 하는 것이다. 이중 바닥에 대해서도 똑같이 주장할 수 있다. 당신은 떨어지는 시장에서 매수 포지션을 취하는 것이다.

30년의 데이터

나는 데이트레이더다. 나의 특기는 다우존스와 같은 주가지수다. 지난 30년간 지수의 종가 통계를 살펴봤다. 이는 약 7,500거래일에 해당한다. 다우 지수가 하루 동안 얼마나 자주 상승으로 마감했는지, 전날 종가 대비 얼마나 자주 하락으로 마감했는지 알고 싶었다.

지난 30년간 다우 지수가 3,300에서 거의 3만 6,000으로 올랐기 때문에 하락한 종가보다 상승한 종가가 더 많으리라 생각했다. 하지만 그 가정은 틀렸다.

지난 30년간 전체 종가의 50.4%만 전일 종가보다 높았다. 이는 다우 지수에서 상승과 하락이 고르게 분포되어 있음을 의미한다.

이 통계의 영향은 나와 같은 데이트레이더들이 더 긴 타임프레임의 추세에 지나치게 의존할 수 없다는 것이다. 5분 차트에서는 사실 어떤 일이든 일어날 수 있기 때문이다.

투자자들이 직면한 도전은 헤라클레이토스 스타일의 설명으로 아주 쉽게 요약할 수 있다. 우리가 1리터짜리 우유를 살 때, 우리는 우유가 균일한 제품이라는 것을 안다. 당신이 우유 1리터를 어디서 사는지는 중요하지 않다. 우유는 우유일 뿐이다.

그러므로 한 슈퍼마켓에서 파는 우유가 다른 슈퍼마켓에 비해 두 배 더 비싸다면, 우유 1리터가 한 슈퍼마켓에서는 비싸고 다른 슈퍼마켓에서는 싸다는 결론을 내릴 수 있다.

하지만 주식, 통화, 주가지수는 강과 같다. 그것은 항상 변하고 있다. 이러한 변화는 트레이더와 투자자의 상호 작용의 결과다.

가격의 움직임은 미래에 대한 그들의 의견이다. 당신은 그들의 의견에 동의하거나 반대할 수 있다. 하지만 대다수가 틀렸다고 말하는 것은 시장에서 효율적으로 돈을 벌지 못하는 비생산적인 결과를 낳는다.

다른 직업에서는 믿을 수 없을 정도로 성공적이지만 투자에선 어려움을 겪는 파트타임 투자자들이 많다. 투자의 세계에서 성공하기 위해 우리가 해야 할 일은 투자의 세계 밖에서 성공하기 위해 우리가 해야 할 일과는 상당히 다르다.

예를 들어 당신이 저녁거리를 사기 위해 들어간 슈퍼마켓에서 치킨을 특별 할인된 가격으로 팔고 있다는 것을 알게 된다면, 당신은 이 혜택을 이용할 것이다. 만약 치킨이 반값에 제공된다면, 여러분은 이것이 좋은 가격이라 생각하고, 냉동실에 보관할 만큼 많은 양을 사고 싶어 할 것이다.

우리의 인간 본성은 할인을 좋아하는 것과 같다. 우리는 좋은 제안을 찾고 그것들을 이용하기를 좋아한다. 무언가를 싸게 샀을 때 우리의 마음은 기쁨으로 가득하다.

나도 어제 쇼핑을 했는데 할인 품목이 놓인 구역이 있었다. 모든 게 반값 이하였다. 나는 12개월 동안 사용할 만큼의 비누와 세제를 샀다.

나는 카트를 가득 채우면서 혼자 웃었다. 왜냐하면 내가 이런 행동에 대한 장을 계속 쓸 거라는 사실을 알았기 때문이다. 어차피 1년 중 어느 시점에서든 구매할 물건을 70%나 싸게 살 수 있어 기분이 좋았다.

현실을 직시하자. 우리가 추세를 거스르고 쇼핑을 하면 많은 돈을 절약할 수 있다.

나는 가능하다면 불볕더위가 기승을 부리는 계절에 겨울 재킷을 사는 편이다. 그때가 바로 상점들이 여름옷을 위한 공간을 만들기 위해 이런 물건들을 없애고 싶어 할 때다.

반대로 나는 문밖에 6피트의 눈이 쌓였을 때 여름옷을 산다. 어쩌면 그런 소비 행위가 정상적이지 않다는 것을 알고 있기 때문에 그것을 좋아하는지도 모른다. 나는 싸게 사는 걸 좋아한다. 그리고 나 혼자만 그런 것 같지는 않다.

앞서 말했듯이, 투자의 세계는 투자 밖의 세계와 정반대다. 내가 투자의 세계 밖에서 인간으로 보여주는 특성들은 투자의 세계에서는 별 도움이 되지 않는다. 그것은 나에게만 해당하는 이야기가 아니다. 일반적인 모든 사람에게 해당하는 이야기다.

우리의 마음은 투자의 세계와 일반적인 소비자 행동의 세계를 분리하기 위해 고군분투한다. 차이점을 살펴보자.

슈퍼마켓 할인

슈퍼마켓에서 예전보다 더 싸거나 두 개 이상을 살 때 할인되는 것을 보면, 나는 사고 싶어진다. 나의 행동은 쾌락을 향한 잠재의식적인 추진력에 의해 주도된다.

나의 행동은 가장 싼 제품을 찾는 합리적인 소비자의 행동이다. 슈퍼마켓은 이를 알고 있고, 내 지출을 극대화하도록 상품 가격을 조정할 것이다.

나의 행동은 내가 쓸 수 있는 예산 범위 내에서 즐거움을 극대화하는 방향으로 진행된다. 그것이 나에게 행복감을 준다.

금융시장 할인

FTSE 지수가 장중에 하락하는 것을 보면, 내 마음은 가치와 가격이 하락하고 저렴해지고 있다는 생각이 든다.

만약 내가 충동적으로 행동한다면, 다음 두 가지 중 하나가 일어날 것이다.

1. 가치에 대한 내 느낌이 맞았다. 시장이 오르기 시작한다.
2. 가치에 대한 내 느낌이 틀렸다. 시장이 계속 하락한다.

어쩌면 나의 주장이 도발적으로 비칠 수도 있겠지만, 다음에 무슨 일이 일어나든 나는 질 것이다. 그 매매에서 이긴다 해도 결국엔 패배할 것이다.

가격이 싸다는 충동적인 신호를 마음이 보낸다는 것 말고 별다른 이유 없이 매수한다면, 시장이 계속 하락했을 때 나는 패배할 것이다. 시장이 계속 하락하지 않을 이유가 있을까? 그것은 기술적 분석의 전제다. 추세는 계속된다. 시장은 관성에 시달리고 있다. 즉 어떤 방향이든 간에 대개 그것을 지속할 확률이 50%를 넘는다는 말이다.

만약 내가 매수하고 나서 시장이 상승한다면, 그래도 나는 결국 패배할 것이다. 나는 이제 손을 내밀어 격언에 나오는, 떨어지는 칼날을 잡는 것이 괜찮다고 마음속으로 가르치기 때문이다.

나는 하락하는 자산을 매수하며 내 마음속에 기쁨과 연관시키는 패턴을 만든 것이다. 왜냐하면 어느 순간 그것에 성공했기 때문이다.

참고로 매매를 아주 진지하게 받아들이기 시작했을 때, 나는 하루가 끝나면 그날 매매를 검토하곤 했다. 나는 차트를 출력하고 거기에 내가 했던 매매를 그려 넣었다. 그리고 10건 중 8건 정도의 매매가 충동 매매임을 깨달았다. 나는 내 직업을 훨씬 더 자각하기 시작했다. 그 길을 따라가면서 나는 점점 더 많은 이익을 얻었다. 충동 매매가 적을수록 돈을 더 많이 벌었고, 직업에서 더 큰 만족감을 얻었다.

자기 분석

하루가 끝난 후 매매 내역을 차트에 꼼꼼히 기록하는 등 투자 행태를 분석하면서 나는 내가 매매를 많이 하는 '가치투자자'라는 사실을 깨달았다. 나는 상승하는 시장에서 자주 매도하고, 하락하는 시장에서 자주 매수한다.

그것은 내가 매수할 때 다른 누군가는 매도하거나 매수 포지션을 정리한다는 것을 매일 상기시키는 데 도움이 된다. 패배하는 투자자에서 승리하는 투자자로 바뀐 내 투자 성공의 주요인은 금융시장에는 할인이 없다는 점을 깨달은 것이었다.

슈퍼마켓 대체품

슈퍼마켓에서 물건을 살 때 제품 가격이 올랐거나 예전에 판매되던 제품이 품절된 것을 보면, 내 마음은 이를 고통과 연관시킬 것이다. 내 마음은 대체품으로 나를 이끌 것이다. 이것은 완벽하게 이성적인 인간 행동이다.

내 누이와 나는 이런 현상에 즐거워한다. 독일에 살고 있는 그녀는 베를린에서 항공사 이지젯(EasyJet, 유럽의 유명한 저가 항공사 - 옮긴이)을 자주 이용한다. 그녀는 웅변하듯이 "만약 그것이 25유로를 절약하는 일이라면, 나는 새벽 5시 비행기를 타기 위해 한밤중에 일어날 거야"라고 말한다.

나는 많은 사람들이 이런 특성을 인식할 수 있다고 생각한다.

금융시장 대체품

금융시장에서 가격이 올랐다면, 그것은 수요가 있음을 의미한다. 언뜻 비싸 보일 수도 있지만, 그것은 단지 매수자와 매도자 사이의 균형점을 반영할 뿐이다.

나는 몇 년 동안 이것과 씨름했다. 나는 그것이 비싸다고 주장했는데, 이러한 잘못된 견해는 내가 사용하고 있던 기술적 지표로 인해 더 강해졌다.

스토캐스틱과 같은 지표는 시장이 '과매수' 혹은 '과매도' 상태라고 말한다. 그것들은 '비싸다' 혹은 '싸다'는 말의 다른 표현이다. 이런 이유로 나는 이제 어떤 종류의 기술적 지표도 매매에 사용하지 않는다. 내 차트에는 주가 이외에 아무것도 없다.

금융시장이 비뚤어진 점은 어제보다 오늘 더 비싸기 때문에 무언가를 사는 것이 일반적으로 이치에 맞는다는 것이다.

역경에 대처하기

인생을 살면서 어려운 상황에 부닥쳤을 때, 나는 인내심을 가지고 이를 해결하기 위해 노력할 것이다. 나는 노력과 결심을 통해 내가 그 문제를 해결할 수 있기를 바란다. 심지어 그 문제를 해결하고자 힘을 쓰거나 내 권한을 사용할 수도 있다.

아무리 열심히 노력하고, 결심하고, 기도해도 나쁜 매매 포지션이 좋은 포지션으로 바뀌지는 않는다. 시장이 당신의 의견에 동의하든 그렇지 않든 둘 중 하나다. 당신이 얼마나 부유한지, 얼마나 크고 강력한지는 중요하지 않다. 시장이 동의하지 않으면, 동의하지 않는 것이다.

시장은 당신이 스스로 상처를 입도록 내버려두어야만 당신에게 상처를 줄 수 있다. 시장은 상승하거나 하락할 것이다. 당신이 거기에 올라타든 아니든, 돈을 벌든 안 벌든, 시장의 입장에서는 중요하지 않다. 시장은 당신에 대해 아무 관심도 없다.

당신이 돈을 번다면 시장과 같은 방향이기 때문이다. 시장은 모든 시장 참여자들의 힘이 합쳐진 것에 불과하다. 당신과 마찬가지로 그들도 매매로 돈을 벌려고 한다.

그러나 불행히도 우리 모두가 돈을 벌 수는 없다. 수년간의 고통 끝에 나는 시장에 대한 태도가 아니라, 시장이 하는 일에 반응하는 나의 태도를 바꿔야 한다는 것을 깨달았다.

그 과정의 대부분은 투자 세계에 관한 한, 내 삶의 가치와 믿음을 되돌리는 것이었다. 정상적인 세상에서 내가 내 의지를 관철하지 못할 때, 나는 상대방이 내 방식대로 사물을 볼 수 있도록 하기 위해 열심히 노력한다. 나는 매우 설득력 있고, 보통은 내가 원하는 대로 결과를 얻는다.

그것은 현실 세계에서는 나에게 도움이 되는 특성일 수도 있지만, 나의 투자 실적에는 해를 끼치는 특성이다. 시장은 당신의 포지션을 신경 쓰지 않는다. 당신이 매수 포지션이든 매도 포지션이든 중립 포지션이든 개의치 않는다. 시장은 당신이나 당신의 포지션에 대해 아무런 감정이 없다.

내 주장의 핵심은 우리가 완벽하게 정상적인 사람들로서 보여주는 많은 특성이 투자의 세계에서는 별 도움이 되지 않는다는 것이다.

내가 아는 성공한 투자자들은 모두 변신 과정을 거쳤다고 생각한다. 어떤 사람들은 점진적이었고, 또 다른 사람들은 성공의 촉매제 역할을 해준 특별한 상황에 관한 이야기를 한다.

어떤 사람들은 스스로에게 혐오감을 느껴 규칙을 따르거나 혹은 아예 매매를 그만두기도 했다.

객관적 관찰의 순수성

아주 좋은 친구 데이비드 폴(David Paul) 박사는 다음과 같은 이야기로 자신의 변화를 설명한다.

> 나는 기계공학 박사 학위를 가지고 있다. 나는 드비어스(De Beers, 다이아몬드 탐사, 채굴, 소매 거래 및 산업용 다이아몬드 제조 분야

를 전문으로 하는 국제 기업-옮긴이)에서 일한 적이 있다. 나는 광산 굴착기를 발명해 큰돈을 벌었다. 나는 개인 광산 기업을 소유하고 있었다. 그래서 나는 강한 자신감과 많은 돈을 가지고 시장에 나왔다고 말하는 것이 맞는다.

나는 1980년대에 투자를 시작했다. 그 당시에는 주식시장에서 돈을 벌기가 쉬웠다. 내가 할 일은 주식을 산 뒤에 앉아서 기다리는 것뿐이었다. 기다리는 동안, 나는 초창기 컴퓨터로 프로그래밍을 시작했다. 그리고 나만의 주식 선별 소프트웨어를 만들었다. 당시로서는 믿을 수 없을 정도로 정교한 소프트웨어였다.

문제의 날에 소프트웨어는 시장이 매우 강하게 상승할 것이라는 신호를 냈다. 그래서 나는 장이 열릴 때 중개인에게 전화를 걸어 대량의 매수 주문을 했다.

그리고 시장은 내 소프트웨어가 예측한 대로 움직였다. 시장은 점점 더 높이 상승하기 시작했다. 나는 당연히 분석이 정확했고, 돈을 벌고 있다는 데 만족했다. 소프트웨어가 시장의 상승이 계속될 것으로 예측했기 때문에 나는 매수 포지션을 더 강하게 유지했다.

하지만 얼마 지나지 않아 시장이 하락하기 시작했다. 나는 약간 놀랐지만, 시장이 더 높이 상승하기 전에 잠깐 일시적으로 하락하는 것일 뿐이고 매수 포지션을 늘릴 좋은 기회라는 사실을 알고 있었다. 나는 당연히 매수 포지션을 늘렸다. 그런데도 시장은 계속해서 하락했다. 그리고 하락. 또 하락.

살짝 걱정되기 시작한 나는 중개인과 투자자 친구들에게 전화를 걸어 하락하는 이유가 있는지 알아봤다. 그들 역시 시장이 왜 하락했는지 설명하지 못했다. 그들의 분석은 시장의 강한 반등을 암시하는 것이었다. 모든 뉴스 기사는 우리가 엘리어트 파동의 세 번째 큰 파동의 한가운데에 있다는 것을 암시했고, 모든 분석 결과가 더 높은 가격을 가리켰다.

친구들과 중개인에게 상황에 관해 이야기하니 기분이 다소 좋아졌고, 이것이 단지 일시적인 일탈일 뿐이라고 확신했기 때문에, 나는 더 싼 가격 수준에서 매수 포지션을 좀 더 늘리기로 했다. 시장은 잠시 반등했고, 나는 오늘의 최저가가 될 것으로 생각했던 가격에 좀 더 매수했기 때문에 기분이 꽤 좋았다.

이후 시장은 다시 하락했고, 나는 걱정되기 시작했다. 조금 겁이 나기도 했다. 나는 꽤 많은 매수 포지션을 들고 있었다.

바로 그때 아내가 사무실로 와서 그날 저녁에 뭘 먹고 싶은지 물었다. 그녀는 내가 정신이 없고 불편하다는 것을 감지한 듯 내 책상으로 걸어와 거래 화면을 보았다. "여보, 무슨 일 있어요?"라고 그녀가 물었다. 아내는 상냥했다.

"아니, 내 사랑, 그냥 일하는 중이에요. 내 소프트웨어는 이 시장이 상승할 수밖에 없다고 말하고 있거든요." 나는 화면을 가리켰다. "이 소프트웨어가 잘못된 적은 한 번도 없었고, 중개인들이나 친구들과도 이야기했는데, 그들 모두 시장이 상승해야 한다고 말하지만, 지금은 하락하고 있네요."

그녀는 차트가 있는 화면을 보고 "이게 당신이 거래하는 시장인가요?"라고 물었다.

"맞아요." 내가 말했다. "나는 시장이 왜 계속해서 하락하는지 정말

이해할 수 없어요. 그러나 시장이 곧 상승할 것이라고 확신해요."

"하지만 지금은 상승하지 않고 있네요, 그렇죠?"라고 그녀가 다시 물었다.

나는 그녀의 말에 약간 조급해져서, "지금은 그래요. 하지만 당신이 이해하지 못하는 것은 소프트웨어와 엘리어트 파동의 주기가 일치한다는 것이고, 시장은 절대적으로 상승해야 해요"라고 말했다.

"그래요, 당신 말이 맞아요, 저는 이 소프트웨어나 엘리어트 파동 같은 것에 대해선 아무것도 모르지만, 지금 당장은 올라가지 않는 것 같아요, 그렇죠?"

숨을 깊이 들이쉰 기억이 난다. 나는 언제나 사랑하지만, 이제는 나를 조금 짜증 나게 만드는 여자에게 말했다. "그래요, 하지만 시장은 올라갈 거예요. 아니, 꼭 그래야 합니다. 나는 이것이 단지 AB=CD 형태라고 생각해요. 소프트웨어에 그렇게 나와 있거든요. 중개인이 그렇게 얘기하고, 친구들도 마찬가지예요. 엘리어트 파동 이론도 다르지 않고요. 그 사람들과 내 소프트웨어가 틀릴 리 없어요."

"네, 미안해요, 당신 말이 맞아요. 나는 당신의 소프트웨어나 엘리어트 파동 같은 것 혹은 중개인이 무슨 말을 하는지 이해하지는 못해요. 어쨌든 내가 보기엔 지금 시장이 하락하고 있다는 것뿐이에요, 그렇죠?"

나는 잠시 응시하던 화면에서 눈을 떼고 아내를 올려다보았다. "당신이 방금 한 말을 한 번만 더 말해줄래요?"

아내는 어리둥절한 듯 나를 쳐다보며 말했다. "글쎄요, 저는 지금, 바로 지금, 여기 바로 지금 시장이 하락하고 있다는 것을 말하고 있어요. 그렇지 않나요?"

그녀의 말이 벼락처럼 나를 때렸다. 나는 시장을 보고 매매하는 것이 아니었다. 내 견해를 따라 매매하고 있었다. 나는 시장에서 돈을 벌기 위해 무엇을 해야 하는지 처음으로 알았다. 웃음이 나기 시작했다. 나는 내가 피하려 했던 바로 그것이 지금 나를 죽이고 있다는 것을 이해했다. 나는 무슨 수를 써서라도 매매에서 돈을 잃지 않으려고 노력했지만, 시장이 나에게 말하려 하는 것에 귀 기울이지 않았기 때문에 손해 보는 매매를 하고 있었다.

그 순간 나는 이기기 위해서는 지는 법을 배워야 한다는 사실을 깨달았다. 그렇게 간단한 것이었다. 나는 시장을 보고 매매하지 않았다. 나는 시장을 통해 자만심을 키우고 있었다.

나는 중개인에게 전화를 걸어 매수 포지션을 정리했다. 그뿐만 아니라 다른 종목의 많은 매수 포지션도 모두 정리했다. 그리고 당연히 시장은 계속해서 하락하고 또 하락했다.

그날 이후 나의 투자 인생이 바뀌었다. 더는 전문가들의 이론에 관심을 기울이지 않았고, 시장이 어디로 가고 있는지 추측하지 않았다. 대신 나는 시장을 매매했다. 그것은 하나의 계시였다. 나는 많은 돈을 벌기 시작했고, 내가 읽은 기사 중 어떤 것들은 완전히 잘못되었고, 내 투자에 해롭다는 것을 깨달았다.

예를 들어 우리는 쌀 때 사고 비쌀 때 팔라는 격언을 들은 적이 있다. 나는 그것을 '쌀 때 매도하고 더 쌀 때 정리하라', '비쌀 때 매수하고 더 비쌀 때 팔아라'로 바꿨다.

복종

데이비드에게 자신의 경험을 요약해달라고 부탁하자, 그는 다음과 같이 말했다.

> 당신의 삶을 보세요. 당신은 서핑을 좋아합니다. 파도를 기다리고, 파도의 흐름 속에서 노를 저으며, 파도를 탑니다. 그것이 우리가 투자자로서 하는 일과 어떻게 다른가요? 파도 바깥에 있을 때, 몰려오는 파도 바깥에 앉아서 뛰어들기를 기다리고 있을 때, 파도가 없을 때 노를 젓지는 않습니다. 당신은 인내심이 있습니다. 적당한 크기의 파도가 모이면 됩니다. 이제 당신은 바다와 하나입니다. 당신은 파도의 흐름에 따라 흘러갑니다. 바다에 복종하세요.

시장에서 성공하려면 항복해야 한다. 지구상의 모든 사람은 자신이 알고 있는 것에 엄청난 시간과 돈, 가치가 묶여 있고, 이 모든 인식된 지식을 포기한다는 것은 생각할 수도 없다.

나와 여러분이 투자하는 목적은 옳음을 증명하고 우리의 자존심을 강화하는 것이 아니다. 우리의 목적은 돈을 버는 것이다. 그것이 우리가 의견을 가지고 시장에 나온다는 것을 의미하고, 우리의 옳음을 증명하는 것을 의미한다면 그렇게 하라.

만약 그것이 시장이 가리키기 때문에 우리가 의견을 바꿔야 한다는 것을 의미한다면 그렇게 하라. 나보다 더 영적인 사람은 이렇게 표현할 것이다. "마음을 비우고, 시장이 당신을 인도하도록 하라."

눈에 보이는 것보다 훨씬 적은 매매 기회

복잡한 인간의 마음은 단순한 정보를 처리하는 데 숱한 어려움을 겪는 것이 사실이다. 그것이 높은 수준으로 복잡하지 않다면, 우리의 마음은 그것을 무시하는 경향이 있다. 우리는 단순한 것은 이익이 될 수 없다고 생각한다.

당신의 목표는 무엇인가? 간단한 답은 돈을 버는 것이어야 한다. 과거에 나는 무슨 일이 일어나야 하는지에 너무 몰두했다. 그러나 돈을 벌기 위해서는 지금 당장 여기서 일어나는 일에 집중해야 한다.

이 책을 쓰기 시작했을 때, 나는 그것을 현실적으로 유지하고 싶었다. 나는 나 자신을 투자 치료사나 심리학자로 속이려고 하는 데 관심이 없었다. 왜냐하면 나는 그런 사람이 아니기 때문이다. 나는 투자가 무엇인지를 보여주고 싶었다. 이 책은 직접 투자를 하면서, 그것으로 흉터와 영광을 모두 가진 사람이 쓴 책이다.

마지막 몇 페이지가 마음에 들지 않을 정도로 이론적이었다면, 2019년 7월 라운드 더 클록 트레이더(Round the Clock Trader)라는 사이트의 동영상에서 발췌한 실제 사례 연구(이것이 근거 있는 이야기라고 말하는 나의 방식)를 설명하겠다.

열린 마음과 빈 컵으로 시장에 들어간다는 것이 무슨 뜻인지 설명하고 싶다. 나는 이중 저점 발생 후에 지수 선물을 매수했다. 모든 것이 꽤 좋아 보였다. 나는 1만 2,808에서 매수 포지션을 취했고 1만 2,818에서 포지션을 추가했는데, 문제는 그 이후에 발생했다. 지수가 급락했다. 나의 5분 차트는 세 가지 주요 저점을 시사했다(나는 시장의 방향과 반대로 매매할 때 이것들을 '출구 봉'이라 부르고, 시장과 같은 방향으로 매매할 때는 '추가 봉'이라고 부른다). 매수 포지션을 취한 것은 잘못된 선택이었다.

나는 지수의 하향 곡선을 그리기 시작한 비교적 이른 시기에 매수 포지션에서 벗어나 매도 포지션으로 바꿨다. 500여 명의 투자자가 그 이벤트에 참여했는데, 그 결과로 가장 기뻤던 것은 첫 매매에서 손해를 본 것도, 얼마 지나지 않아 돈을 되찾은 것도 아니었다. 가장 기뻤던 것은 내가 손해 보는 매매를 고집하지 않았다는 사실, 그리고 내가 매수 포지션을 취하고 있다가 곧장 매도 포지션으로 바꿀 수 있는 정신적 자유가 있었다는 것이었다.

트레이딩을 처음 시작했을 때, 내가 그곳에서 했던 것과 같은 일을 해낼 가능성은 전혀 없었다. 나는 돈을 잃고 있는 포지션을 끝까지 고수하곤 했다. "내가 맞아"라고 말했지만, 나는 그렇지 않았고, 정말 맞는 것은 내가 돈을 벌지 못했다는 사실이었다.

가장 중요한 전환점은 매수 포지션에서 잃은 것과 같은 크기의 이익을 새로운 매도 포지션에서 보았을 때였다. 내 마음은 내가 감정의 균형을 잡기를 간절히 원했다. 첫 번째 매매로 인한 손실을 상쇄하는 것보다 더 좋은 방법이 뭐가 있을까? 나의 가장 위대한 투자 영웅인 찰리 디프란체스카(Charlie DiFrancesca)의 말에 따르면, "좋은 매매는 우리를 인간으로 만드는 감정과 싸우는 것을 의미한다". 다음 장에서 어떻게 하면 그럴 수 있는지 살펴보겠다.

인간성과의 투쟁

개인투자자가 보여주는 정상적인 행동은 무엇일까? 우리는 개인투자자의 80~90%가 동일한 자기 파괴적인 행동 패턴을 보인다는 것을 알고 있다.

우리는 투자자의 약 90%가 차익결제거래(CFD), 스프레드 시장 또는 선물 시장에서 항상 돈을 벌지는 못한다는 사실을 알고 있다. 그 80~90%의 투자자들이 자신만의 행운을 만들어내고 삶에서 자신만의 길을 가기를 좋아하는, 지적이고 야심에 차 있으며 자기 동기 부여가 되는 인간이라고 가정해도 틀리지 않을 것이다.

복권을 사는 것과 다르지 않다고 생각하면서 매매를 시작한 사람을 본 적이 없다. 사실 내가 만났던 사람들, 투자에 관심이 있고 더 많이 배우고 싶어 했던 그 사람들은 자영업자, 기업가 또는 대학생이었다.

따라서 투자의 세계가 이상한 부류의 사람들을 끌어들인다고 말하는 것은 잘못이다. 투자의 세계는 괜찮은 부류의 사람들을 끌어들인다. 투자에 성공할 기회가 있는 사람들 말이다.

나는 투자의 세계가 빨리 부자가 되는 방법에 속지 않는 부류의 사람들을 끌어들인다고 생각한다. 나는 많은 투자자가 순전히 쓰레기일 가능성으로 복권을 구매한다고 생각하지도 않으며, 투자자들도 그 사실을 잘 이해하고 있다고 생각한다.

그런데도 뭔가 잘못되었다. 90%의 사람들이 실패한다면 뭔가 잘못된 것이다. 나는 투자자들에게 해롭다고 생각하는 몇 가지 행동 패턴을 정리했는데, 아래 표에서 확인할 수 있다. 가장 자주 관찰되는 행동은 손실을 인정할 수 없다는 것이다.

행동	의식적 이유	잠재의식적 이유
1. 손해를 보고 있는 포지션 유지하기	반전에 대한 희망	고통 피하기
2. 손해를 보고 있는 포지션 유지하기	지표의 신호가 그렇게 말하고 있기 때문	고통 피하기
3. 이익인 포지션 정리하기	이익을 실현하면 망하지 않기 때문	고통 피하기
4. 이익을 거두고 있을 때, 포지션 줄이기	이제 좀 편하고 싶다	고통 피하기
5. 손해를 보고 있을 때, 포지션 늘리기	손실을 하루빨리 만회하고 싶어서	고통을 제거하고 싶음
6. 오늘 목표한 이익을 얻었으니, 이제 매매 끝내기	지금까지 번 것을 잃고 싶지 않아	고통 피하기
7. 진짜 확신 없이 매매하기	실패하는 것이 지겹거나 겁이 남	지루함의 고단함이나 고통 피하기

손실을 인정하지 않는 이유는 무엇일까? 나는 우리 스스로 말하는 이유가 하나 있고, 또 다른 진짜 이유가 더 있다고 주장한다. 진짜 이유는 항상 같다.

희망은 이유 목록의 상단에 있다. 희망은 맨 마지막에 죽는다는 말이 있다. 우리의 마음은 위험 관리를 시작할 준비가 되어 있지 않은 듯싶다. 우리의 마음은 한 가지 주요 목표를 가지고 있는데, 바로 인식되는 고통, 실제 고통으로부터 자신을 보호하는 것이다.

손실을 보고 있는 포지션을 정리하지 않고 내버려두는 과정에서, 우리의 잠재의식은 의식의 마음에 그 포지션을 유지하라고 말한다. 매매 계좌의 상태보다 더 취약한 자아를 보호하기 위해 잠재의식은 가능한 한 이 메시지를 숨길 것이다.

자아나 잠재의식 같은 단어를 사용해서 이런 주장이 비현실적으로 들린다면, 다른 말로 같은 주장을 탐구해보자.

고통 피하기

손실을 보고 있는 포지션을 유지하는 한, 이 포지션이 이익으로 돌아설 것이라는 희망이 있다. 그러나 포지션을 정리하고 손실을 확정하는 순간, 손실의 고통은 현실이 된다.

손실을 보고 있는 매매를 처리하는 데에는 많은 방법이 있음을 인정한다. 어떤 사람들은 손실이 발생하고 있는 포지션을 정리하는 바로 그 행위가 손실에 대한 고민을 멈추고 다른 투자를 선택하도록 열린 마음을 갖게 한다고 주장한다. 나는 개인적으로 이 주장에 동의한다. 내가 손실을 입은 포지션을 보유하고 있고 더는 확신이 없을 때, 나 자신과 정신에 대해 할 수 있는 최악의 상황은 희망을 품는 것이다. 손실을 보고 있는 포지션이 모니터에서 나를 비추고 있을 때, 나는 내 생각과 시장을 보는 관점에서 자유를 느끼지 못한다. 그 포지션을 정리했을 때, 나는 다시 자유를 느끼고, 시장의 정보를 받아들여 다른 기회를 찾을 수 있도록 나 자신을 개방한다.

하지만 나의 주된 주장은, 우리가 희망하는 이유는 희망 자체와는 거의 관련이 없고 고통을 피하는 것과 관련이 있다는 것이다.

고객들이 손실을 보고 있는 포지션을 내버려두는 것을 얼마나 자주 보았을까? 나는 그들이 손실을 보고 있는 포지션에 마진 콜 요청을 받고 더 많은 증거금을 입금하는 것을 자주 보았다. 마진 콜은 중개 회사가 당신의 포지션을 유지하기 위해 더 많은 증거금을 요구하는 것을 말한다. 고객들은 단지 손실을 확정하고 싶지 않았을 뿐이다.

그 포지션이 좋아지자마자 고객이 정리하는 것을 내가 몇 번이나 보았을까? 자주 봤다. 그들은 그 포지션이 돈을 벌 것으로 믿고 내버려둔 것이 아니었다. 그들은 자신이 틀렸다는 것을 참을 수 없었기 때문에 그 포지션을 내버려둔 것이었다.

손실을 보고 있던 포지션의 고통에서 벗어나자마자, 그들은 아무것도 얻지 못한 채 헛되이 빠져나갔다. 그들은 자신이 틀렸다는 고통을 피했다는 데 안도한 나머지 이제는 시장이 그들에게 동의하고 있다는 사실을 완전히 무시했다.

그들은 금융시장을 거래한 것이 아니었다. 그들은 자신의 감정을 거래하고, 자신의 감정에 반응했다. 포지션이 다시 좋아졌다는 안도감이 들었을 때, 그들은 이제 이 불안감을 다시 한번 되새겨야 한다는 생각과 엄청난 양의 고통을 연관시켰다.

이 연합의 결과로, 그들은 포지션을 정리한다. 그들은 다시는 이런 불안을 겪지 않아도 된다는 생각에 안도한다.

만약 당신이 '이익을 실현하면 파산할 수 없다'는 핑계로 이익을 일찍 실현하는 것이라면, 당신은 미래의 고통을 경고하는 자신의 마음에 반응하는 것이다.

만약 당신이 이익을 보고 있는 포지션을 보유 중인데 그 포지션의 규모를 줄인다면, 당신은 기본적으로 자신의 이익 중 일부를 잃는 고통을 예상하는 것이다. 비록 고통이 실제로 일어나지는 않았지만, 당신은 지금 고통을 피하는 방법을 합리화하고 있다.

앞의 마지막 문단을 반복하고 싶다. 만약 여러분이 기회를 잡으려는 마음에서 매매하는 것인지 아니면 두려움에 기반한 마음에서 매매하는 것인지 의심스럽다면, 이 질문에 답해보라. 당신의 포지션이 돈을 벌고 있을 때 당신은 거래 규모를 늘릴 것인가 아니면 줄일 것인가?

여러분도 알다시피 대다수 투자자들은 자신이 보유한 포지션의 이익이 달아날 것을 두려워해서, 일이 잘 진행되면 매매 규모를 줄인다. 동전의 양면과 같은 또 다른 특징은 심지어 매매가 잘 안 되는 동안 손실을 만회하려고 매매 규모를 늘릴 수도 있다는 것이다.

탁월한 S&P500 투자자인 그레그 디 리바(Greg De Riba)는 영화〈플로어드(Floored)〉(2009년 해외에서 개봉된, 제임스 앨런 스미스 감독의 다큐멘터리 영화-옮긴이)에서 다음과 같이 말했다.

"99%는 여전히 그것을 이해하지 못하는 것이, 그들은 이겼을 때 더 적은 베팅을 시작합니다. 그럴 땐 더 걸어야죠!"

잠재의식의 입장에서 지각된 고통이나 실제 고통은 별 차이가 없다. 그것은 같은 반응과 같은 감정으로 다루어진다.

그 고통이 진짜일 때, 즉 매매 손실로 몸과 마음에 진정한 고통이 나타날 때 우리의 자아는 돈을 되찾기 위해 끊임없이 노력한다. 이것이 '잃었을 때 베팅을 두 배로'라는 주장의 주요 동인이다.

손실이 커지는 동안 우리는 다시 승리에 가까워졌다고 스스로에게 말하기 때문에, 자연스러운 결론은 잃어버린 것을 되찾기 위해 베팅이 두 배가 되어야 한다.

매매에서 손실을 보았을 때 베팅을 두 배로 늘리는 진짜 (잠재의식의) 이유는 고통을 없애려는 것이다. 이제 우리는 고통을 피하려 하는 것이 아니다. 우리는 지금 살아 있는 고통을 다루면서, 고통이 없었던 균형 상태로 돌아가려 애쓰고 있다.

두려움 없이 행동하기

수백만 건의 매매를 관찰하면 많은 것을 배울 수 있다. 만약 여러분이 금융시장에서 진정으로 돈을 벌 기회를 얻고 싶다면 자기 안에 있는 모든 DNA, 몸 안에 있는 모든 섬유질, 두려움, 고통, 희망에 대한 여러분의 생각을 바꿀 필요가 있다.

윌리엄 블레이크(William Blake, 영국의 시인 겸 화가-옮긴이)는 "원하지만 행동하지 않는 사람은 역병을 낳는다"라고 말했다. 나는 두려움과 망설임 없이 행동할 수 있도록 노력해왔다. 인간으로서 성장의 진정한 척도는 무엇을 알고 있는가가 아니라 알고 있는 것들로 무엇을 하느냐다.

그 말은 무엇을 뜻하는 것일까?

차트 패턴을 본 적이 있는가? 당신의 첫 번째 충동은 매수 또는 매도였지만, 바로 이어진 생각이 (경고 없이 바로) 두려움이었던 적이 있는가? 그것은 당신이 통제할 수 없는 생각이었다. 그것은 당신의 마음속에서 폭발했을 뿐이다.

나는 투자하는 동안 가끔 그것을 경험했다. 그럴 때는 어떻게든 마음을 재설정해야 한다는 것을 알고 있다. 명상이 필요할 때도 있다. 잠을 자야 할 수도 있다. 밥을 먹거나 잠시 산책이 필요할 수도 있다. 뭔가 나를 막고 있음을 알고 있다. 나는 그것을 해결해야 한다.

자유로운 창의력은 나에게 무언가를 하라고 지시했지만, 두려움의 본능은 내가 질 수도 있으니 따라가지 말라고 경고했다.

매매하지 않은 것이 옳았는지, 혹은 그 포지션이 돈을 잃거나 벌게 했을지는 사실 중요하지 않다. 그것들은 지나간 후의 생각(합리화 또는 정당화)이다. 우리는 그것들을 '일화적 근거', 즉 가치 없는 증거로 정리할 수 있다. 어딘가에는 90세까지 담배를 피운 사람이 있지만, 그것이 흡연에 관한 주장을 정당화하지는 않는다.

만약 내 자유로운 마음이 어떤 포지션을 주장하고, 두려움의 마음이 그 매매에서 실패했을 때의 결과를 놓고 논쟁한다면, 나는 기본적으로 나 자신과 논쟁하는 것이다. 이 현상에 대한 거창한 용어는 '인지 부조화'다.

내 매매는 표현의 자유라는 관점에서 이루어져야 한다. 두려움이나 탐욕의 관점에서 이루어지는 매매는 좋은 의사 결정으로 이어지지 않을 것이다.

내가 하고자 하는 조언은 매매를 중단하고 숙고하라는 것이다. 무슨 일이 벌어지는 걸까? 내가 인지 부조화를 경험한다면, 그것은 다음의 한 가지 또는 두 가지 이유 때문이다.

1. 투자 피로(또는 육체적 피로 - "피로가 우리 모두를 겁쟁이로 만든다"라는 말을 들어본 적이 있는가?)를 겪고 있다.
2. 충분히 준비하지 못했다.

그녀는 어떻게 춤을 추는가?

자유낙하하듯 추락하는 시장을 보며 혹시라도 손실을 볼까 봐 매도를 주저한 적이 있는가? 내가 이 책을 쓰는 기본적인 목적은 이런 두려움을 없애는 것이 아니다. 두려움은 항상 우리 삶의 일부가 될 것이다. 나의 목표는 여러분이 왜 그런 두려움을 느끼는지, 그리고 그것을 어떻게 처리해야 하는지 이해하고 매매할 수 있도록 하는 것이다.

나는 내가 감정에 지배받는 인간이라는 사실을 인정한다. 나는 스스로 감정에서 벗어날 수 없다는 것을 이해하고, 감정에서 벗어나려고 노력해선 안 된다는 것을 이해한다. 오히려 나는 여러분이 두려움을 이해하고, 두려움이 왜 그곳에 있는지, 그리고 두려움과 친구가 되는 방법을 이해하도록 돕고 싶다.

나는 이 책 앞부분에서 쌍둥이 빌딩 사이에 걸려 있는 와이어를 가로질러 걸어간 필리프 프티(Philippe Petit) 이야기를 했다. 그는 거미를 무서워한다. 정말, 바보같이 들리지 않는가? 두려움을 다루는 그의 접근법은 반복해서 이야기할 가치가 있다.

그는 거미에 대한 두려움의 본질을 이해하기 위해 많은 일을 할 것이다. 그는 거미를 연구할 것이다. 그리고 거미에 대해 알아야 할 모든 것을 배울 것이다. 이를 통해 그는 자신이 갖고 있는 두려움의 본질을 이해하게 될 것이다.

그것이 투자의 세계로 어떻게 전환될까? 실질적인 예를 들어보겠다. 나는 FTSE100 지수를 매매하고 있다. 매매 단위는 첫 포지션에서 1포인트당 300파운드 정도다. 이제 나는 최고의 진입 시점과 최고의 정리 시점을 찾아야 한다.

하지만 내가 두려워하면 어떻게 하지? 시장이 무엇을 할 수 있는지 확신할 수 없어 매매가 두렵다면 어떻게 해야 할까?

상대방을 더 잘 이해할수록, 당신은 그녀가 무엇을 하고 있는지 더 잘 이해할 수 있다. 나는 여기서 상대방이라는 단어를 사용하지만, 실제로 시장은, 즉 그녀는 내 친구다. 나는 그녀와 춤을 추고 싶다. 하지만 나는 나 자신을 바보로 만드는 것이 두렵다. 그래서 나는 그녀의 동작을 연구한다.

나는 내가 하는 일을 다른 투자자들에게서는 본 적이 없기 때문에 이것이 시장을 분석하는 새로운 방법이라고 생각한다. 그것이 새로운 접근법인지 아닌지는 중요하지 않다. 중요한 것은 내 파트너가 무엇을 할 수 있는지에 대한 감각을 얻는 것이다. 그녀의 가격 행동에서 내가 무엇을 기대할 수 있을까? 불규칙한가? 완만한가?

그림 9의 차트를 관찰해보자.

우리는 모두 지나간 차트의 전문가다. 그러나 과거의 가격 행동을 연구하는 것은 현재의 매매일에 무엇을 기대할 수 있는지에 대한 강력한 시사점을 준다. 처음에는 상승했다가 이중 고점을 만든 후 하락하는 시장을 볼 수 있다.

그림 9의 차트를 다른 관점에서 보자. 그림 10을 참조하라.

두려움 없이 매매하려는 탐구의 한 부분으로, 나는 차트를 가장 작은 구성 요소로 잘게 쪼갠다. 첫 번째 파동의 상승은 24포인트 상승임을 볼 수 있다. 되돌림은 9포인트 하락했다. 고점을 경신하려는 시도가 보이지만 6포인트 상승에 그친다. 그런 다음 12포인트의 더 깊은 되돌림을 볼 수 있다. 그 후 8포인트 상승, 3포인트 되돌림, 11포인트 상승이 보인다.

'되돌림은 한 번의 17포인트 하락을 빼고는 9포인트에서 12포인트 사이'다. 만약 오늘 장이 열리기 전에 그것을 알았다면, 당신은 엄청난 기회라고 주장할 수 있다(미리 알았다면 말이다). 분명히, 당신은 그렇게 말했을 것이다. 전날의 차트를 그림 11에서 확인해보자.

'되돌림은 한 번의 14포인트 하락을 빼고는 7포인트에서 12포인트 사이'다.

두려움 없는 매매 방식에 대한 필자의 접근 방식은 정서적 규율, 정신적 준비 그리고 시장이 무엇을 할 수 있는지에 대한 지식의 조합이

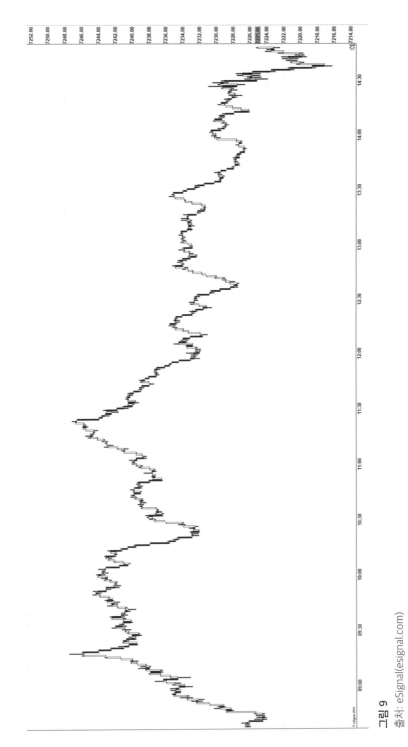

그림 9

출처: eSignal(esignal.com)

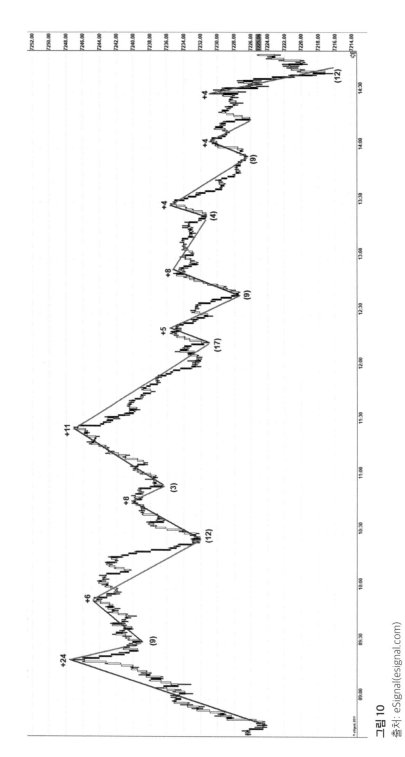

그림 10
출처: eSignal(esignal.com)

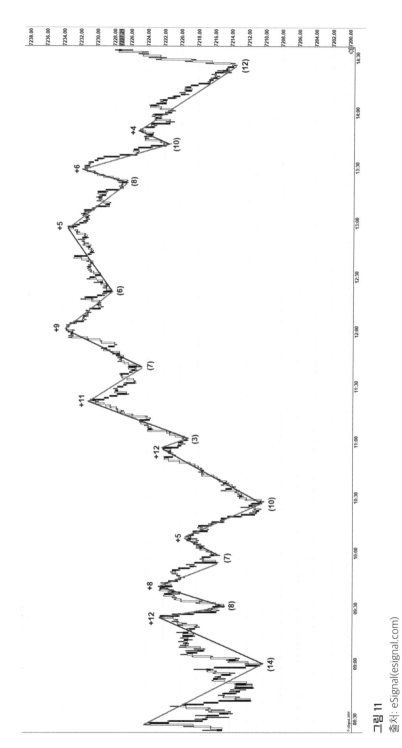

그림 11

출처 : eSignal(esignal.com)

다. 이 두 거래일은 결과가 다르지만, 가격의 움직임 형태는 조금도 다르지 않다.

나는 다음과 같은 지식을 가지고 당일 매매에 들어갈 것이다:

1. 깊은 되돌림과 추세의 움직임은 10포인트 안팎인 경향이 있다.
2. 강한 추세에 대한 소규모 되돌림은 약 3~7포인트다.

이것을 알면 기본적인 가격 패턴에 대한 이해와 결합하여 최대한 작은 위험을 목표로 하는 진입 전략을 개발할 수 있다. 예를 들어 이전 차트에서 시장이 11포인트 상승한 이후, 나는 되돌림 시점에 매수를 기다린다. 대부분의 되돌림은 7~12포인트 정도임을 알고 있으며, 그중 마지막 세 번의 되돌림은 8포인트, 7포인트, 10포인트다.

나는 지금 매수 시점을 기다리고 있다. 예를 들어 시장이 -7포인트 후퇴한 시점에서 매수한다고 가정하면, 시장이 나에게 불리한 방향으로 움직일까 봐 두려울 수 있다. 내가 직전 과거에 대해 알고 있는 바로는 시장이 되돌림 하락을 할 때 -12포인트 이상 움직일 가능성은 거의 없다. 따라서 나는 과거의 움직임에 근거하여 적절한 지점에 손절매를 설정한다.

올바른 진입 시점을 기다리는 규율은 과거의 가격 행동에 대한 지식과 결합하여 대다수 투자자들로부터 당신을 차별화할 것이다. 그들이 같은 수준의 준비를 했을 가능성은 작다.

(그것이 나의 방식임을 인정하지만) 이런 준비를 통해, 당신은 두려움이 당신에게 던져줄 문제들을 헤쳐나가는 것이다. 당신의 공포심은 "내가

실패하면 어떡하지?"라고 말할지도 모른다. 만약 그렇다면, 시장의 하락이 -12포인트를 넘어설 경우 당신의 진입 시점은 아마도 잘못되었을 것이고, 손절매가 이 문제를 해결하리라는 것이 답이다.

텔레그램 채널을 통해 어려움을 겪고 있는 투자자들에게 도움의 손길을 내밀 때, 내가 가장 먼저 확인하는 것은 그들이 매매 내역을 기록하느냐는 것이다. 그렇다고 해서 특정 매매의 진입 시점을 일일이 종이에 쓰라는 것은 아니다. 내가 말하는 것은 시장이 끝난 뒤 매매 내역을 차트에 표시하느냐는 것이다.

나는 참고 사례로 사용하기 위해 내 거래 일지의 몇 가지 예를 이 책에 포함시켰다. 그림 12와 그림 13을 참조하라. 나는 이것들을 거래가 시작되기 전 아침에 준비 작업을 위해 사용한다. 나는 과거 거래일에서 무작위로 파일을 선택했다. 그리고 나는 (오늘 매매하지 않도록 나를 일깨우는) 그 끔찍한 순간들과 영감을 주는 좋은 순간들을 다시 기억할 것이다.

과거의 행동을 관찰함으로써 나의 단점을 염두에 두고 장점을 강화할 수 있다. 나는 나의 성급한 매매 결정과 충동의 비참한 결과를 관찰할 것이다. 이익을 거두고 있는 포지션이 계속 이익을 추가할 수 있도록 하지 못했던 매매를 관찰할 것이다. 나는 이것이 긍정적인 촉매제로 작용하리라는 것을 알기 때문에, 나의 나쁜 매매를 상기하면서 나 자신을 괴롭힐 것이다.

그런데 나만 이렇게 일하는 것은 아니다. 나는 마이클 조던과 크리스티아누 호날두가 자신과 자신의 성과에 대해 부정적인 이야기를 많이 한다고 들었다. 그들은 그것을 배에 태운 다음, 더 큰 성과로 이끄는 연

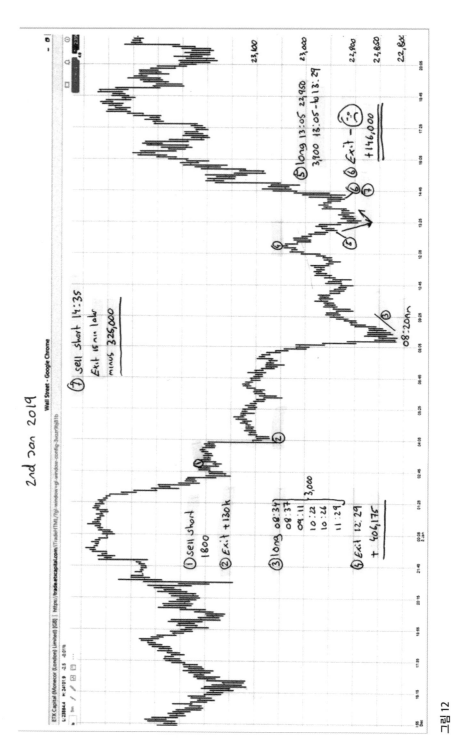

그림 12
출처: eSignal(esignal.com)

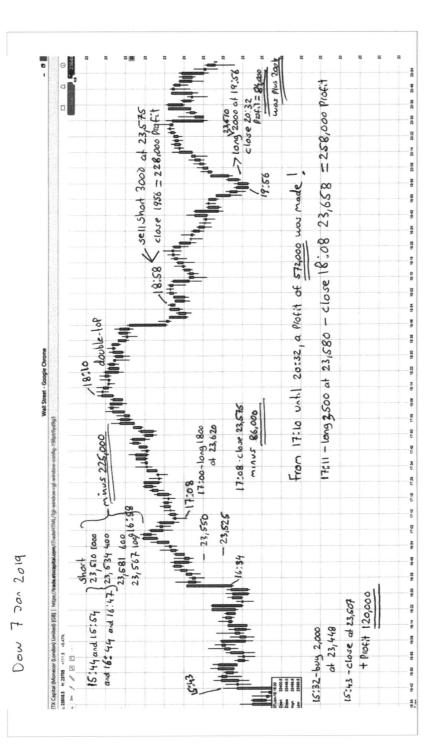

그림 13
출처: eSignal(esignal.com)

료 역할을 하게 만든다. 하지만 불행하게도, 나와 내 투자에 관해서는 아무도 쓰지 않기 때문에 내가 직접 내 과거의 나쁜 매매를 상기하면서 그 상황을 재현한다.

혼자가 아니다

트레이딩 본부에서 가장 자주 본, 비참하고 충동적인 패턴은 다음 두 가지 범주로 분류된다.

1. 고객들은 자신들이 싸다고 생각하는 가격에서 매수 포지션을 취한다. 하락 추세에서 매수 포지션을 취하는 경우도 자주 있다.
2. 고객들은 시장이 너무 많이 상승했다고 생각하는 가격에서 매도 포지션을 취한다. 그들에게는 시장이 더는 상승할 수 없는 것처럼 보인다.

내가 지어낸 이야기라고 말해도 당신을 비난하지는 않겠다. 확실히 투자자들은 우리가 사는 지금처럼 정보가 자유롭게 흐르는 계몽된 시대에 이런 종류의 행동을 할 리 없는 것처럼 보인다.

나의 주장을 증명하기 위해, 2021년 10월 26일부터 IG 고객 동향 보고서를 살펴보았다. IG는 오랫동안 사업을 꾸려온 온라인 중개 회사다. 그들의 고객 기반은 전 세계적이며, 그들의 동향 보고서는 개인투자자 커뮤니티의 많은 정보를 포함하고 있다.

주가지수에 대한 동향 보고서를 보여주기 전에, 내가 이 글을 쓰면서 동향 보고서가 작성되던 날, 전 세계의 주가지수가 사상 최고치를 경신했다는 것을 말하고 싶다. 영국의 FTSE100 지수는 수년 동안 볼 수 없었던 수준으로 거래되었다. 미국의 다우 지수도 이전에 볼 수 없었던 수준으로 거래되었다.

따라서 만약 내 관찰이 정확하지 않다면, 당신은 동향 보고서에 나타난 편향으로 인해 사람들이 시장의 강세를 예상했으리라고 생각할 것이다.

당신이 틀린 것 같다. 안타깝게도 투자자들의 행동에 관한 판단은 내가 옳았다. 다우 지수가 사상 최고치를 경신한 날, 모든 다우 지수 보유 포지션의 71.39%가 매도 포지션이었다. DAX 지수나 FTSE 지수의 상황도 좋지 않았다.

종목	매수 포지션(%)	매도 포지션(%)
Germany30	37.04	62.96
FTSE100	30.60	69.40
US500	39.85	60.15
다우 지수	28.61	71.39

이것이 90%가 패배하는 이유다. 우리는 있는 그대로 시장을 보지 않고, 우리가 생각하는 대로 시장을 본다. 차트는 시장의 방향에 대한 선입견을 배제하는 우리의 능력만큼만 이해할 수 있다.

우리는 기술적 분석이나 시장 전반에 대해 충분히 알지 못해서 시간이 지날수록 돈을 잃는 것이 아니다. 바로 앞에 있는 것을 받아들이지 않기 때문에 돈을 잃는다.

나의 기본적 전제는 사람들이,

1. 거래에 들어가기 전에 잘못된 방식으로 생각하고
2. 거래에 들어갔을 때 잘못된 방식으로 생각한다는 것이다.

투자업계의 경이로운 빛이자 수천 명에게 영감을 준 고(故) 마크 더글러스(Mark Douglas)가 《심리투자 불변의 법칙(Trading in the Zone)》(더퀘스트, 2021) 첫머리에서 좋은 투자자는 "다른 사람들과 다르게 생각한다"라고 말했을 때를 떠올리게 한다.

나는 나만의 문구를 만들었다. 나는 사람들이 희망을 품어야 할 때 두려워하고, 두려워해야 할 때 희망을 품는다고 주장한다. 예를 들어 설명해보겠다.

당신이 독일 DAX 지수를 1만 5,510에 매수했고 지금은 1만 5,525에 거래되고 있다고 상상해보라. 당신은 시장이 달아올라서 더 많은 이익을 낼 수도 있다고 생각하는 대신, 이미 획득한 이익을 빼앗길 수도 있다는 두려움을 느끼기 시작한다.

그러므로 나의 주장은 이런 상황에서 당신은 희망을 품어야 하지만 오히려 두려움을 느끼고 있다는 것이다. 당신은 벌어놓은 이익을 빼앗길까 두려워한다. 당신은 이 포지션이 얼마나 많은 이익을 줄 수 있는지는 생각하지 않는다. 당신의 초점은 기회보다는 두려움에 있다.

당신이 손실을 보고 있는 포지션을 갖고 있을 때도 마찬가지다. 당신은 시장이 호전되기를 희망하고 있다. 당신의 유일한 목표는 고통을 없애는 것이다. 그리고 당신은 더 많이 잃을 것이라는 두려움을 갖는 대신, 이제 덜 잃을 수 있는 위치에 도달하기를 희망한다. 당신에게 유리한 방향으로의 작은 주가 움직임조차 기쁨으로 다가온다. 당신에게 불리한 작은 주가 움직임은 모두 무시된다.

매매를 잘하고 싶다면, 이 점을 항상 상기할 필요가 있다. 당신의 뇌가 (이익을 잃는 것에 대해) 잘못된 두려움을 느낄 때 (이익에 대해) 희망을 품을 수 있도록 가르칠 필요가 있다. 당신의 뇌가 실수로 (포지션이 긍정적으로 변하는 것에 대해) 희망을 품을 때 (손실에 대해) 두려움을 느끼도록 가르칠 필요가 있다.

좋은 매매는 이러한 행동을 염두에 두는 것에서 시작된다. 어쩌면 아래의 학생과 나눈 대화가 내가 무슨 말을 하고 있는지를 더 명확히 설명할 것이다.

학생과의 대화

다음 대화에서 학생과 나는 파운드/달러 통화 거래에서 보유한 매수 포지션에 대해 논의하고 있다.

> 학생　도박 같은 느낌이 듭니다.
> 나　좀 더 설명해주세요.
> 학생　음, 저는 40틱의 이익을 보고 있지만, 선생님은 제가 이익을 실현하지 못하게 할 것 같습니다.
> 나　이익을 취하는 건 막지 않겠지만, 제 의견을 묻는 것이라면 당

신은 그 포지션을 유지해야 해요. 다음과 같은 시나리오를 고려한 후 각 경우에 어떤 느낌이 드는지 자문해보는 것이 좋습니다.

1. 포지션을 유지하고, 본전에서 손절매한다.

2. 포지션을 유지하고, 시장이 더 높게 급격히 상승한다.

3. 포지션을 정리하고, 시장이 더 높게 급격히 상승한다.

4. 포지션을 정리하고, 시장이 반대로 돌아선다.

_{학생} 시장이 내게서 이익을 빼앗을 위험을 감수하기보다는 그 포지션을 정리하고 이익을 확보하는 것이 최선이라고 생각합니다.

_나 만약 시장이 당신에게 유리한 쪽으로 더 높게 급등한다면 기분이 어떻겠습니까?

_{학생} 저는 실망하겠지만, 언제든 다시 뛰어들 수 있습니다.

_나 만약 당신이 다시 뛰어든다면 또 한 번 수수료를 내거나 적어도 스프레드를 지급해야 할 것이고, 당신은 이미 폭발적인 움직임을 놓쳤을 것입니다. 당신이 시장의 폭발적인 움직임에서 이익을 얻는 유일한 방법은 당신이 거기에 올라타고 있을 때뿐입니다.

_{학생} 네. 하지만 저도 시장의 모멘텀이 살아 있는 한, 발을 담그고는 있도록 노력할 겁니다.

_나 그건 사실이지만, 시장의 모멘텀은 이미 당신의 포지션과 같은 방향입니다.

_{학생} 저는 제 이익이 사라지는 것을 보고 싶지 않다고 생각합니다.

잘라 말하면, 여러분도 마찬가지다. 사람들은 돈을 잃을 때 희망을 품는다. 그리고 돈을 벌 때 두려움을 느낀다. 나는 90%가 이렇게 생각

한다고 믿는다. 2만 5,000명의 투자자를 대상으로 한 연구에서, 그들은 잃을 때보다 벌 때가 더 자주 있었지만, 이익을 볼 때의 평균 이익보다 잃을 때 66% 더 많은 평균 손실을 본 이유가 바로 이 때문이다.

손실에 직면했을 때 투자자들은 회복되기를 희망한다. 여기서 가장 중요한 단어는 '희망'이다. 그들은 이익을 거두는 포지션을 보유하고 있을 때 그 이익이 사라질 것을 두려워한다. 이 시나리오에서 가장 중요한 단어는 '두려움'이다.

내 학생은 순진하게 다시 뛰어들 수 있다고 생각하지만, 의심할 여지 없이 그는 지금 이익을 거두고 있는 포지션을 정리한 가격보다 더 나쁜 가격으로 뛰어들어야 했을 것이다.

그래서 투자자는 고통이 너무 심해질 때까지 그 포지션을 유지한 다음, 마침내 그 포지션을 정리한다. 하지만 불행하게도 이 문턱은 희망의 문턱보다 너무 멀리 가버리는 경향이 있다.

이것이 당신이 집중해야 할 일이다. 당신은 행동 패턴을 바꾸기 위해 끊임없이 노력해야 한다. 그 노력이 쉬운지 어려운지는 언급하지 않겠다. 그냥 그렇게 해야 할 뿐이다. 불편함을 느끼면서도 해야 할 일을 스스로 하지 못한다면, 시장에서의 투자는 더 이상 의미가 없다.

여러분은 투자에서 우리가 기회의 길을 따를 준비가 되어 있기보다는 훨씬 더 비참한 길을 따라 희망을 추구하는 경향이 있다는 것을 알아야 한다. 그것이 바로 우리가 가야 할 길이다. 당신은 이를 알고 있어야 하고, 당신의 본능적인 행동과 싸울 계획을 세워야 한다.

하지만 경고하겠다. 당신의 마음은 근육과 같다. 그것은 팔굽혀펴기 100개를 한 번 하고 평생 '캡틴 아메리카'처럼 보이기를 바라는 것 이상의, 한 번에 모든 것이 풀리는 빠른 해결책이 아니다.

위축은 몸에만 일어나는 것이 아니다. 우리의 마음에도 영향을 준다. 따라서 당신은 반복을 통해 당신의 마음을 강화할 필요가 있다. 사실 책을 읽어나가다 보면 하나씩 설명되겠지만, 책의 마지막 부분에서 필자만의 훈련 방식을 제시할 것이다.

비정상적인 행동

소위 비정상적인 행동이란 무엇일까? 글쎄, 첫째로, 나는 대부분의 사람들이 매매할 때 보여주는 단점을 너무 잘 알고 있다. 손실을 보고 있는 포지션은 내버려둔 채, 이익을 거두고 있는 포지션은 정리하고, 과도한 매매를 하며, 흥분과 재미를 위해 매매하는 것이 그런 것들이다.

하지만 이것은 (전부는 아니더라도) 대부분의 사람들에게 널리 알려져 있으므로, 소위 비정상적인 행동은 그 이상이다. 우리가 일을 하면서 왜 하는지 자문하는 것은 아주 드문 일이다. 매매할 때 내가 왜 매매를 하는지 묻는가? 이익을 실현할 때 내가 왜 이익을 실현하는지 묻는가?

상대적으로 알려지지 않은 투자자(그러나 동료들로부터 크게 존경받았던 사람)의 말을 받아들일 때가 되었다고 생각한다. 그는 시카고 상품거래소(CBOT, Chicago Board of Trade)의 트레이더로, '찰리 D'로도 알려진 찰리 디프란체스카(Charlie DiFrancesca)다.

나의 영웅

찰리 디프란체스카는 꿈과 작은 계좌를 갖고 CBOT 트레이딩 본부에 도착했다. 그는 경쟁적인 (미국 스타일) 대학 미식축구 선수라는 배경 말고는, 이 남자가 시카고 거래소의 채권시장에서 가장 큰 투자자가 되리라는 것을 암시하는 어떤 특징도 없었다.

그는 힘들게 출발했다. 그는 트레이딩 본부에서 처음 6개월 동안 거의 아무런 매매도 하지 않았다. 그냥 서서 관찰만 했다. 그러던 어느 날 오후, 무언가가 찰칵찰칵 소리를 냈고, 그는 두 시간 동안 폭풍 같은 매매로 5,000달러를 벌었다. 이후 찰리 D는 멈추는 법이 없었다. 그는 이른 죽음을 맞을 때까지 트레이딩 본부의 전설이 되었다.

윌리엄 폴룬(William D. Falloon)이 집필한 찰리 D의 전기에서, 위대한 투자자는 다음과 같이 말한다.

> 당신이 좋은 투자자가 되었음을 알게 되는 것은 당신이 승리하는 포지션을 유지하고 포지션의 규모를 키움으로써 승리를 얻을 수 있었던 첫날이다. 이곳(트레이딩 본부)에는 오랫동안 매매를 해왔지만 한 번도 이익을 거두고 있는 포지션의 규모를 키우지 못했던 사람들이 많다.

이익을 거두고 있는 매매에 포지션의 규모를 키우는 것은 성공적인 투자자의 절대적인 핵심 특성이다. 그것은 올바른 것을 더 강하게 만든다. 그것은 이익을 실현하려는 유혹의 해독제 역할을 한다. 나는 이익을 거두고 있는 포지션을 보유하고 있을 때는 이익을 챙기겠다는 생각에 연연하기보다 '어떻게 하면 내 포지션의 규모를 더 크게 만들 수 있을까?'라고 묻는 마음을 단련해왔다.

찰리 D는 자신에게 올바른 투자가 무엇인지를 가르쳐준 멘토인 에버렛 클립(Everett Klipp)에 대해 다음과 같이 이야기한다.

> 불행하게도, 이익을 거두고 있는 성공적인 매매를 잘라내려 하는 것이 인간의 본성이다. 예를 들어 내가 6에 매수 포지션을 취하고, 시장의 매수 호가가 7이라고 가정했을 때, 우리의 마음은 즉시 이익을 챙기기 위해 포지션을 정리하려고 한다. 그것이 인간의 본성이다. 손실을 보고 있는 포지션을 내버려두는 것도 인간의 본성이다. 꼼짝 못 한다. 정리하지 않을 거야. 끝까지 기다릴 거야!

추가 매수의 통찰

2007년에 나는 내 매매 방식을 근본적으로 바꿀 사람을 만났다. 우연히 일어난 일이었다. 나는 점심을 먹고 돌아왔고, 내 동료는 교육 회사와 회의를 마치고 돌아왔다. 이 교육 회사는 기술적 분석을 가르치면서 자신들의 제품을 마케팅 책임자인 동료에게 팔고 있었다.

내 동료에 대해 알아야 할 것은 그가 당신이 상상할 수 있는 가장 불쾌한 이스트엔드 런던(런던 북동부 템스강 북안에 있는 구역의 속칭으로, 극빈 노동자가 사는 빈민가로 유명하다-옮긴이) 사람이었다는 것이다. 그는 건방

지고, 불쾌하고, 거만했으며, 아무도 그가 모르고 있는 것을 그에게 말할 수 없었다.

하지만 교육 회사는 어떻게든 그의 관심을 끌었다. 그는 기초적인 기술적 분석으로 자신을 인도한 데이비드 폴(David Paul) 박사라는 신사에 대해 열정적으로 말했다.

그는 나에게 기술적 분석을 보여주었는데, 기초적인 것들이었다. 하지만 내가 받은 강의 자료에는 내가 이 신사분과 대화를 나눌 필요가 있음을 말해주는 무언가가 있었다.

데이비드 폴 박사는 요하네스버그에서 이틀간의 투자 강연을 할 예정이었다. 그래서 나는 비행기를 예약했다. 그것은 내가 기술적 분석이라는 주제에 대한 공식적인 교육에 참여한 유일한 경우였다.

앞에서도 그에 대해 언급했지만, 좀 더 설명하겠다. 데이비드 폴 박사는 자신이 성취한 모든 것에도 불구하고 믿을 수 없을 정도로 겸손한 무언가가 있었다. 그는 기계공학 박사 학위를 가지고 있다. 그는 남아프리카 광부들을 위한 드릴을 발명하고자 엄청난 능력을 사용했다. 그것은 평범한 드릴이 아니었다. 땅을 파면서 가스를 빨아들여 폭발이 일어나는 것을 막아줌으로써 생명을 구하는 드릴이었다.

데이비드 폴 박사는 투자와 매매에 많은 시간을 보냈고, 부자가 되었다. 강연 둘째 날에 데이비드는 투자에 대한 나의 관점을 바꿀 수 있는 말을 했다.

그는 다음과 같은 식으로 말했다.

"당신이 이익을 거두고 있는 포지션을 갖고 있을 때, 어디에서 그 포지션을 정리해야 할지를 생각하기보다, 어디에서 추가 매수를 할지를 생각해보는 것이 어떨까요?"

그는 기본적으로 나에게 모든 것을 뒤집으라고 말했다. 이익을 거두고 있는 대부분의 투자자들은 이익의 절반을 어디서 실현할지 고민한다. 다음으로, 그들은 이익의 나머지 절반을 어디서 실현할지에 대해 고민한다.

데이비드는 이것이 90%의 투자자가 하는 일이라고 주장했다. 그는 정확한 단어를 사용하지 않았지만, 만약 당신이 돈을 버는 매매를 하고 싶다면 대다수가 어렵다고 생각하는 것을 해야 한다고 주장했다.

처음 시도할 때는 크게 실패할 수도 있다. 그것은 예상되는 일이지만, 다음에는 좀 더 쉬울 수 있고, 그다음에는 다시 좀 더 쉬울 수 있다.

어려운 일을 하라

데이비드는 기본적으로 당신이 승리하는 포지션을 갖고 있을 때 그 포지션에 압력을 가해야 한다고 주장했다. 그런 주장을 하는 근거는 시장이 정말로 추세를 보이기 시작했을 때 그 자신이 관찰한 것이었다.

나는 그의 말을 다르게 해석해보려고 노력했다. 당신이 원하는 것을 두려워할 때보다 당신이 원하는 것을 더 원할 때, 당신은 그것을 갖게 될 것이다. 당신은 자신의 매매에서 이익을 원한다. 당신은 아마도 매매에 대해 좋은 본능을 가지고 있을 것이다. 당신은 아마도, 지금쯤 당신에게 문제를 일으키는 것이 금융시장에 대한 지식보다는 당신의 생각이라는 사실을 깨달았을 것이다.

만약 90%의 투자자들이 절반의 이익을 실현하고 나머지 절반의 포지션을 유지한다면, 아마도 옳은 일은 다른 투자자가 절반의 이익을 실현하고 있을 때 당신의 포지션을 두 배로 늘리거나 보수적으로 약간의 추가 매수를 하는 것일 수 있다. 적어도 이것은 내가 요하네스버그의 호텔 회의실에 앉아 있을 때 데이비드가 주장하는 것의 함의를 이해한 것이다.

워크숍이 끝난 후 나는 길 건너 호텔 방에 틀어박혔다. 나는 앉아서 기다렸고, 다우 지수는 추세를 만들어가고 있었다. 나는 되돌림을 기다렸다. 그런 다음 5분 차트의 봉이 이전의 5분 차트 봉의 고점 위에서 종가를 만들기를 기다렸다.

기다리던 패턴이 나타난 다음에는 매수 포지션을 취했다. 10분 후에 나는 첫 번째 포지션에 추가 매수를 했다. 20분 후에는 이중 고점에서 포지션을 정리했다. 내 인생에서 가장 만족스러운 순간이었다. 전혀 새로운 세상이 내 앞에 열려 있었다.

여러분의 경험 수준에 따라 다음 질문에 대답할 수도 있고, 그렇지 않을 수도 있다. 왜 이익을 거두고 있는 매매에 포지션을 추가하는 것보다 손해를 보고 있는 매매에 포지션을 추가하는 것이 더 쉬운가? 나 자신도 자주 그 이유가 궁금했다.

당신이 DAX 지수를 1만 2,325에 매수했다고 생각해보자. 그런 다음 시장이 1만 2,315까지 내려간다면 당신은 그 매매에 포지션을 추가하고 싶은 유혹을 받는다.

왜 그럴까?

왜 이익을 거두고 있는 매매에 포지션을 추가하는 것보다 손해를 보고 있는 매매에 포지션을 추가하는 것이 더 쉬운가?

우선 당신은 더 좋은 진입 가격을 목격하고 있으므로 1만 2,325보다 1만 2,315에 매수하기를 더 좋아했을 것이다. 따라서 1만 2,315에 다시 매수하는 것은 경제학적 관점에서 타당하다. 그것은 아주 단순한 논리다.

손절매를 염두에 두었을 가능성도 있고, 목표 수익을 염두에 두었을 가능성도 있다. 이제 이전과 동일한 손절매를 설정할 기회가 주어졌지만, 위험은 10포인트 감소하고 이익을 볼 가능성은 더 커졌다.

당신은 또한 더 나은 평균 가격을 만들어냈기 때문에, 손익분기점을 맞추기 위해 시장이 당신에게 유리한 방향으로 더 작은 포인트만 움직여도 된다.

단순하고 논리적이며, 우리의 마음이 좋아하는 것이다.

하지만 이제 당신도 보유한 포지션과 같은 방향으로 포지션을 추가하게 된 것이고, 시장은 적어도 지금 당장은 당신이 틀렸다고 말했다. 우리는 시장에 가치를 부여하기 때문에 잘못된 일을 하는 것이 어렵지 않다. 시장이 우리 매매의 가치를 높일 기회를 줄 때, 그것은 우리에게 매력적으로 보일 것이다.

그렇다면 이익을 거두고 있는 매매에 포지션을 추가하는 것이 어려운 이유는 무엇일까?

만약 내가 1만 2,325에 매수했고, 시장이 유리하게 움직인다면 나는 안심할 수 있다. 이제 다른 감정들이 의식 속으로 들어올 것이다. 욕심이 생기고, 당신은 더 많이 벌고 싶어 한다. 두려움이 생기고, 당신은 자신이 가진 것을 보호하기를 원한다.

시장이 1만 2,345가 되었을 때, 지금 더 매수하면 평균 매수 단가를 1만 2,335로 올리는 것으로 생각하게 된다. 이것은 시장이 10포인트만 반대로 움직여도 당신의 포지션이 이익은커녕 손익분기점에 도달한다는 것을 의미한다.

여기서 중요한 점. 당신의 마음이 무엇에 얽매이고 있는 것일까?

손해를 보고 있는 매매에 포지션을 추가할 때, 우리는 더 큰 이익의 가능성에 집중한다. 우리는 시장이 우리가 틀렸음을 말하고 있다는 사실에 연연하지 않기로 했다. 우리는 우리의 위험을 두 배로 늘렸다는 사실에 연연하지 않기로 했다.

이익을 거두고 있는 매매에 포지션을 추가할 때, 이제 평균 매수 단가를 높였기 때문에 우리는 시장이 우리의 이익을 빼앗을 수도 있다는 사실에 집중하기로 했다. 우리는 시장이 우리의 입장을 뒷받침하는지에 연연하지 않기로 했다.

간단히 말해서, 시장은 우리에게 동의하지 않지만 우리는 시장이 잘못되었다는 신념을 갖고 손해를 보고 있는 매매에 포지션을 추가하거나, 혹은 시장이 이익을 보여줌으로써 우리에게 동의하지만 우리는 시장이 옳은지 의심하면서 이익을 거두고 있는 매매에 포지션을 추가하지 않는다.

말이 안 되는 것 같다. 그렇지 않은가? 하지만 대다수의 투자자들이 항상 하는 일이다. 이기고 있는 매매에 포지션을 추가하는 것이 처음에는 불편할 수 있다. 아무도 당신이 이익을 거두고 있는 매매에 포지션을 추가할 때 처음부터 매매 규모를 두 배로 늘려야 한다고 말하지 않는다. 조금씩 추가 매수를 해도 된다.

추가 매수 전략

이익을 거두고 있는 매매에 포지션을 추가하는 방법은 두 가지가 있다. 동일 규모 원칙을 사용하여 같은 규모로 계속 추가할 수 있다. 처음에 10계약을 매수한 다음 더 높은 가격에 10계약을 추가하는 방식이다.

이것은 위험한 매매 방식이다. 대신 첫 번째 포지션이 가장 큰 규모이고, 이후 포지션은 더 작게 하는 두 번째 원칙을 사용할 수 있다. 즉 첫 번째 포지션은 10계약이 되지만, 다음 포지션은 5계약이 되는 방식이다.

나는 매매할 때 거의 항상 동일 규모 원칙을 사용하지만, 당신이 이익을 거두고 있는 매매에 포지션을 추가하는 것이 익숙해질 때까지 두 번째 방식을 사용하기를 권한다.

새로운 경로 구축

이익을 거두고 있는 매매에 포지션을 추가하는 목적은 기본적으로 당신의 정상적인 인간 행동과 싸우기 위한 시도다. 처음에는 수익성을 높이려는 것이 아니다. 그것은 나중에 할 일이다. 포지션을 추가하는 목적은 당신이 절반의 이익을 취하지 못하도록 막는 것이다.

이익을 거두고 있는 매매에 포지션을 추가함으로써, '어디서 이익을 실현할까?'라는 생각보다 '내가 맞을 때 어떻게 더 많이 벌 수 있을까?'라고 생각함으로써 당신은 투자에 대한 새로운 사고방식을 구축하는 것이다.

마크 더글러스가《심리투자 불변의 법칙》첫머리에서 말한 것을 기억하는가? 투자에서, 일관된 승자들은 "다른 사람들과 다르게 생각"한다. '이익을 거두고 있는 매매에 포지션 추가를 어디쯤에서 할까?'라고 자문할 때 당신은 다르게 생각하는 것이다. 바로 그때부터, 그것은 습관의 문제가 된다. 당신은 마음속에 새로운 신경학적 경로를 구축했거나, 적어도 올바른 방향으로 의미 있는 발걸음을 뗀 것이다.

위험 관리

이익을 거두고 있는 매매에 포지션을 추가할 때 위험을 어떻게 통제하는가? 이것은 내가 자주 하는 질문이다. 당신이 이익을 거두고 있는 매매에 포지션을 추가하든, 손해를 보고 있는 매매에 포지션을 추가하든 답은 같다. 손절매를 설정하는 것이다.

내 답변을 들은 일부 사람들은 "하지만 내가 이익을 거두고 있는 매매에 포지션을 추가하고 손절매를 한다면, 원래의 포지션에서 거둔 이익도 잃게 되는 것이 아니냐?"라고 말할 것이다.

물론 그것은 사실이다. 하지만 손실을 완화하기 위해 약간의 이익을 거두는 지점에서 손절매하는 것이 손해를 보고 있는 매매에 포지션을 추가해 더 큰 손실을 겪는 것보다는 낫지 않은가? 적어도 당신이 이익을 거두고 있는 매매에 포지션을 추가할 때, 시장은 당신의 의견에 동의하는 것이다.

나는 방금 다우 지수를 2만 6,629에 매수했다. 손절매는 2만 6,590으로 설정했다. 다우 지수는 이미 2만 6,569에서 반등을 시작했고, 파티에 조금 늦었지만 그것이 나를 괴롭히지 않는다.

파티에 너무 늦게 도착하는 사람들은 많은 좋은 매매를 놓친다. 손절매를 미리 설정해놓으면, 이미 상승 모멘텀이 나타났더라도 그 움직임에 동참하는 것이 나쁘지 않다.

다우 지수는 2만 6,649를 찍었고, 나는 다시 매수한다. 이익을 거두고 있는 매매에 포지션을 추가하는 것이다. 이제 내가 처음 매수한 포지션에 대한 손절매 시점은 내가 더 많은 위험을 감수했다는 사실을 반영하기 위해 이동했다. 나의 첫 번째 포지션의 손절매는 2만 6,629로 옮겨졌다. 두 번째 포지션의 손절매 시점도 2만 6,629로 설정되었다.

이 시점에서 두 가지 일이 일어날 수 있다. 기대하기로는 시장은 계속 상승할 것이며, 가격이 1포인트 상승할 때마다 매수 포지션이 하나일 때에 비해 두 배의 이익을 나에게 안겨준다.

덜 매력적인 대안은 시장이 나에게 불리한 방향으로 움직이고, 나는 첫 번째 매수 포지션을 손익분기점에서 정리하고, 두 번째 매수 포지션은 20포인트를 잃는 것이다.

여기에 마법은 없다. 그것은 철학이고, 정상에서 벗어나려는 욕망에서 탄생한다. 정상적인 경우에 해야 할 일은 매수 포지션의 절반을 정리하고, 나머지 절반은 시장에 맡기는 것이다.

당신은 왜 그렇게 할까? 시장이 당신에게 동의하는데 절반의 포지션만 시장에 맡기는 이유가 무엇일까?

그것이 90%의 투자자가 하는 일이고, 나는 그것이 아무리 논리적으로 보일지라도 90%의 투자자가 하는 일을 하고 싶지 않다. 그들은 시간이 지나면서 틀리고, 나는 시간이 지나면서 옳기를 원한다!

이것이 내가 바로 여기에서, 그리고 바로 지금 여러분에게 전달하고자 하는 핵심이다. 나는 한 번의 매매에서 어떤 일이 일어날지 모른다. 무슨 일이든 일어날 수 있다. 하지만 통계적으로 볼 때, 나는 100번의 매매에서 어떤 일이 일어날지 알고 있다.

한 번의 매매에서 당신은 이길 수도 있고 질 수도 있다. 동전을 한 번 던졌을 때 앞면이 나올 수도 있고 뒷면이 나올 수도 있으며, 다섯 번 연속으로 뒷면이 나올 수도 있지만, (통계적으로 볼 때) 당신은 동전을 100번 던졌을 때 50:50의 결과를 얻을 수 있다.

매매도 마찬가지다. 한 번에 화끈하게 이익을 거둘 수도 있고, 연달아 이익을 거둘 수도 있지만, 시간이 지나면 그것은 저절로 사라질 것이다. 따라서 한 매매의 결과에 대해 너무 많이 생각하지 말고 100번의 매매 결과를 생각하는 것이 매우 중요하다.

한 번의 매매 결과는 무작위다. 그러나 100번의 매매 결과는 예측할 수 있다. 이러한 이유로 우리의 행동은 좋든 싫든 우리가 실행하는 모든 매매에 대해 같아야 한다. 모든 매매에 동일한 올바른 행동을 적용함으로써, 우리는 사실상 수익을 보장받는다.

올바른 행동은 무엇일까? 다른 사람들이 무엇을 하고 있는지 관찰하고, 그들과 반대로 하는 것은 어떨까?

기본 전제는 매매하는 대다수가 결국 손해를 본다는 것이다. 그것이 우리의 출발점이다. 이제 우리는 그 사람들이 무엇을 하는지 관찰할 것이다. 나는 그것을 10년 동안 해왔다. 내가 관찰한 것은 다음과 같다.

1. 이익을 거두고 있는 매매에 포지션을 추가하지 않는다

그들은 이익을 거두고 있는 매매에 포지션을 추가하지 않는다. 따라서 수익성을 높이려면 조금씩이 되든 두 배가 되든 이익을 거두고 있는 매매에 포지션을 추가해야 한다. 천천히 시작하고, 조금씩 늘려가라.

2. 손절매를 사용하지 않는다

그들은 손실의 고통을 구체화하기 때문에 손절매를 좋아하지 않는다. 포지션을 유지하는 한, 희망은 있다. 그러므로 시간이 지남에 따라 이익을 거두려면 손절매를 사용하라. 당신의 첫 번째 포지션과 추가된 포지션에 손절매를 설정해야 한다.

3. 손해를 보고 있는 매매에 포지션을 추가한다

우리 모두 동네 슈퍼마켓의 할인 판매를 좋아한다. 그렇지 않은가? 동네 슈퍼마켓에서는 반드시 할인 상품을 구매하라. 하지만 금융시장에서는 당신이 처음 매수한 가격보다 더 싸졌다는 이유만으로 포지션을 추가해서는 안 된다.

때로 운이 좋을 수도 있지만, 그것은 실패하는 투자자의 주요 특징 중 하나다. 우리는 시간이 지남에 따라 수익성을 확보할 수 있는 행동을 확립하는 데 초점을 맞추고 있다는 것을 명심하라.

4. 절반의 이익을 취한다

이것은 어려운 논쟁이니만큼 잘 들어야 한다. 나는 절반의 이익을 취하는 쪽을 옹호하는 (심지어 나보다 수십 년 더 오래 활동한) 많은 투자자들을 알고 있다. 그들의 사고방식은 다음과 같다.

나는 20포인트 손실을 감수할 거야.

20포인트 상승하면 절반의 이익을 취하고, 나머지 절반의 손절매 시점은 손익분기점으로 옮기겠어.

나머지 절반은 40포인트 상승했을 때 이익을 취해야겠군.

정말 설득력 있게 들린다. 당신은 절반의 포지션에서 이익을 취하고 정리하기 때문에 시장이 반전되더라도 절반의 포지션에서 적어도 20포인트의 이익을 거둔다. 나는 그 이면의 생각을 이해할 수 있다.

문제는 이러한 전략이 당신이 이 사업을 유지하는 데 필요한 홈런 거래를 절대로 제공하지 않는다는 것이다. 당신은 항상 스스로 제한을 두기 때문에 큰 추세에 절대 참여하지 못할 것이다.

내가 절반의 이익을 취하는 것에 반대하는 두 개의 근본적인 주장은 다음과 같다.

1. 시장이 당신에게 동의하고 있으니, 거기에 올라타야 한다.
2. 나는 어떤 인간도 자신을 제한하지 않고는 보상이 어느 정도인지 미리 알 수 없으므로 위험 대 보상이라는 주장을 믿지 않으며, 따라서 절반의 이익을 취하는 것이 올바른 매매 방법이라고 생각하지 않는다.

위험 보상 비율

내가 방금 모든 위험 대 보상 주장을 믿지 않는다고 말했는가? 그렇다, 나는 그렇게 말했다. 나는 그 주장을 믿지 않는다. 나는 내 위험을 정의하는 것은 믿지만, 내 보상을 정의하는 것은 믿지 않는다.

매매를 실행할 때 내가 제어할 수 있는 변수는 단 한 가지다. 이 매매에 얼마나 많은 돈/포인트/틱을 걸 수 있는가뿐이다.

다른 것은 순전히 추측일 뿐이다. 내가 얼마나 벌지는 시장에 달려 있다. 내가 이익을 제한하지 않는 한, 그것은 나에게 달려 있지 않다. 아주 현명한 늙은 투자자가 말하길, 패자는 얼마나 벌지 생각하며 시간을 보내지만, 승자는 얼마나 손해를 볼지 생각하며 시간을 보낸다고 했다.

(알고리즘을 사용하는 사람과 달리) 지표가 아닌 가격만을 보고 매매하는 트레이더로서 내가 통제하는 유일한 변수는 매매에서 얼마나 큰 손실을 볼 수 있느냐다. 10년에 걸쳐 수억 건의 거래가 이루어지고 선의의 투자자들이 이익을 내기 위해 최선을 다하는 모습을 보면서, 나는 이익을 제한하는 것이 앞으로 나아가는 길이 아니라는 결론에 도달했다.

만약 내가 FTSE100 지수를 7,240에 매수하면서 7,235에 손절매를 설정하고, 7,250에 목표 수익을 설정한다면, FTSE 지수가 7,250까지 갔다가 다시 하락할 때 나는 행복해질 것으로 확신한다. 하지만 FTSE 지수가 7,260이나 7,270 혹은 그 이상으로 상승한다면 기분이 어떨까?

물론 이 규칙에는 예외가 있다. 나는 이 가격대에 저항선이 있다고 느끼기 때문에 진심으로 7,250에서 매수 포지션을 정리하고 싶을 수도 있다. 그 지점은 심지어 내가 공매도를 하고 싶은 가격대일 수도 있다.

또한 이 특정 매매에 대해 시장을 가까이 관찰하지 못할 수도 있어서 7,250에 이익 실현 주문을 걸 수도 있다.

하지만 일반적으로 나는 목표 수익을 정하고 매매하지 않는다. 목표 수익은 내 이익을 제한하기 때문이다. 특히 시장이 폭주하는 날에는 더욱 그렇다. 이를 염두에 두고, 내가 내린 결정과 그로 인해 내가 얼마나 큰 대가를 치렀는지에 대한 예를 보여주고자 한다.

그렇게 하지 않는 방법

DAX 지수는 그림 14와 같이 갭 상승이 발생했다. 나는 통계를 통해 모든 갭의 48%가 발생한 당일에 채워진다는 것을 알고 있다. 일일 최고가와 최저가의 90%가 거래일 첫 1시간 30분에 만들어지는 것을 고려하면 화살표로 표시된 낮은 봉에서 DAX를 매도하는 것이 상당히 기분 좋았다. 손절매는 당일 고점에 가까웠다. 감수한 위험은 35포인트였다.

그림 15와 같이 DAX 지수는 하락을 멈추고 저점을 다진 뒤 상승하여 결국은 손절매 가격까지 올라왔다. 이제 나의 손익은 −35포인트다.

이전 패턴은 앞으로 가격이 더 오를 것임을 시사한다. 이중 고점의 매도 시점처럼 보이지만, 갭 상승한 날에는 반전보다는 상승을 지속할 가능성이 더 크다. "강세장에서는 저항선이 종종 깨지고, 약세장에서는 지지선이 유지되지 않는다"라는 격언을 기억하라. 이 격언에서 강세장을 상승 추세로 대체하고, 약세장을 하락 추세로 대체할 수 있다.

그림 16에서 나는 손절매 가격보다 위에서 상승 봉의 종가가 만들어

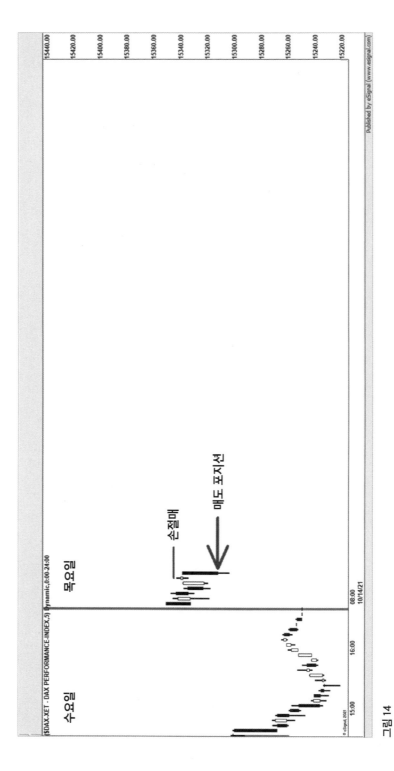

그림 14
출처: eSignal(esignal.com)

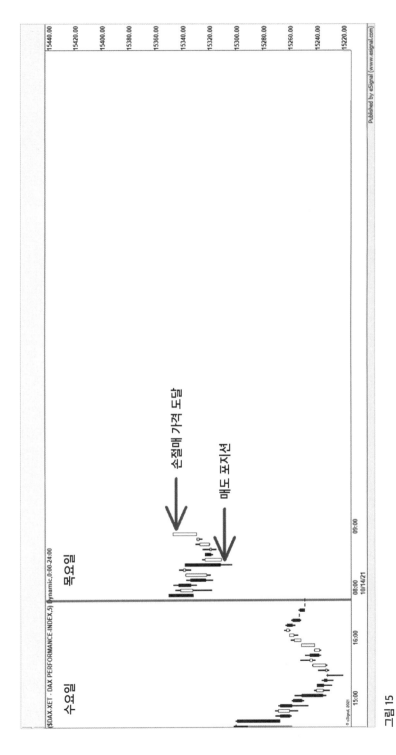

그림 15
출처: eSignal(esignal.com)

질 때 매수 포지션을 취한다. 손절매와 동시에 반대 포지션을 취하는 것이다. 나는 매도 포지션을 정리하고, 그 자리에서 매수 포지션을 취하게 되었다.

시장은 횡보하면서 힘을 모은 다음 결국 상승한다. 나는 그림 17과 같이 매수 포지션을 추가한다. 아직까지는 모든 것이 괜찮아 보인다.

여기서 실수가 나온다. 이 시점에서 나는 이전의 손실을 초과하는 이익을 거두면서 포지션을 정리할 수 있다.

내가 지금 뭘 잘못하는지 알겠는가? 차트를 따르지 않고 내 계좌를 보며 매매하고 있다. 마음의 상태에 따라 매매하고 있다. 이전 매매의 고통을 없애려고 노력하는 것이다. 이는 그림 18에서 볼 수 있다.

매우 실망스럽게도 나는 이전의 손실을 상쇄했다는 것 외에는 매수 포지션을 정리할 다른 이유가 없었다는 점을 인정한다. 손절매 시점을 더 높은 가격으로 옮기는 대신 매수 포지션을 정리한 것은 나 자신이다. 내가 무슨 짓을 했는지 알아차리는 것은 하루의 매매를 검토하는 시간까지 갈 필요도 없었다.

지금으로서는 시장이 나와 전적으로 동의하지 않는 것은 아니다. 다음 두 시간 동안 시장은 횡보한다. 시장이 추세장에서 횡보장으로 이동하는 시간이 길어질수록 이전 추세는 중요하지 않다. 적어도 그것은 나 자신에게 말하는 것이다.

그 후 미국 시장이 열리면서 DAX 지수는 더 높이 상승했고, 나는 거기에 탑승하지 않았다. 여러분은 아직 내가 여기서 말하는 미묘한 요점을 이해하지 못할 수도 있으니, 내가 직접 요점을 말해주겠다.

나는 "이익을 취하면서 파산할 수 없다"라고 믿는 투자자 무리에 속

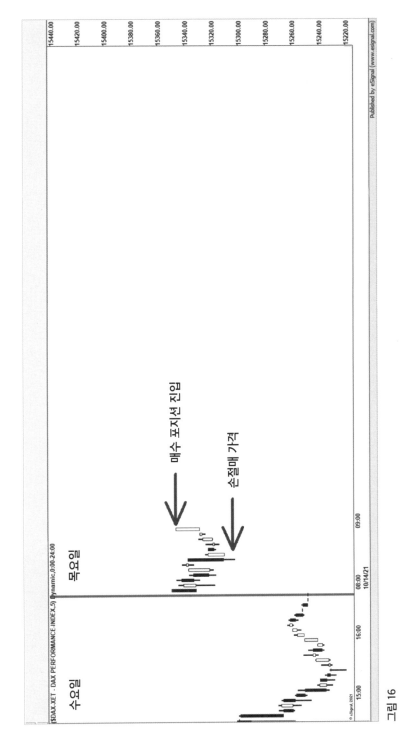

그림 16

출처 : eSignal(esignal.com)

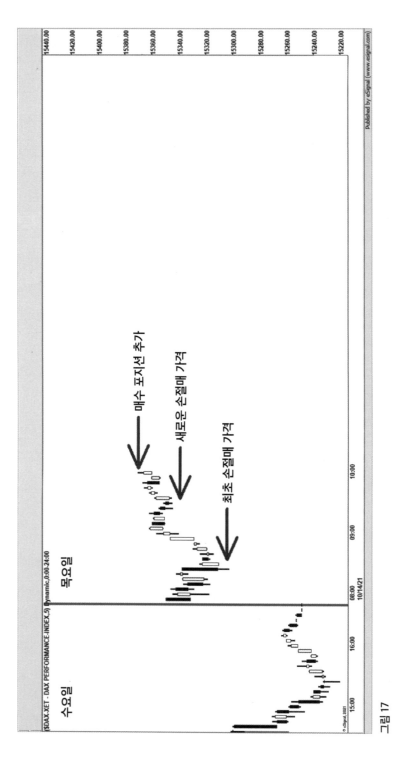

그림 17

출처: eSignal(esignal.com)

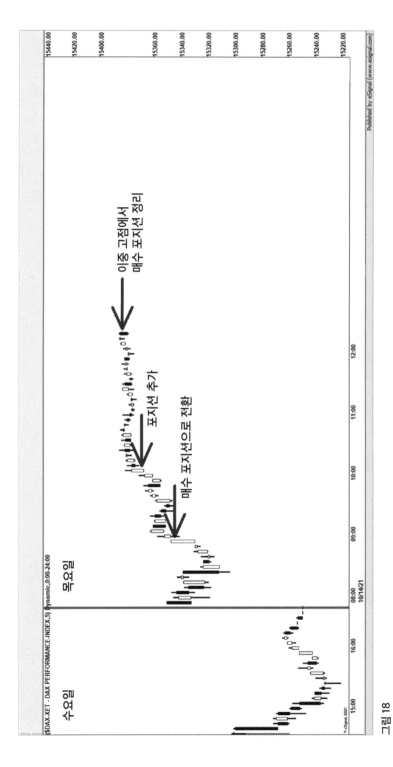

그림 18

출처: eSignal(esignal.com)

하지 않는다. 그 말이 당신이 이익을 거두고 있는 포지션이 아주 큰 이익을 거둘 수 있도록 놔둘 수 없다는 것을 의미한다면, 이익을 취하면서도 파산할 수 있다고 믿는다.

아주 간단하다!

그림 19는 내가 매수 포지션을 정리한 후의 상황을 보여준다. 나는 완벽한 매매를 고집하지는 않지만, 매매하는 마음의 내면에 슬금슬금 파고드는 오류를 깨닫기 위해 매매를 종교적으로 검토한다. 나는 규율을 유지하고 있는가? 나는 이익을 거두고 있는 매매에 추가 매수를 하는가? 나는 충동적인가?

당신은 차트를 보며 내가 잘했다고 생각할 수도 있다. 나는 차트를 보면서, 내가 왜 포지션을 정리했는지 궁금하다. 이날 오전에 잃었던 것을 되찾은 기쁨보다 장이 끝나갈 무렵의 추세를 놓친 아픔이 더 컸다.

이익을 거두는 매매 강화하기

이익을 거두는 매매에 포지션을 추가하는 것은 나에겐 습관이다. 내가 어떻게 매매하는지 알고 싶다면 유튜브와 텔레그램에서 나를 팔로우하는 초보 투자자나 경험 많은 투자자들이 있다.

간단한 방법 중 하나는 이전 거래일을 검토하고 포지션을 추가할 수 있는 몇 개의 가격대를 생각해두는 것이다. 예를 들어 유로/달러를 보고 10틱 간격마다 포지션을 추가하는 것으로 정할 수 있다.

나는 다른 방식으로 접근했다. 이는 이론적인 설명을 통해 잘 밝혀질

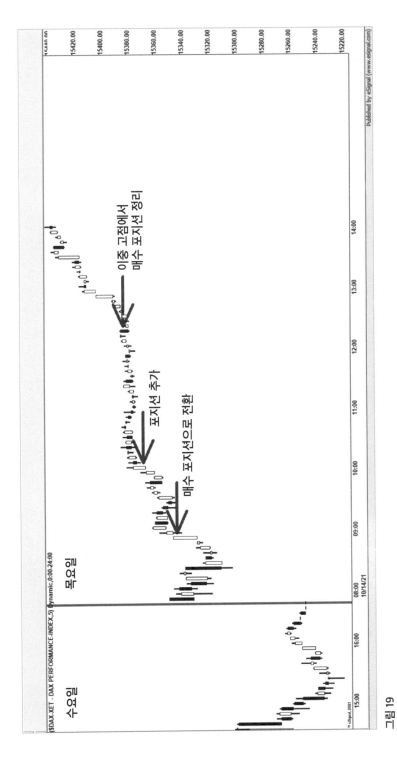

그림 19

출처: eSignal(esignal.com)

것으로 생각한다.

나는 FTSE100 지수를 거래하고 싶고, 이익을 거두고 있는 내 매매에 포지션을 추가할 방법을 찾고 있다. 어떻게 하면 좋을까?

1단계

나는 이 지수의 역사적 변동성이 어느 정도인지 확인해야 한다. 나는 ATR(Average True Range, 주가의 변동성을 측정하는 데 사용되는 대표적인 기술적 지표-옮긴이)이라는 측정값을 사용한다. 나는 이 값을 사용할 때 내가 매매하고 싶지 않은 시간대와 매매하고 싶은 시간대를 신중하게 구분한다. 예를 들어 야간 5분 차트의 FTSE 지수 변동성은 약 4포인트지만, 표준 시간 기준 오전 8시 개장 시 5분 차트의 변동성은 약 14포인트다. 그것은 중요한 차이다.

내가 장중 매매를 선호하는 시간대에 FTSE 지수를 거래할 경우, 변동성이 10틱/10포인트와 동일하다는 것을 확인했다고 가정할 수 있다.

그 값을 N이라고 하면 다음과 같다.

$$N = 10$$
$$손절매 = 2 \times N$$

2단계

매매에 얼마의 돈을 걸지 설정한다. 이것은 계좌 잔고의 백분율 함수로 정해진다. 당신의 거래 계좌에 1만 파운드가 있는데, 그 계좌의 2%를 걸기로 했다고 가정해보자.

매매에 거는 위험은 1만 파운드의 2% = 200파운드가 된다.

3단계

이제 나는 매매 규모 단위를 정한다. 이것은 기본적으로 내 거래 규모가 얼마나 큰지에 대한 것이다.

N = 10인 경우

위험 = 2N

위험 금액 = 200파운드

그러면 내 매매 규모 단위는 200파운드/20 = 10파운드가 될 것이다.

4단계

그러면 나는 매 1/2N마다 매수 포지션을 추가하고 싶다고 주장할 수 있다. 나는 이것이 자신의 연구가 실행되어야 할 부분이라고 생각한다. 하지만 설명을 위해, 위의 숫자를 바탕으로 예를 들어보겠다.

사례

나는 FTSE 지수를 7,500에 매수한다.

내 손절매 폭은 20포인트다.

위험은 1포인트당 10파운드다.

내 추가 매수는 1/2N만큼 상승하는 지점이다. 즉 5포인트씩 증가할 때마다 매수 포지션을 추가한다.

FTSE 지수는 현재 7,505에 거래되고 있다. 나는 한 계약을 더 매수한다. 즉 나는 7,505에 포인트당 10파운드를 매수하고 있다.

이제 나는 다음과 같은 두 개의 포지션을 보유하고 있다.

7,500에 매수하고 7,480이 손절매인 포지션

7,505에 매수하고 7,485가 손절매인 포지션

당신이 바로 알아차릴 수 있듯이, 만약 내가 첫 번째 매수 포지션의 손절매 가격을 올리지 않는다면 예상보다 큰 손실을 볼 것이다.

두 번째 포지션을 매수하기 전에, 나는 이미 손절매 가격을 1/2N만큼 올릴 계획을 세웠다. 나는 첫 번째 포지션의 손절매 가격을 5포인트 올릴 것이다. 즉 첫 번째 매수 포지션과 두 번째 매수 포지션의 손절매 가격이 같음을 의미한다. 나의 총 위험은 현재 35포인트다.

보다시피 이러한 매매 방식은 여러분이 원한 것보다 더 큰 손실을 빠르게 현실로 만들 수 있을 것이다. 따라서 두 번째, 세 번째, 네 번째 추가 매수를 할 때 더 작은 규모를 추가하는 것과 같은 이 방법의 변형을 고려할 것을 권한다.

"도대체 왜 추가 매수를 하느냐?"라고 물을 수 있다.

포지션을 추가함으로써 나는 위험을 줄이고 싶어 하는 뇌의 성향과 적극적으로 싸우고 있기 때문이다. 우리의 뇌는 이익을 원한다. 나는 반대로 하고 있다. 나는 내가 보유한 포지션에 새로운 포지션을 추가한다.

실생활의 사례

다음 차트는 추세가 형성된 날의 다우존스 지수를 보여준다. 나는 당일 고점 혹은 저점으로 장이 시작된 다음, 저점 혹은 고점으로 종가가 만들어진 날을 추세가 형성된 날로 정의한다.

그러나 문제는 하루가 끝날 때까지 그날이 추세가 형성된 날이었다는 것을 알 수 없다는 점이다. 따라서 여러분은 차트에 보이는 것을 바탕으로 오늘이 추세가 형성되는 날인지 아닌지를 가정해야 한다.

나는 18년 동안 다우존스 지수의 가격 행동 패턴을 조사했다. 장 시작 후 한 시간 동안의 패턴을 연구했고, 이를 바탕으로 추세 형성일의 전조를 판단했다. 이러한 패턴 중 하나는 전일에 갭 상승한 후 당일에 갭 하락하여 장 시작 한 시간 안에 갭 하락이 메워지지 않는 경우다.

그림 20은 전일 대비 상승한 목요일을 보여준다. 내가 여러분에게 보여주고 싶은 매매는 금요일에 이루어졌다. 금요일은 지속적인 추세를 만들어내는 것으로 잘 알려져 있고, 특히 매달 초 또는 말의 금요일에 추세가 형성되는 날이 많다.

여기에는 나의 매매 내역을 정리한 표도 포함되었다.

종목	매매 규모	진입 가격	현재가	평가손익
다우 지수	3,000.0	25419.6	25135.9	kr851,150.00
	500.0	25458	25135.9	kr161,500.00
	700.0	25455	25135.9	kr224,000.00
	350.0	25469	25135.9	kr116,725.00
	450.0	25455	25135.9	kr143,775.00
	200.0	25441	25135.9	kr61,100.00
	300.0	25329	25135.9	kr58,050.00
	250.0	25356	25135.9	kr55,250.00
	125.0	25258	25135.9	kr15,312.50
	125.0	25259	25135.9	kr15,437.50

맨 윗줄은 나의 전체 포지션 노출을 보여준다. 다우 지수 3,000계약 매도 포지션이다. 나의 평균 진입 가격은 25,419.6이고 현재 가격은 25,135.9다. 3,000은 1포인트당 3,000덴마크 크로네 매도 포지션을 의미하는데 다우 지수에서 포인트당 약 500달러의 움직임에 해당한다.

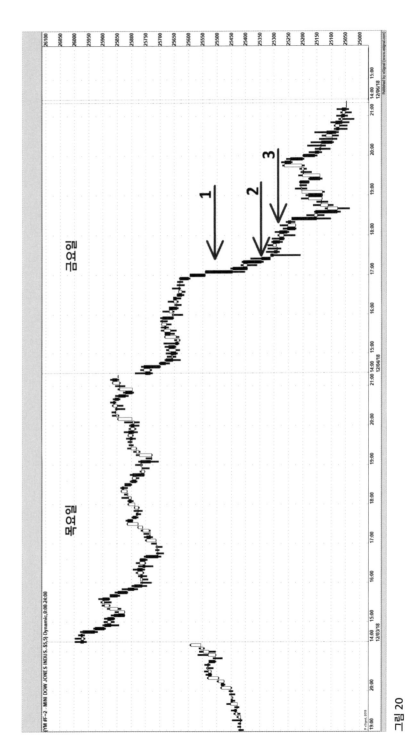

그림 20

출처: eSignal(esignal.com)

따라서 다우 지수가 1포인트 하락할 때마다 나는 3,000크로네를 벌고, 그 반대도 마찬가지다. 즉 다우 지수가 1포인트 상승할 때마다 3,000크로네를 잃는다. 그림 20을 캡처하던 순간, 나는 85만 1,000크로네의 이익을 보고 있다.

나의 전체 포지션 아래에는 각각의 진입 시점을 볼 수 있는데, 이를 모두 합치면 총 3,000이 된다.

그림 20 차트를 보면 1, 2, 3이라는 숫자가 나오는데, 이것은 내가 매도 포지션을 추가한 위치를 나타낸다.

차트의 1번 지점에서 나는 매도 포지션을 취한다. 나의 매도 포지션 규모는 5계약으로 시작한다. 표에서 나의 전체 포지션 바로 아래에 보이는 것이 최초의 5계약을 나타낸다.

2번 지점에서 매도 포지션을 추가한다. 나는 시장이 약세이고 추세를 형성해가고 있다고 확신하므로 그렇게 한다. 나는 2번 지점에서 매도 포지션을 25% 더 추가한다. 3번 지점에서는 매도 포지션을 약 10% 더 추가한다.

시장이 하락함에 따라, 나는 훈련받은 대로 매도 포지션을 추가한다. 그리고 손절매 가격도 같이 낮췄다. 당신이 이 차트에서 볼 수 없는 것은, 처음에는 시장이 나에게 불리한 쪽으로 움직였다는 것이다.

내가 여기서 하는 일은 여러분이 두려움을 이해하는 데 매우 중요하다. 처음 나의 포지션은 손실을 보았지만, 이제 돈을 벌고 있다. 내 뇌는 손실을 보는 동안 고통을 견뎌야 했고, 이제는 손실을 보는 시간(15분 전) 동안 느꼈던 고통을 뇌에서 덜어달라는 마음의 신호를 받고 있다.

나는 나에게 고통을 주는 일을 적극적으로 함으로써 고통에 대항한다. 나는 불편함을 키움으로써 불편함에 대항한다. 90%의 정상인들이 보여주는 행동과 반대되는 행동에 적극적으로 참여하려면 이것이 필요하다. 여러분은 내가 추가한 포지션이 큰 규모가 아니라는 걸 알 것이다. 하지만 그것은 올바른 종류의 행동을 강화하는 역할을 한다.

다우 지수는 크게 하락했다. 나는 이제 안전지대에 들어섰다. 나의 매도 포지션은 위협받을 일이 없게 되었다. 손절매 가격은 손익분기점이다. 하지만 나는 여전히 이 매매가 나에게 중요한 매매로 바뀌기를 희망하는 마음에서 이 매매가 나에게 대수롭지 않은 매매(작은 이익을 거두는 매매)로 바꿀 준비가 되어 있다.

당신은 스스로 감당할 수 있는 위험 수준을 찾아야 한다. 한번은 "포지션을 계속 늘리기만 하면 언제 이익을 취하는가?"라는 질문을 받은 적이 있다. 아주 좋은 질문이다. 나는 이익을 실현할 때 차트를 사용한다. 만약 차트가 이중 저점을 형성하고 내 현재 포지션이 매도라면, 나는 이익을 실현하고 싶어질지도 모른다.

대안으로, (이건 정말 괜찮은 속임수인데) 나는 내 현재 포지션과 반대 방향으로 시장에 진입하고 싶은 가격에 손절매를 위치시킨다. 예를 들어 이 경우처럼 다우존스 지수를 매도하고 있다면, 나는 다우 지수 매수자로 전환할 수 있는 가격 수준에 손절매를 위치시킨다.

비록 100포인트의 이익을 얻었지만, 나는 전혀 여유롭지 않다. 나는 올바른 행동을 강화하기 위해 더 작은 규모로 매도 포지션을 계속해서 추가하고 있다.

이 매매는 화려한 매매로 바뀔 가능성이 있었다. 하지만 그렇게 되지는 않았다. 다우 지수는 (다시 떨어지기 전에) 강하게 반등했고, 비록 이익을 거뒀지만 화면에 보이던 금액은 아니었다.

정말 큰 이익의 기회를 포착하기 위해서는 여러분이 얼마나 많은 평가이익을 포기할 준비가 되어 있는지에 대한 기준을 정하는 것이 중요하다고 생각하기 때문에, 이를 여러분에게 전달하는 것이 나에게는 매우 중요한 일이다.

하루의 매매를 시작하면서 20~30포인트 정도의 이익을 기대하는 날도 있는데, 그런 날은 그렇게 한다. 날마다 수백 포인트의 이익이 가능한 것은 아니다.

그런 다음 시장이 매우 강하게 또는 매우 약하게 시작되는 날이 있고, '오늘은 정말 중요한 날이 될 수 있다'고 스스로 생각할 수도 있다.

나는 매매에 관하여, 이익이 얼마나 커질 수 있는지를 발견하기 위해 이익을 희생할 준비가 되어 있어야 한다는 철학을 갖고 있다. 여러분에게 그런 철학이 없다면, 이익이 얼마나 커질 수 있는지 결코 발견하지 못할 것이다.

기술적 분석을 사용하여 잠재적인 목표를 생각한다면, 좋은 매매에 참여하지 못하고 빠져나올 가능성이 크다. 청산 시점을 판단하기 위해 기술적 분석을 사용할 수도 있지만, 나는 이 방법에 동의하지 않는다. 거기에는 이유가 있다. 시장이 추세를 형성하고, 내가 그 추세에 동참할 때, 나는 그날 밤 시장이 하루 중 가장 강하거나 약하게 마감하기를 기대한다.

그것은 주가지수에서 모든 거래일의 최소 20%에서 발생한다. 물론 많은 실망을 겪었지만, 나는 그것을 내 철학의 일부로 만들기에 충분한 좋은 날들을 보냈다.

DAX 지수-매매 사례

내가 이익을 거두고 있는 매매에 포지션을 추가한 또 다른 예를 보여주 겠다. 하지만 이번에는 매매 당시에 본 것을 보여주겠다. 그림 21을 참 조하라.

나는 첫 번째 하락 추세에 참여하지 않았다. DAX 지수를 매도할 기 회를 찾기 위해 반등을 노리고 있었다. 다음 표에서 상자 1로 강조 표 시된 나의 초기 포지션을 볼 수 있다.

종목	매매 규모	진입 가격	현재가	평가손익
DAX 지수	5,000.0	12130.7	12050.5	kr401,080.00
	500.0	12164.7	12050.5	kr57,100.00
	500.0	12165.2	12050.5	kr57,350.00
1	200.0	12166.8	12050.5	kr23,260.00
	100.0	12167.5	12050.5	kr11,700.00
	100.0	12162.3	12050.5	kr11,180.00
	100.0	12163.7	12050.5	kr11,320.00
	100.0	12156.3	12050.5	kr10,580.00
	100.0	12156.0	12050.5	kr10,550.00
	100.0	12155.8	12050.5	kr10,530.00
2	200.0	12146.3	12050.5	kr19,160.00
	1,000.0	12110.8	12050.5	kr60,300.00
	1,000.0	12110.8	12050.5	kr60,300.00
	500.0	12108.0	12050.5	kr28,750.00
	500.0	12108.5	12050.5	kr29,000.00

DAX 지수는 그림 22에 표시된 것처럼 마침내 굴복하여 하락 추세 를 재개한다. 상자 2에서 이후의 매도 포지션을 볼 수 있다. 여기서 여

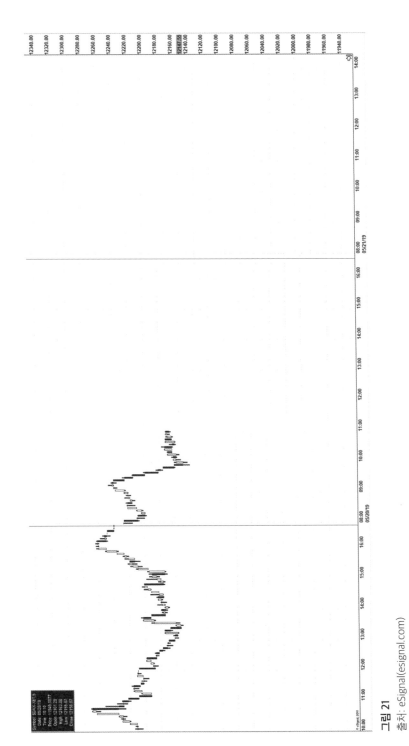

그림 21

출처: eSignal(esignal.com)

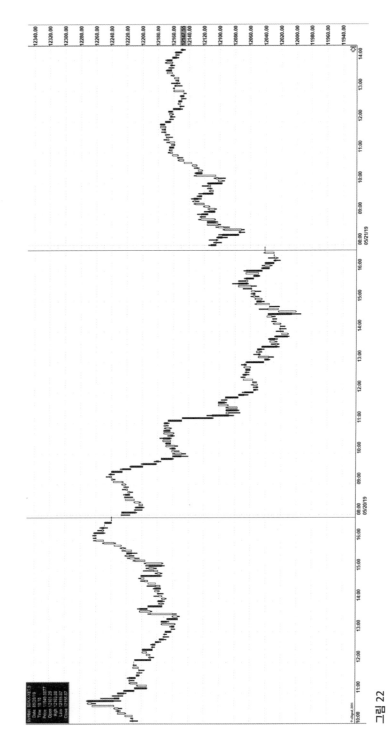

그림 22

출처: eSignal(esignal.com)

러분이 알아야 할 다음과 같은 두 가지가 있다.

1. 나는 이미 가격이 하락한 종목을 매도하는 것에 두려움을 느끼지 않는다. 이는 대다수 사람들이 하기를 원하지 않는 것과 일치한다.
2. 이 예에서 나는 포지션 규모를 확장하고, 포지션이 이익이 되면 공격적으로 매도 포지션을 추가한다.

나는 여러분이 어떻게 하면 이익을 거두고 있는 매매에 포지션을 추가할지 생각해볼 것을 촉구한다. 나는 당신의 매매 계획을 다시 작성하는 것에 관심이 없다. 나는 당신을 나의 복사본으로 만드는 것에 관심이 없다. 나는 당신이 포지션을 추가하는 기준으로 매매에서 고통의 가치를 이해할 수 있도록 하는 것에 관심이 있다.

'만약 그것이 불편하다면, 그것은 아마도 옳은 일일 것이다.'

앞에서 말한 것을 반복하겠다. 나는 여러분이 왜 사람들이 일반적으로 손해를 보고 있는 매매에서 포지션을 추가하는 것을, 이익을 거두고 있는 매매에서 포지션을 추가하는 것보다 더 편하게 여기는지에 대해 진지하게 고려해야 한다고 생각한다.

나는 매매를 미화했다는 비난을 받고 싶지 않았다. 그것은 위험한 제안이다. 20년 전 유럽의 대다수 중개 회사들은 오늘날 우리가 마이너스 잔액 보호로 알고 있는 시스템을 가지고 있지 않았다. 오늘날 그것은 법적 요건이다. 그것은 당신의 거래 계좌에서 사용할 수 있는 것보다 더 많은 돈을 잃을 수 없게 한다는 것을 뜻한다.

특히 나처럼 포지션을 추가한다면, 당신이 예상했던 것보다 훨씬 더 많은 것을 잃을 수 있다.

당신이 매매를 더 잘하게 되면 점점 더 큰 규모의 매매를 원할 것이고, 당신이 보유한 포지션 규모가 큰 상태에서는 시장이 반대 방향으로 조금만 움직여도 당신이 갖고 있던 평가이익이 모두 달아날 수 있다.

그 증거가 바로 여기 있다. 이것은 수익 가능성이 매우 큰 DAX 지수의 매매 포지션이 상당한 손실로 바뀌는 것을 보여주는 완벽한 사례다. 1만 1,288에 매도 포지션을 잡은 것은 출발이 좋다. 그런 다음 DAX 지수가 하락할 때 나는 매도 포지션을 추가했다. 그러고 나서 시장이 역전되고, 나는 직전 상단에 매도 포지션을 좀 더 추가한다.

화면을 캡처한 시점에서 나는 포인트당 4,500크로네의 매도 포지션을 취했고, 25포인트를 잃고 있다. 나는 손실을 보고 얼마 후에 그 포지션을 정리했다.

4,500.0	11289.4	11314.0	kr −110,510.00
300.0	11288.3	11314.0	kr −7,710.00
350.0	11286.8	11314.0	kr −9,520.00
400.0	11285.2	11314.0	kr −11,520.00
500.0	11285.0	11314.0	kr −14,500.00
500.0	11279.0	11314.0	kr −17,500.00
500.0	11274.8	11314.0	kr −19,600.00
450.0	11295.2	11314.0	kr −8,460.00
500.0	11293.2	11314.0	kr −10,400.00
500.0	11292.7	11314.0	kr −10,650.00
500.0	11312.7	11314.0	kr 650.00

불편함

예를 들어 프로 스포츠에는 지름길이 있지만, 투자에는 그런 지름길이 없다. 나는 매매하는 동안 내가 불편함을 느낄 것으로 예상한다. 가끔은 몇 분이 몇 시간처럼 느껴진다. 무언가를 하고 싶은 조급함이 내 안에서 맹위를 떨친다. 나는 시장과 싸우는 것이 아니라 나 자신의 감정과 싸우고 있다.

마지막으로 내가 시장에서 매수든 매도든 포지션을 보유하고 있을 때, 내 마음에는 스스로에게 요구하는 무언가가 있기 마련이다. 어쩌면 그 포지션이 손해를 보고 있을 수도 있고, 그래서 지금은 그 포지션을 좀 더 오래 유지하기를 바라는 잠재의식과 싸울 수도 있다.

내 의식적인 마음은 손절매를 설정하려 하지만, 잠재의식적인 마음은 그것을 제거하기를 원한다. 잠재의식의 마음은 손실을 인정하고 싶지 않다.

보유한 포지션이 순조롭게 진행되고 있을 수도 있다. 나의 잠재의식은 이익을 실현하기를 원한다. 잠재의식은 이익의 만족을 좋아한다. 그러므로 나는 내 매매에서 이기든 지든 항상 잠재의식과 싸우고 있다.

승리의 열쇠는 두 개의 뇌의 존재를 염두에 두는 데에서 시작된다. 적의 다음 행동을 예측하는 능력이 중요하다. 잠재의식의 뇌는 꽤 단순하다. 그것은 단지 고통을 피하고 싶을 뿐이다.

잠재의식의 뇌의 입장에서, 매매에는 두 가지 고통이 있다. 하나는 이익을 보는 고통이다. 이익을 볼 때, 이익이 사라지는 것을 보는 고통을 감당할 필요가 없으므로 그것을 정리하길 원한다. 그리고 손실을 보는 고통이다. 잠재의식의 뇌가 손실을 볼 때, 그것은 당신이 그 포지션을 조금 더 오래, 조금만 더 오래 유지하기를 원한다. 그렇지 않으면 손실을 인정해야 하기 때문이다. 손해를 보는 포지션이 유지되는 한, 항상 희망이 있다.

간단히 말해서 10%의 승자와 90%의 패자를 구분하는 것은 그들이 어떤 뇌에 귀를 기울이고 있는가다. 나는 이를 깨닫는 데 많은 시간이 걸렸다. 나는 나의 마음을 위한 시스템을 개발했다. 감정적 잠재의식의 두뇌가 매매 결정에 미치는 영향을 견딜 수 있게 해주는 훈련 프로그램이다.

앞에서 언급한 라운드 더 클록 트레이더(Round the Clock Trader)라는 사이트의 행사에서 한 고객이 내가 매도 포지션을 취하고 있을 때 시장이 다시 반등할까 봐 두렵지 않은지 물은 적이 있다.

누가 그런 질문을 했다고 생각하는가? 그것은 두려움에 의해 통제되는 그의 마음 한 부분이었다. 물론 시장이 상승 반전할 가능성도 있다. 그런 일이 없었다고 말한다면 거짓말일 것이다. 그런 일은 아마 열에 다섯 번은 일어날 것이다. 따라서 진짜 질문은 다음과 같다. 무엇이 당신에게 더 많은 고통을 주겠는가?

1. 당신이 매도 포지션을 취하고 시장이 다시 반등한다.
2. 당신이 아무것도 하지 않고 시장이 다시 반등한다.
3. 당신이 매도 포지션을 취하고 시장이 계속 하락한다.
4. 당신이 아무것도 하지 않고 시장이 계속 하락한다.

1번의 경우

나는 매도 포지션을 취하고 시장이 다시 나에게 불리한 쪽으로 돌아선다. 귀찮은 일이지만, 손절매 설정이 포지션 정리를 도울 것이다. 적어도 나는 내 계획을 따랐다고 말할 수 있다.

2번의 경우

나는 아무것도 하지 않고 시장은 다시 상승한다. 행복할 수도 있지만, 나는 계획을 따르지 않도록 내 마음을 훈련했고, 그에 대한 보상을 받았다.

나는 나에게 손해를 입혔을 매도 포지션을 취하지 않아 보상을 받았고, 내 마음은 지금 자신의 훌륭한 차트 읽기 실력을 축하하고 있지만, 모두 잘못된 이유로 자신을 축하하는 것이다.

3번의 경우

나는 내가 계획했던 대로 매도 포지션을 취하고, 시장이 하락하는 상황까지 일어난다. 기쁨에 겨워 손뼉을 치는 대신, 적극적으로, 이익을 거두고 있는 매매에 포지션을 추가한다. 나는 내가 해야 할 모든 것을 하고 있다.

4번의 경우

나는 매도 포지션을 취하겠다는 계획을 따르지 않기로 했고, 시장은 공격적으로 하락한다. 나는 첫 매매에서 잃은 돈을 모두 돌려받을 수 있었지만, 그러지 않았다.

나는 당신을 대변할 수 없지만, 내가 그것에 대해 어떻게 느끼는지는 말할 수 있다. 자신의 계획을 실행해서 손실을 본 것보다, 자신의 계획을 실행하지 않아 시장의 추세를 놓친 것이 나에겐 더 큰 감정적인 고통을 준다.

지나친 것은 무엇인가?

매도 거래 후에 들어온 또 다른 질문은 다음과 같다.

"시장이 이미 너무 많이 움직였다고 걱정하지 않았는가? 당신은 이미 배를 놓쳤다고 생각하지 않는가?"

이 질문을 한 사람은 DAX 지수가 당일 이미 1% 상승했으므로 DAX 지수를 매수하지 않겠다는 사람일 가능성이 크다.

이것은 슈퍼마켓의 비유와 유사하다. 우리는 할인하는 물건은 찾지만, 가격이 오른 물건은 사지 않는다.

그것은 마음의 착각이다. DAX 지수가 당일 1% 상승했다고 해서 너무 비싸다고 할 수는 없다. 우리는 이미 가격이 오른 무언가를 사고 싶어 하지 않는다. 우리는 그것이 더 싸져서 다시 매수할 수 있을 만큼 내려올 때까지 기다리는 편이 낫다고 생각한다.

마찬가지로 우리는 이미 하락하는 것을 매도하고 싶어 하지 않는다. 우리는 그것이 다시 상승하기를 기다렸다가 가격이 더 높을 때(더 비쌀 때) 팔기를 원하고, 그것이 우리에게 더 가치 있는 일이라고 생각한다.

기본적으로 나는 이 주장에 동의하지 않지만, 이 주장에는 다음과 같은 결함이 있다. 그것은 다른 대다수가 원하는 것이고, 그 대다수는 틀리는 경향이 있다. 아니, 정정하겠다. 그들은 틀리는 경향이 있는 것이 아니라, 그들은 틀렸다. 물론 그들은 항상 60%의 확률로 옳지만, 그들이 틀렸을 때는 정말 많이 틀린다. 고점이나 저점이 어디인지 어떻게 아는가? 나는 많은 매매 시스템을 봐왔지만, 그중 어느 것도 시장의 고점이나 저점을 예측하는, 인정할 만한 성공률을 가지고 있지 않았다.

이것이 내가 강세장을 매수하고 약세장을 매도해야 한다고 말하는 이유다. 비쌀 때 사고, 더 비쌀 때 팔아라. 쌀 때 팔고, 더 쌀 때 다시 사라. 나는 절대적인 전환점을 놓칠까? 물론 그럴 것이다. 고점을 찾고 저점을 찾는 사람은 얼빠진 사람이다.

이익이 사라져 괴로울 때마다, 나는 압박 속에서 옳은 일을 했다는 평판을 얻은 전설적인 미국 슈퍼 트레이더의 이야기를 떠올린다. 그의 이름은 폴 튜더 존스(Paul Tudor Jones)다.

그는 시장을 주시하고 있었고, 오전 내내 상승했기 때문에 꾸준히 매수 포지션을 취하고 있었다. 그는 괜찮은 이익을 보고 있는 수백 계약의 매수 포지션을 보유하고 있었다.

그런데 갑자기 시장이 뚜렷한 이유 없이 하락했다. 그는 눈도 깜박이지 않고 매수 포지션을 모두 팔아치웠고, 시장이 계속 하락하자 매도 포지션을 취했다. 그가 매도 포지션을 취했다는 것을 몰랐던 동료 중 한 명은 시장의 하락에 대해 언급하며 매수를 시작할 좋은 기회라고 말했다.

욕설이 편집된 대화는 다음과 같이 진행되었다.

"자네 미쳤나?"라고 폴이 말했다.

"무슨 뜻입니까?"라고 동료가 말했다.

"미쳤나 보군. 시장이 15분 만에 100포인트 박살 났는데, 그걸 매수하려고 하나?"

"그럼 당신은 어떻게 할 건가요?"

"나는 여기서 매수 포지션을 취할 생각이 분명히 없네."

"그럼 여기서 매도 포지션을 취하겠다는 말인가요?"

"당연히 그래야지!"

"하지만 시장이 너무 많이 하락했어요."

"바로 그 점이라네."

"맞아요"라고 동료가 말했다. "그럼 당신이 매수를 시작하려면 시장이 얼마나 더 떨어져야 할까요?"

"시장이 내려가는데 내가 왜 매수를 해야 하지?"

"싸기 때문이죠. 이건 완벽한 할인 가격입니다. 15분 전보다 100포인트나 저렴해졌다고요."

"싸다는 생각, 비싸다는 생각은 버리는 게 나아. 그건 단지 하나의 숫자일 뿐이야."

"하지만 이해할 수 없습니다. 만약 시장이 계속 하락한다면 어디서 매수를 시작하겠다는 말인가요?"

"시장이 하락한다면, 나는 그것을 사는 게 아니라 팔고 싶네. 만약 계속 하락한다면, 나는 가격이 0이 될 때까지 매도 포지션을 유지할 거야."

"만약 시장이 상승하면요?"

"시장이 계속 올라간다면 끝까지 매수하겠지."

나는 이 이야기를 정말 좋아한다. 폴 튜더 존스가 매매하는 모습을 보면, 여러분은 그의 에너지, 그의 강렬함과 결단력, 그리고 자신이 하는 일에 대한 확신을 느낄 수 있다. 그는 단지 "매도하라"라고만 말하지 않는다. 그는 "매도하라!"라고 외치며 발을 동동 구르고 손을 흔든다.

나는 그의 정신적인 민첩성을 존경하는데, 그는 확신에 차서 매수 포지션에서 매도 포지션으로 물 흐르듯 전환한다. 슬프게도 이것은 얻기 힘든 특성 중 하나다. 나는 수십 년간 매매 경험이 있는 몇몇 투자자들을 알고 있는데, 그들도 매수에서 매도로 전환하는 스위치를 잘 누르지 못하는 경우가 많다.

저점 찾기

주가의 저점을 찾는 것은 비용이 많이 드는 일이 될 수 있다. 우리는 모두 실수하지만, 실수에는 얼마나 큰 비용이 들까? 나는 2008년 금융 위기 때 '매드 머니(Mad Money)'라는 CNBC 방송을 본 것을 매우 생생하게 기억한다.

방송에서 진행자 짐 크레이머(Jim Cramer)는 베어 스턴스(Bear Stearns, 월스트리트의 5대 투자은행 중 하나였으나 2007년 서브프라임 모기지 사태 당시 신용 위기로 인한 유동성 악화로 자금난을 겪다가 JP모건 체이스에 인수되었다-옮긴이)의 전망을 묻는 시청자의 이메일을 받았다. 나는 크레이머가 시간을 거슬러 되돌아갈 기회가 있다면, 그가 그 방송에서 말한 것을 가장 확실하게 수정할 것이라고 확신한다.

그는 기본적으로 베어 스턴스가 괜찮다고 말하면서 화면을 향해 소리쳤다. 하지만 며칠 후 베어 스턴스는 먼지처럼 사라져 다시는 볼 수 없었다.

여러분은 2001년에 내가 처음으로 고객들을 만난 일을 기억할지도 모른다. 나는 그들에게 마르코니 주식에서 손을 떼라는 달갑지 않은 조언을 해줬다. 2007년에 역사가 반복되었다고 말한다면 믿겠는가?

우리는 매매할 때 슈퍼마켓의 사고방식에 휘둘리기 쉽다. 책의 앞부분에서 언급했듯이, 슈퍼마켓에 들어갈 때 우리는 특별 할인 상품에 끌린다. 이번 주말의 장바구니를 보면 평소에는 사지 않던 물건들이 눈에 띈다.

물론 이런 물건들이 언젠가는 필요할 수도 있다. 우리는 화장지가 필요하다. 우리는 식기세척기 세제가 필요하고, 손 씻는 비누도 필요하다. 그것들이 이번 주의 내 장바구니에 있었던 이유는 할인 행사 중이었기 때문이다. 어느 누가 50% 할인을 거부할 수 있겠는가?

하지만 슈퍼마켓에서의 50% 할인은 금융시장에서의 50% 할인과 다르다. 내가 8년 넘게 일했던 중개 회사인 시티 인덱스의 많은 고객들이 2007년부터 2009년까지의 금융 위기 동안 이런 현실을 마주했다.

2006년, 몇 년 동안 거래가 거의 없던 노던 록(Northern Rock)이라는 주식이 폭락한 이후 몇 달 만에 50% 상승했다. 상승 단계에서 이 주식에 대한 시티 인덱스 고객의 실질적인 관심은 없었다.

하지만 그 후 주가가 다시 미끄러져 내리기 시작했을 때, 관심이 높아졌다. 마치 반값 화장지가 슈퍼마켓 이용자들에게 주는 것과 같은 효과를 노던 록이 투자자들에게 주는 듯했다.

노던 록은 거래가 매우 활발한 종목이 되었다. 노던 록의 주가가 하락할수록 사람들은 그 주식에 더 많은 관심을 보였다. 나는 어느 토요일 아침 집에서 전화 한 통을 받았다. 당시 노던 록의 주가는 1,200펜스에서 500펜스 정도로 떨어지고 있었다.

수화기 너머에 있는 사람은 낯선 사람이었다. 그는 내가 기술적 분석을 주제로 한 강연에서 내 명함을 집어 들었었다. 그는 토요일 아침 일찍 전화한 것에 대해 사과했지만, 그와 그의 친구는 노던 록에 투자하기로 한 상태였다. 두 사람은 그것이 좋은 생각인지 다시 한번 확인하기 위해 전문가의 의견을 얻기로 한 것이었다.

토요일 아침 7시에 낯선 사람의 전화 때문에 깨어나 다소 짜증이 나기도 했지만, 나는 그 질문에 대해서도 짜증이 났다. 당시 노던 록의 주가는 자유낙하 상태였다. 나는 그에게 대충 다음과 같이 말했다.

이봐요, 노던 록에 무슨 일이 일어나고 있는지는 모르겠지만, 뭔가 끔찍하게 잘못된 것이 있어요. 전체 시장도 하락하고 있지만, 노던 록은 훨씬 더 많이 하락하고 있습니다.

제가 두려워하는 것은 우리가 모르는 잘못된 점이 있고, 시장에 아직 알려지지 않았다는 겁니다. 마치 어딘가에서 누군가는 무언가가 끔찍하게 잘못되었다는 것을 알고 있는 것처럼 느껴지고, 그들은 미친 듯이 매도하고 있습니다.

나는 그에게 지금 그가 말하는 것과 똑같은 말을 하는 고객들이 많았는데, 5년 전에는 그들이 마르코니를 놓고 같은 이야기를 했다고 말했다. 마르코니 주가는 하락하고 또 하락했는데도 싼 주식을 거둬들이겠다며 그 주식을 계속 매수한 고객들은 결국 재산을 잃었다. 우리의 가장 소중한 고객들이 단순히 그들이 나쁜 주식의 잘못된 편에 있다는 것을 인정하지 않았다는 이유로 받아들여야 하는 손실을 지켜보는 일은 끔찍했다.

나는 그에게 말했다.

"투자자의 관점에서 볼 때, 당신은 매우 위험한 행동을 하고 있습니다. 지금 노던 록을 매수하면 의미 있는 손절매를 실행하기가 무척 어려울 겁니다. 당신은 지금 떨어지는 칼날을 잡으려 하고 있어요. 당신은 마치 노던 록이 세계에서 투자할 가치가 있는 유일한 은행인 것처럼 말합니다.

당신은 노던 록이 파산할 수 없는 은행인 것처럼 말합니다. 당신은 그 은행이 200년이 되었다는 사실이 더는 악화할 수 없다는 것을 의미하듯 이야기합니다. 또 당신은 노던 록이 망하기에는 너무 크다고 말했지요. 그것은 당신도 이미 어느 정도 이 회사의 위험을 인지하고 있다는 것을 의미합니다."

나는 그에게 베어링 은행(Barings Bank)을 기억하는지 물었고, 그는 알고 있었다.

"노던 록을 매수하는 것이 좋지 않다고 생각하는 두 번째 이유가 있어요"라고 나는 말을 이어갔다.

"운 좋게 노던 록의 운명이 역전되는 것을 목격했다고 칩시다. 당신은 떨어지는 주식을 사는 것이 괜찮은 방법이라고 생각하도록 당신의 마음을 훈련시킬 겁니다. 슈퍼마켓에서는 이 방식이 완벽하게 작동합니다. 화장지는 실용적이지요. 비누도 실용성 있는 물건이니, 50% 할인된 가격으로 구매할 기회가 주어졌다면 당연히 구매해야 합니다.

하지만 금융시장이 슈퍼마켓에서 여는 행사처럼 비슷한 할인을 제공한다고 믿는 것은 터무니없는 일입니다. 금융시장은 특별 할인 행사가 열리는 슈퍼마켓이 아닙니다."

노던 록은 결국 파산했다. 영국 정부는 고객들의 저축을 보장해야 했다. 사람들이 예금을 찾아가려고 줄을 섰을 때, 공황은 멈추지 않았다.

올바른 생각

이 일화를 읽으면서 여러분은 그런 일이 자신에게는 결코 일어나지 않을 거라고 생각할지 모른다. 어쩌면 당신이 맞을 수도 있다. 다른 제안은 하지 않겠지만, 간단한 질문을 하나 하고 싶다.

투자 A와 투자 B가 있다고 상상해보자. 각 투자의 원금은 10만 달러다.

투자 A는 잘되고 있고, 50% 상승했다.

반면에 투자 B는 성과가 나빴고, 50% 하락했다.

지금 5만 달러가 필요한 상황이라면 어떻게 하겠는가?

1. 투자 A의 3분의 1을 정리하여 5만 달러를 마련한다.
2. 5만 달러를 마련하기 위해 투자 B를 정리한다.

최근 코펜하겐에서 열린 콘퍼런스에서 투자자들에게 이 질문을 던졌을 때 압도적 다수가 1번을 선택했다. 그들은 5만 달러를 마련할 수 있는 만큼의 투자 A를 정리할 것이다.

왜 그럴 것이라고 생각하는가? 당신은 왜 사람들이 잘되고 있는 투자를 정리한다고 생각하는가?

나의 이론은 사람들이 손해를 보는 것에 대해 어떻게 반응하는지에 관한 것이다. 그들은 손해를 보면서 앞으로 나아갈 수 있을까? 아니면 그 포지션이 유지되는 한, 그것이 다시 잘될 거라는 희망이 있어 손실을 실현하기를 그토록 꺼리는 것일까?

물론 이런 상황에서 당신이 어떤 반응을 보일지는 알 수 없지만, 답을 얻기 위해 허구의 예에 의존할 필요는 없다. 내가 2만 5,000명의 투자자들이 수행한 4300만 건의 매매에 관해 이야기했던 장을 기억한다면, 그들이 이기는 매매에서 번 돈보다 지는 매매에서 잃은 돈이 더 많았다는 사실을 기억할 것이다.

감정적으로, 패배는 분명 승리보다 훨씬 더 어렵게 느껴진다. 그렇지 않으면 이런 문제가 발생할 이유가 없다. 인간은 고통을 유발할 결정을 미룬다. 그것이 우리가 손해 보는 매매를 정리하지 못하는 이유다.

우리는 즉각적인 만족은 원하지만, 고통은 지연시키고 싶어 한다. 희망은 마지막까지 살아남는다. 손해를 보는 매매를 정리하지 않는 한, 희망은 있다고 생각한다.

마약 중독자와 CEO

나는 방금 설명한 개념을 이해시키기 위해 다음과 같은 비유를 사용한다. 그것은 포천(Fortune, 미국의 격주간 종합 경제지-옮긴이)이 선정한 500대 기업의 성공적인 CEO를 해고하고 마약 중독자가 인생을 바꾸는 데 당신의 돈을 거는 것과 비슷하다.

황당한가? 그렇다. 마약 중독자가 그의 삶을 바꿀 수도 있지만, 나는 CEO가 성공적인 경영을 계속할 가능성이 마약 중독자보다 더 높다고 생각한다.

그것이 내가 매매를 기술적 분석 이상의 것이라고 주장하는 이유다. 그것이 내가 손실을 처리하는 방법을 일반 사람들보다 훨씬 더 잘 배워야 한다고 주장하는 이유다. 그들은 손실을 다루는 방법이 매우 서툴고, 결과적으로 매매를 통해 돈을 벌 수 없기 때문이다.

마음을 통제하고 미래를 통제하라

나는 고통을 즐기는 사람이 아니다. 절대로 그런 사람이 아니다. 만약 내가 고통을 즐기는 경향이 있다면, 그것은 수익성 있는 매매의 맥락에서 고통의 역할을 반영하는 것이다. 내가 하려는 것은 어려운 노력이다. 왜 90%의 사람들이 매매를 통해 희망과 꿈을 이루지 못하는지 설명하려고 한다.

그토록 많은 사람들이 똑같은 실수를 끊임없이 반복한다면, 아직 밝혀지지 않은 더 깊은 의미가 있을 것이다. 당연히 나는 지금쯤 여러분이 잘못된 것이 무엇인지 훨씬 더 잘 이해하기를 바란다.

나의 좌우명은 '마음을 통제하고 미래를 통제하라'는 것이다. 이를 위해서는 지속적인 경계가 필요하다. 당신은 당신의 삶을 소유해야 한다. 만약 당신이 삶을 소유하지 않는다면, 당신은 주인이 아니다. 당신은 당신이 하는 모든 일에 대해 책임을 져야 한다.

당신은 당신 왕국의 주인이 되어야 한다. 눈을 반쯤 감은 채 인생을 걸어갈 수는 없다. 여러분은 눈을 부릅뜨고 인생을 걸어가야 한다. 여러분은 자신이 어떤 상황에 부닥쳤는지 알아야 하고, 준비해야 한다. 당신은 당신의 삶을 소유해야 한다.

이것은 여러분이 끊임없이 재확인해야 하는 사고 과정이다. 우리의 마음은 표류하는 경향이 있다. 삶에는 방해물이 너무 많고, 실질을 가져오지는 않으면서 우리의 뇌가 끌리는 피상적인 소음이 너무 많다. 뇌는 조용히 생각에 잠겨 있기보다는 페이스북과 유튜브를 보는 쪽을 선호한다.

표류하는 뇌는 만트라(신비한 힘이 담긴 언어)를 통해서든, 명상을 통해서든, 또는 무엇이든 자신에게 가장 적합한 결정을 내리는 과정을 통해서든 일상적인 경계를 통해 통제되어야 한다. 인간에게 어떤 운동이 가장 좋은지 물었을 때 유명한 의사는 "당신이 지금 하는 운동"이라고 말했다. 명상을 하든, 일기를 쓰든, 중심을 잡기 위해 선택한 어떤 훈련을 하든 그것은 중요하지 않다.

여러분의 하루에는 자신의 목적과 자신이 누구인지를 스스로 상기시키는 규칙적인 시간이 필요하다. 세상은 건강한 자아상을 왜곡하는 유혹으로 가득 차 있다. 유혹은 우리에게 '우리가 누구인지'만으로는 충분하지 않다고 말함으로써 우리를 스스로에게서 멀어지게 한다.

하지만 당신은 충분하다.

좋은 투자자가 되는 것은 실제로 도구나 차트와 거의 관련이 없다. 그것은 우리의 인간성과 싸우는 것과 많은 관련이 있다. 만약 여러분이 레버리지를 이용해 매매하고, 왕성한 투자에 참여하고 싶다면 두려움, 탐욕 그리고 다른 즐거운 인간의 반응에 대한 정상적인 감정 반응 메커니즘을 둔감하게 만드는 법을 배워야 한다. 당신은 당신의 인간성과 싸워야 한다.

혐오

오래전 내가 젊은 남자였을 때 여자 친구가 있었다. 그녀는 나의 첫 번째 여자 친구였고, 나는 그녀의 첫 번째 남자 친구였다. 우리는 젊었고, 무척 사랑했다.

여자 친구는 몸이 약간 동글동글했는데, 나는 그것이 매우 매력적이라고 생각했다. 하지만 그녀는 자신의 몸이 마음에 들지 않아 다이어트를 시작했다. 그녀는 전에도 다이어트를 한 적이 있었지만, 체중 감량 계획은 항상 실패했다. 이제 그녀는 사랑에 빠졌고, 그녀의 동기는 새로운 국면을 맞이했다. 체중 감량은 꽤 극적으로 진행되었는데, 그것은 나와 그녀의 가족을 고통스럽게 하는 길로 이어졌다.

거식증은 심각한 정신 질환이지만, 흥미로운 동기 부여 현상이다(그리고 행동 변화를 설명하고자 비극적인 이야기를 사용한 것을 용서하기 바란다).

우리가 음식을 먹는 것은 타고난 본성이다. 우리는 음식을 먹기 위한 훈련이 필요하지 않다. 그러나 이 타고난 본성은 과체중을 꺼리는 사회적 동기에 의해 무시된다. 이 힘, 이 동기 부여는 섭식 장애 환자들에게 매우 강해서 의학적·심리적 치료 모두에 영향을 받지 않는 것으로 증명된다.

이 강력한 동기 부여의 바탕은 무엇일까? 그것은 구호도 아니고, 긍정적인 자화자찬도 아니다. 내가 알기로, 여자 친구는 사랑 때문에 동기 부여를 받았지만, 더 중요한 것은 혐오감 때문이었다. 그녀는 뚱뚱하고 과체중으로 보이는 모든 것을 혐오했다. 이 힘은 너무 강해서 그녀의 타고난 음식 섭취 본성을 방해할 수 있었다.

인간으로서 우리는 힘에 의해 앞으로 나아간다. 그 힘들은 어떤 것에서 멀어지려는 욕망에서 태어날 수도 있고, 어떤 것을 향해 나아가려는 욕망에서 태어날 수도 있다. 나는 주로 무언가로부터 멀어지려는 동기를 가진 사람이다.

나는 덴마크의 부유한 지역에서 자랐고, 부유한 사람들을 위한 학교에 다녔다. 그 후 부모님이 이혼했고, 넓은 정원이 있는 큰 집에서 살다 아버지가 거실의 접이식 소파 침대에서 잠드는 원룸 아파트에서 살게 되었다.

학교 친구들이 리바이스 청바지와 라코스테 셔츠를 입었을 때 나는 어린 소년이었다. 내 인생에 그것들을 살 돈은 없었고, 그것은 나에게 열등감을 만들었다.

나이가 들자마자 나는 돈을 벌기 위해 방과 후 아르바이트를 시작했다. 그렇게 번 돈을 무엇에 썼을까? 여러분이 짐작하듯, 유명 브랜드 옷을 샀다.

또한 나는 돈을 많이 모으는 사람, 저축왕이 되었다. 나는 월급 수표를 은행에 예금하고 계좌의 잔고가 늘어나는 것을 보며 커다란 자부심을 느꼈다. 나는 가난에서 벗어났다.

나의 신념 체계와 경험에 비추어볼 때 무언가로부터 멀어지고자 하는 목표 설정은 무언가에 가까워지고자 하는 목표 설정보다 훨씬 강한 동기 부여가 되지만, 나는 이것이 개인적인 선호라는 것을 인정한다. 간단한 시나리오를 사용하여 당신이 선호하는 것이 무엇인지 직접 테스트할 수 있다. 완벽한 몸매의 사진과 비만 상태의 사진 중 어느 쪽이 당신이 더 살을 빼도록 동기 부여를 할까?

나는 친구들에게 무엇을 선호하는지 물었고, 몇몇은 여전히 둘 다 동기 부여가 될 것 같다고 말했지만, 비만 상태의 사진이 완벽한 몸매의 사진보다 더 강력한 동기 부여가 될 것이라는 데 모두 동의했다.

나는 혐오가 기쁨이나 행복보다 훨씬 더 강한 감정이라고 믿는다. 우리는 모두 매일 행복해야 할 이유가 있지만, 그것을 잊는 경향이 있다. 하지만 혐오는 우리가 잊기 쉬운 감정이 아니다.

실수로 마신 상한 우유도 잊지 못할 것이고, 토할 정도로 역겨운 입 냄새를 풍기는 당신의 고객도 잊지 못할 것이다.

에드 세이코타(Ed Seykota, 전설적인 시스템 트레이더로 "이기든 지든, 시장 참여자는 자신들이 원하는 것을 시장으로부터 얻는다. 어떤 사람들은 잃는 것을 원하는 것 같다. 그래서 그들은 돈을 잃음으로써 원하는 것을 얻는다"라는 말이 유명하다-옮긴이)는 모든 사람이 시장에서 원하는 것을 얻는다고 말했다. 그의 글을 읽었을 때, 나는 동의하지 않았다. 나는 이기고 싶었지만 졌으므로 내가 원하는 것을 얻지 못했음이 분명하다. 이야기는 끝났다.

그의 말이 나를 짜증 나게 했다. 절대로 돈을 버는 매매를 할 수 없다는 생각이 나를 지치게 했다. 나는 공부하고, 연구하고, 테스트하고, 계획을 세우고, 비율을 계산하는 데 너무 많은 시간을 썼기 때문에 내가 무엇을 더 할 수 있을지 몰랐다.

여러분의 삶에서 주위를 둘러보면, 여러분은 혐오감으로 유발된 극적인 변화의 예들을 발견할 수 있을 것이다. 사람이 마침내 목표에 전념하게 하는 것은 혐오의 지점에 도달하는 것이다. 나는 오랜 시간 동안 매매에 대해 혐오감을 느꼈다. 패턴은 항상 동일하다.

1. 마법사처럼 매매한다.
2. 자신감 과잉이 된다.
3. 계좌의 잔고를 날린다.

나는 이 패턴에 질려버렸다. 긍정적인 의도, 모니터에 붙인 만트라가 적힌 메모, 그리고 스스로 동기 부여를 하는 훈련은 자신에 대한 육체적 혐오감과 같은 동기를 부여하는 힘이 거의 없다.

만약 혐오가 '먹는 행위'를 피해야 할 행동으로 바꿀 수 있고, 알코올 중독자의 음주를 과거의 일로 바꿀 수 있다면, 혐오는 또한 당신을 거울 앞에서 자랑스러워하는 투자자로 만들 수 있다.

놀라게 했다면 미안하다. 나를 잘 아는 분들은 매매 현장에서 행동 패턴을 모범적으로 만들기 위한 나의 극단적인 조치에 깜짝 놀랄 것이다.

나는 트레이딩 초창기에 탔던 롤러코스터를 다시는 타지 않을 것이다. 나는 내가 잃은 돈이 너무 혐오스럽다. 정말 부끄러웠다.

우리가 그것에 대해 혐오감을 느끼면 패턴을 바꾸기 쉽다. 당신은 신뢰를 저버리고 당신에게서 돈을 훔친 사람과 계속 거래할까? 아니다. 당신은 그런 부정직함이 너무 혐오스러워서 그들과의 모든 관계를 끊을 것이다.

당신의 패턴이 스스로와의 계약을 위반하고 계속 돈을 잃게 만든다면, 바로 당신이 그런 사람이다. 당신이 자신의 패턴에 정말로 혐오감을 느끼면, 그것들을 완전히 피하게 될 것이다.

투자자는 변화를 원하지 않기 때문에 잃고 또 잃는다. 변화는 힘든 일이다. 나는 하루가 끝나면 차트에 내 매매를 표시한다. 내가 진입한 시점과 정리한 시점이 있는 곳을 표시한다. 끔찍했다. 그것은 마치 자신을 계속해서 비난하는 것 같았다. 나는 내 무모함에 진저리가 났다.

나는 내가 형편없는 투자자라는 사실을 직시해야 했다. 나는 고급 기술자 시험을 위한 강의안 전체를 외울 정도로 명석했지만, 다음과 같은 것들을 멈출 수 없었다.

1. 지루함으로 인한 과도한 매매
2. 분노와 복수심으로 인한 과도한 매매
3. 성급한 매매 – 경솔한 매매
4. 추세에 역행하는 매매 – 당일의 저점을 잡으려는 시도
5. 두려움이 가득한 매매 – 이익이 사라지는 것을 두려워하여 이익을 거두고 있는 매매를 정리함
6. 평균 단가를 낮추려는 시도 – 손해를 보고 있는 매매에 물타기

술

성공적인 투자자가 되면 당신은 돈을 잘 벌게 된다. 내 친구이자 투자의 멘토인 래리 페사벤토(Larry Pesavento)는 내게 물려주고 싶은 열정을 심어주었다. 래리 자신도 영감을 주는 투자자이지만, 다른 사람들을 돕는 그의 열정도 존경할 만하다.

내가 지원하는 프로젝트 중 하나는 알코올 문제를 다루는 사람들을 돕는 일이다. 나는 진심으로 술을 끊으려는 사람에게 덫이 된 중독의 본질을 이해하는 데 도움이 되는 책을 권함으로써 그 일을 한다.

나도 한때 알코올 중독자였다. 이별의 고통을 잊기 위해 술을 마셨다. 당시 나는 사랑에 빠져 있었다. 나는 바보였고, 그녀는 나를 떠났다. 나는 술을 마시기 시작했다.

문제는 술을 끊지 못할 것 같은 내 마음이었다. 그것은 여러 달 동안 계속되었다. 나는 술을 끊을 수 없어 도움을 구했다. 알코올 중독자 모임(Alcoholics Anonymous)에서 이렇게 말한 것을 생생하게 기억한다.

"내 이름은 톰 호가드입니다. 나는 알코올 중독자입니다."

그것은 끔찍했지만, 동시에 안도감을 주었다. 나는 사기꾼처럼 느껴졌고, 내 삶에 모순이 있음을 느꼈다. 나는 겉보기에는 성공한 사람이었다. 차도 두 대나 있었다. 하나는 고급 SUV였고, 다른 하나는 아우디 R8(아우디의 쿠페형 스포츠카 - 옮긴이)이었다. 나는 바다가 내려다보이는 멋진 마을에 살았다. 내가 무엇 때문에 불행해야 했을까? 우선 나는 나 자신과 음주를 통제할 수 없었다.

알코올 중독자 모임에 나가는 일은 온 세상이 볼 수 있도록 벌거벗은 것과 같다. 그들은 당신의 뚱뚱한 엉덩이, 처진 가슴, 지방 덩어리, 당신의 흉터, 반점, 여드름, 대머리 그리고 당신이 상상할 수 있는 온갖 신체적 결함을 본다. 그것은 절대적으로 당신이 원하지 않는 모든 것이며, 당신을 지켜보는 눈으로 가득 찬 방이 있다.

하지만 훈련이 끝날 때쯤이면 진실을 깨닫는다. 당신은 살아남기 위해, 그리고 진정 되고 싶은 사람으로 다시 태어날 수 있도록 스스로를 무너뜨린다. 새로운 시작. 쓰레기 더미 위에 던져버린 허영심. 깨끗한 캔버스. 나 여기 있어. 이게 나야.

그다음에는 원하는 대로 벽을 꾸밀 수 있다. 정예 병사들을 훈련시킬 때 정확히 같은 모델이 사용된다. 그들은 한계점을 넘어서도록 압력을 받는다. 그러고 나면 그들은 어떤 일이 있어도 자신의 힘, 자신의 능력 및 일을 완수하려는 결의에 대한 흔들리지 않는 믿음으로 다시 합쳐지고, 더 강하고, 더 현명해진다.

제정신을 가진 사람은 아무도 이렇게 자신을 드러내는 것을 즐기지 않는다. 그것이 우리가 방어적이 되는 이유다. 그것이 우리가 구석에서 싸우는 이유다. 우리의 정체성이 의심받고 있다. 그것을 자아라고 부르든, 정체성이라고 부르든, 당신이 원하는 대로 불러도 좋지만, 누구도 자신의 지능에 의문을 제기하는 것은 좋아하지 않는다. 멈추고, 평가하고, 돌아서는 것보다 알려진 길을 계속 따라가는 것이 훨씬 덜 고통스럽다.

알려진 길을 계속 가기로 할 때 단지 약간의 고통이 있을 뿐이고, 혼자가 아님을 스스로 상기시킴으로써 내면의 고통을 달랠 수 있다. 모든 사람이 틀렸을 때도 숫자에는 힘이 있다. 하지만 당신은 곧 더 이상 나아가지 못하는 자신과, 당신을 괴롭히는 행동을 멈출 수 없는 자신의 무능함에 혐오감을 느끼게 된다.

알코올 중독자 모임에 참석하는 일은 나에게 최악이었다. 나는 평가했다. 나는 나 자신에게 솔직해졌다. 모든 것이 새로웠기 때문에 고통은 가차 없었다. 나는 벌거벗고, 매우 외롭고, 노출된 것처럼 느껴졌다.

하지만 그것은 힘이다! 정직함에는 힘이 있다. 자리를 털고 일어나 세상과 자신에게 이렇게 말하는 것에는 힘이 있다.

"이게 나야. 나는 그걸 좋아하지 않아! 사실은 싫어해. 부끄럽지만, 그건 사실이야. 그건 깨끗한 시작, 새로운 시작이지. 그건 산불과 같았고, 이제 그 잔해를 치워야겠어. 새로운 성장이 시작되도록."

나는 6년 동안 술에 손을 대지 않았고, 앞으로도 절대 그러지 않으리라는 것을 안다. 나를 도운 것은 알코올 중독자 모임이 아니라 건강한 생활 옹호자 제이슨 베일(Jason Vale)이었다. 그를 만난 적은 없지만, 내 인생을 좋은 길로 이끌어준 그에게 감사하고 싶다. 나만큼 알코올 의존성에 관한 그의 책을 많이 산 사람은 없을 것이다. 나는 그 책을 전 세계 사람들에게 보낸다.

제이슨은 술의 함정에 대해 누구보다 잘 설명한다. 그의 책을 읽으며 전혀 다른 차원에서 중독의 본질을 이해하는 데 도움이 되었고, 첫날부터 쉽게 술을 끊을 수 있었다!

여러분은 이것이 매매와 무슨 관계가 있느냐고 물을 것이다. 당연히 그럴 것이다. 대답은 간단하다. 만약 당신이 매매 경험이 있지만 원하는 대로 되지 않았다면, 당신은 선택할 수 있다. 당신은 상황이 바뀔 것이라고 생각하면서 하던 대로 계속할 수도 있다. 나는 그렇지 않을 거라고 말하지만, 당신은 내 말을 듣지 않을 것이다.

아니면 내 충고를 받아들일 수도 있다. 당신은 책의 이 부분까지 읽었으니, 개선의 여지가 있다. 당신은 (비유적으로 말하면) 자신을 벌거벗기고, 자신에게 솔직해질 수 있다. 매매를 중단하고 검토를 시작할 수 있다. 매매에서 돈을 벌지 못하게 하는 원인이 무엇인지 계속 이해하려고 노력할 수 있다.

자신을 분해하고, 과정을 정리하고, 매매의 정신적 측면에 대한 나의 지침을 받아들이고, 다시 마음을 가다듬고, 적은 금액으로, 완전히 새로운 사고방식으로 접근해보라.

방랑자의 마음

우리의 마음이 작동하는 방식은 매혹적이다. 뇌는 우리의 가장 친한 친구이거나, 최악의 적이 될 수도 있다. 사람들 앞에서 강연할 때, 내가 하는 프레젠테이션의 거의 모든 페이지에는 내 삶의 만트라가 쓰여 있다.

'마음을 통제하고 미래를 통제하라.'

당신은 자신이 하는 일을 하고 싶어서 해야 한다. 그래야만 당신의 영혼에 진실된 삶을 살 수 있고, 다른 사람들이 원하는 삶을 살 수 있다.

당신은 진정성 있고, 당신의 삶을 소유하고, 당신이 하는 모든 일에 책임질 수 있다. 당신이 당신 삶의 주인이 되지 않는다면, 당신은 보스가 아니다. 당신은 당신이 하는 모든 일에 전적으로 책임을 져야 한다.

당신은 왜 다른 방식으로 삶을 살고 있는가?

왜 복종해야 하는가? 당신은 자기 왕국의 주인이 되어야 한다. 하지만 마음을 단단히 먹어야 한다. 당신은 숱한 어려운 결정을 내려야 할 것이고, 당신의 결심이 조금만 흔들려도 당신을 받쳐줄 마음을 믿을 수 없을 것이다.

눈을 반쯤 뜬 채로 인생을 걸어갈 수는 없다. 당신은 당신이 어디로 가는지 알아야 한다. 당신은 당신의 삶을 소유해야 한다. 친구와 가족에게 의지할 수 있다면 좋겠지만, 인생의 여정에 관한 한 당신은 혼자다. 그것은 당신의 책임이다.

투자의 여정을 포함한 그 여정의 일부는 당신의 약점을 발견하는 것이다. 당신은 자신의 마음이 어디서 당신을 실망시키는지 알아야 한다. 세상 대다수 사람들에게, 여기에는 그들의 마음이 방황하는 경향이 포함될 것이다.

알다시피 우리는 무엇을 해야 할지 알고 있다. 우리는 해야 할 일을 할 수 있는 지식을 가지고 있지만, 그것을 실천으로 옮기는 길은 삶의 많은 영역에 있는 사람들이 이해하기 어려운 길이다.

당신의 마음은 표류할 것이다. 안타깝지만 이는 지극히 자연스러운 일이다. 그 해결책은 간단하고 강력하다. 당신은 끊임없이 자신의 목적을 재확인해야 한다. 아침에 이를 닦으면서 명상을 하든, 자신에게 되뇌든, 당신의 하루에는 목적을 기억하는 시간이 필요하다. 당신이 어디로 가고 싶은지, 무엇을 하고 싶은지, 스스로를 상기시킬 시간이 있어야 한다.

내가 항상 의지할 수 없는 것 중 하나는 최선의 이익을 위해 행동하는 내 능력이다. 나의 마음은 끊임없는 인도와 지시가 필요하다. 왜 그런지는 모르겠지만, 그렇다. 나는 세상 사람들 대다수가 나와 같을 것으로 생각한다. 그들은 아직 그것을 깨닫지 못했고, 그래서 책임을 지기보다는 삶을 떠돌았다. 이것이 그들이 재정적으로 성공할 수 없다는 것을 의미하지는 않지만, 재정적으로 그리고 정신적으로 모두 성공하는 것이 좋지 않을까? 당신의 직업은 결국 잠자는 것 외에 당신이 가장 많이 하는 일이다.

나는 전문적인 투자자다. 정신적으로 100% 준비되어 있지 않으면 투자의 링에 오를 수가 없다. 내 직업은 다른 어떤 직업과도 구별되는 정신적 게임이다. 이기고 싶다면, 지금 중요한 것에 집중해야 한다. 그래서 유감스럽게도 에드 세이코타가 옳았다. 나는 게임의 한 부분만 잘했기 때문에 거기에 마땅한 것을 얻었다. 나는 기술적인 부분을 잘했다.

나는 이런 비유를 좋아하지 않지만, 매매의 기술적인 부분을 잘하는 것은 저격용 총을 잘 만드는 것과 같다. 하지만 전투에 나갔을 때 자신을 어떻게 다루어야 할지 모른다면 그게 무슨 도움이 되겠는가?

나는 적극적으로 나의 내면세계를 통제한다. 나는 매일 시장에 나가 신나게 놀 수 있는 충분한 자신감을 가져야 한다.

그 도전을 더욱 현실적으로 만들기 위해, 나는 전 세계가 볼 수 있도록 내 매매를 게시판에 공개한다. 나는 최근에 누군가가 묻기 전까지 내가 왜 그렇게 하는지 의식적으로 생각해본 적이 없다. 나는 그것이 나에게 책임감을 주기 때문에 그렇게 한다는 것을 깨달았다. 그것은 나를 집중하게 한다.

나는 다른 사람들만큼이나 길을 잃었었다. 내가 여러분에게 이런 말을 하는 것은 길을 잃지 않도록 영감을 주거나, 동정심을 불러일으키거나, 누더기에서 부자가 되는 이야기를 하려는 것이 아니다. 자신의 약점을 드러내는 것이 좋은 일임을 확실히 이해하게 하려는 것이다.

당신의 마음은 도구다. 당신의 마음이 모든 게 잘되고 있다고 착각하도록 내버려둔다면, 투자나 인생에서 원하는 성공을 얻지 못할 것이다.

패배와 실패는 자아에 충격일 수 있지만, 성장을 위한 로켓 연료다. 내가 마치 영감을 주는 베스트셀러인 미루기 습관에 대한 자조적인 지침서를 쓰려는 것 같다. 하지만 나는 정직을 설명하고 있다. 여러분이 스스로에게 솔직할 때, 혼자 있을 때, 혹은 40명의 알코올 중독자들 앞에 설 때, 혹은 어떤 상황에서든 여러분은 99%의 사람들이 결코 생각하지도 못한 조치를 취한 것이다. 당신은 이미 승리를 향한 여정을 시작했다.

이 여정은 기술적 지식 습득으로 시작하여 기술과 정신 훈련의 끊임없는 발전과 함께 무한정 계속된다.

기술적 훈련은 내 일상 업무의 일부이지만, 정신적인 부분은 더 헌신적인 집중력이 필요하다. 그렇지 않으면 외부 세계의 소음 속에서 길을 잃는다. 나는 내 두뇌를 훈련할 나만의 시간이 필요하다.

여러분에게 내가 거래일이 시작되기 전에 수행하는 정신적 준비운동 중 하나를 소개하고자 한다. 그것은 내가 성취하고자 하는 것과 일치하는 방식으로 행동하는 데 필요한 시각적 증거를 제공한다.

이 예는 얼마 전에 있었지만, 정신적으로 준비하지 않으면 일주일 중 어느 날에도 일어날 수 있다. 그림 23은 모든 영광스러운 이야기를 보여준다.

나는 시가 후 이중 고점에서 매도 포지션을 취한다. 나는 내 연구가 옳다고 확신한다. 시장은 하락할 것이다.

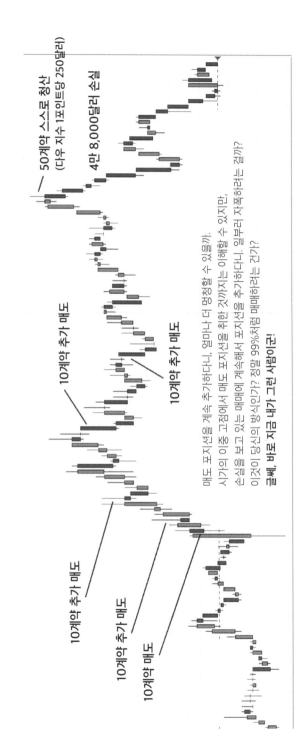

매도 포지션을 계속 추가하다니, 얼마나 더 멍청할 수 있을까.
시가의 이동 고점에서 매도 포지션을 취한 것까지는 이해할 수 있지만,
손실을 보고 있는 매매에 계속해서 포지션을 추가하다니. 일부러 자폭하려는 건가?
이것이 당신의 방식인가? 정말 99%처럼 매매하려는 건가?
글쎄, 바로 지금 내가 그런 사람이군!

10계약 추가 매도

10계약 추가 매도

50계약 스스로 청산
(다우 지수 1포인트당 250달러)

4만 8,000달러 손실

10계약 추가 매도

10계약 추가 매도

10계약 추가 매도

10계약 매도

그림 23

첫 번째 매도 포지션을 취한 것에는 아무런 문제가 없었다. 그 이후 네 번의 매도 포지션에 문제가 있었다. 마지막 매도 포지션에 관해서는, 약세장에서 매도 포지션을 취했기 때문에 나 자신을 용서할 수도 있다. 이것은 체계적이지 않고 규율이 없는 매매였다. 나는 내가 무슨 일이 일어나고 있는지에 대해 얼마나 확신하든 개의치 않는다. 만약 그것이 일어나지 않는다면, 그것이 일어날 것처럼 여기고 행동하지 말아야 한다. 여러분에게 이런 예를 보여주는 것이 너무 창피하다!

이것은 내 준비의 일부다. 그것은 정신력과 규율을 기르는 데 가장 유용한 도구였다. 그것은 나의 약함을 상기시킨다. 그것은 내 마음이 통제되지 않고 훈련되지 않은 채로 방치된다면, 흥분과 만족을 찾기 위해 어떻게 날뛸지를 생각나게 한다.

이익을 늘리는 가장 좋은 방법 중 하나는 목표 설정 및 시각화를 사용하여 의식과 잠재의식을 이익을 내는 쪽으로 일치시키는 것이다. 나는 목표를 달성하기 위해 두려움을 사용한다. 내 마음속에서조차 나를 불편하게 만드는 규모로 매매하는 것을 상상한다.

나는 침대나 사무실에 앉아 있다. 세상은 고요하다. 만약 그렇지 않을 때는 귀마개를 꽂는다. 나는 매매하는 상상을 하고, 시장이 불리하게 움직인다고 생각한다. 상상 속의 나는 손해를 보는 매매를 정리한다.

XYZ라는 종목을 매수했다고 생각하면 내 뜻대로 되는 것 같다. 나는 이익을 확정하기 위해 그 포지션을 정리하라는 신호를 뇌가 보내는 것을 느낀다. 나는 이익이 증가하고 감소하는 것을 계속 지켜보면서 아무것도 하지 않는 나 자신을 본다.

큰 이익이 작은 이익으로 바뀌는 것을 본다. 나는 미소 지으며 그것을 받아들이고, 스스로에게 괜찮다고 말하면서 넘어간다. 나는 상상 속의 시나리오에서 뇌가 최대한 많은 스트레스를 받게 한다. 나는 매수 포지션을 취하고 있고 시장은 내 뜻대로 흘러가고 있는데, 갑작스러운 뉴스 기사가 시장을 무너뜨린다. 내 손익이 피바다가 되면서 두려움이 하늘을 찌르는 것을 목격한다. 나는 매수 포지션을 정리하고 반대 포지션을 취하는 나를 본다. 나는 시장이 불리하게 움직인다고 해서 나 자신이 동요하지는 않는다고 생각한다.

이 접근법이 모두에게 효과가 있을 것이라고 장담할 수는 없다. 아마도 당신은 그것이 훌륭하다고 생각하거나, 약간의 개인적인 수정을 하면 유용할 수도 있다고 생각할 것이다. 시각적으로 배우기 때문에 나에게는 효과적이다. 나는 시각적으로 볼 수 있을 때 의미를 읽는다. 만약 누군가 추세를 거스르지 말라고 말한다면, 내게는 그것이 고양이가 우는 것만큼의 의미도 없을 것이다. 하지만 내 매매가 표시된 차트를 보여주고, 추세를 역행하여 매매하는 나를 보여준다면(한 번이 아니라 반복적으로), 메시지를 이해할 수 있다.

이것이 나의 치료법이다. 이것은 매일 아침 심리학자를 만나는 것과 같다. 나는 화가 나고, 치료사는 나의 마음과 시야를 넓혀준다. 목표는 내가 어떤 행동을 하고 싶은지 스스로 상기시키는 것이다. 그것은 변화를 만들고 그 변화를 유지하는 일에 관한 것이다.

그럼 이것이 당신에게도 효과가 있을 거라고 내가 생각하는 이유는 무엇일까? 행동은 패턴화되어 있다. 우리가 어떻게 생각하고 느끼고 행동하는지에 관한 패턴이 있고, 그 패턴이 지금의 우리를 만드는 것이다. 패턴의 총합은 우리의 성격이다.

패턴은 가끔 우리 삶의 목표와 꿈을 방해한다. 그것들은 우리가 되고 싶어 하는 사람이 되거나 성취하고 싶어 하는 것을 방해한다. 우리는 때때로 우리 자신의 최악의 적이고, 그런 순간에 있을 때는 우리 자신을 멈출 수 없는 것처럼 보인다.

사람은 자기 안에 분노가 있다는 것을 잘 알면서도 화를 참지 못한다. 또 어떤 사람은 섭식 문제가 있지만, 먹는 순간에 자제력을 잃을 수 있다. 투자자는 온종일 추세와 싸우고 그의 계좌는 고통을 겪지만, 그는 자신을 멈출 수 없다. 그는 자신의 포지션과 매매를 추세의 방향으로 돌릴 수 없다. 그리고 한참 뒤에야 그는 자신에게 혐오감을 느낀다.

내 준비의 목적은 우리 삶의 모든 나쁜 것을 한 번의 빠른 움직임으로 없애려는 것이 아니다. 그 목적은 내가 실수하지 않으려는 것이 아니다. 그 목적은 내가 성취하거나 되고 싶은 것에 집중하는 동시에 내 목표를 확실히 방해하는 것들을 염두에 두는 것이다.

멋진 부분은 실패를 피할 때 거의 대부분 성공이 보장된다는 것이다. 내가 코카콜라를 끊을 수 있다면 체중 감량 목표에 대한 성공이 보장된다. 나는 단지 그것만을 염두에 두면 되고, 체중이 줄어들기 시작한다. 나는 다른 일을 할 필요가 없었다.

나는 내 매매가 잘될 것이라고 확신할 필요가 없다. 나는 내 마음이 자신에게 최선의 이익이 되지 않는 일들을 하고 싶어 한다는 것을 알아야만 한다. 그래서 나는 손해를 보고 있는 매매에 포지션을 추가하지 않는다. 그것은 그 자체로 내가 통제할 수 있는 하나의 변수를 염두에 두어야 한다는 것을 의미한다.

아침에 하는 나의 준비 행동은 나에게 도움이 되지 않는 패턴을 바꾸는 일에 관한 것이다. 이것은 또 다른 성공적인 투자자를 관찰하고, 그와 같은 투자자가 되지 못하도록 방해하는 것이 무엇인지 자문하는 일로 시작되었다.

나의 기술적인 능력은 그 투자자의 것과 엇비슷했다. 그는 나보다 경제적으로 형편이 더 나은 것 같지는 않지만, 겉보기에는 겁이 없는 사람으로 보였다. 어떻게 하면 매매에서 두려움을 느끼지 않을 수 있을까? 내가 두려움이 없기를 바라기는 했을까?

나는 내가 되고 싶은 것이 인내심이 강하지만 때가 되면 공격적인 투자자라는 결론에 도달했다. 그것은 마치 2007년 윔블던 결승전에서 페더러(Roger Federer, 스위스의 테니스 선수로 21세기 남자 테니스의 황금기를 이끈 선수 중 하나 - 옮긴이)가 경기하는 것과 같았다. 그는 적절한 순간까지 인내했고, 그 후 집중적인 공격성으로 경기를 이끌었다.

그다음에는 그 목표를 매일, 필요하다면 하루에도 여러 번씩 그 목표를 상기시키는 문제였다. 그것이 습관이 만들어지는 방식이다. 반복을 통해서 말이다.

삶의 방식에 대해 더 잘 알게 되면서, 나는 "인생은 당신이 다른 계획을 세우느라 바쁠 때 당신에게 일어나는 일이다"라는 존 레넌(John Lennon, 영국의 싱어송라이터이자 사회운동가 - 옮긴이)의 말에 많은 진실이 있다는 것을 깨달았다. 우리는 일과 가정에서 책임을 지고 일상생활에 몰두하는 바람에 우리 삶의 큰 그림은 뒷전으로 밀리는 경향이 있다.

날마다, 해마다 우리는 일과 일상으로 바쁘게 지내지만, 나중에 돌아본 인생에서 기회가 우리를 지나쳐갔음을 깨닫는다. 따라서 변화 과정에서 해결해야 할 첫 번째 질문은 "무엇을 바꾸고 싶은가?"다. 다른 말로 표현하면, "당신의 삶이 어떻게 달라지기를 원하는가?"다.

내 대답은? 나는 나와 성공적인 매매 사이에 있는 나의 타고난 성향과 싸우기 위해 잘 매매하는 일에 시간을 할애하고 싶다. 나는 매일 아침 명상과 시각적 운동을 통해 마음의 준비를 하고 싶다.

이를 위해 나는 어려운 상황에서 나 자신을 시각화함으로써 침착하게 행동할 수 있도록 마음을 훈련할 것이다. 나 자신의 호흡에 집중하겠다. 나는 스트레스를 받는 상황이 현실이라면 내가 원하는 반응을 보일 수 있도록 침착하게 대처할 것이다.

변화를 만드는 것은 단순히 긍정적인 생각을 하거나 여러분의 머리에 긍정적인 이미지를 얻는 것 이상을 수반한다. 나는 긍정적인 이미지를 원하지 않았다. 내가 변하지 않았을 때 겪을 끔찍한 지옥의 초상화를 원했다. 이것은 존재의 부정적인 상태처럼 보일 수 있지만, 실제로는 그렇지 않다. 비록 당신이 원하는 것을 얻는 다소 긴장된 방법이지만, 그것은 매우 긍정적인 방법이다.

"목적은 수단을 정당화한다"라는 격언이 있듯이, 나는 기존의 생각을 완전히 뒤집어놓았다. 나는 무엇이 나를 더 강요하는지 알기 때문에 그렇게 한다. 장미는 나에게 강요하지 않는다. 가시가 나를 행동으로 이끈다.

시장 자체를 고려해보라. 시장의 행동은 (우리가 바로 시장이기 때문에) 우리와 크게 다르지 않다. 걱정의 벽을 오르지만, 희망의 경사면을 미끄러져 내려간다. 월스트리트의 격언일 수도 있지만, 시장에 대해서보다 인간에 대해 훨씬 더 많은 것을 말해준다. 내가 한 모든 행위는 (나의 주요 동기 부여자인) 두려움과 혐오를 주인공으로 사용한 것이다.

게임에 다시 참여하기

나는 1996년 프랑스 비아리츠 외곽의 해변에서 서핑을 하고 있었다. 파도는 내 머리 위에 있었다. 파도는 내가 전에 다뤄본 것보다 두 배나 컸다. 몇 번이나 시도했지만, 파도는 너무 빠르고 파면(波面)이 너무 가팔랐다.

마침내 나는 파도를 탈 수 있는 위치에 놓였지만, 파도가 몰려오는 영역으로 너무 깊이 들어가는 바람에 파도가 흘러내리는 경로로 미끄러지는 대신 문자 그대로 기절했다. 모든 게 깜깜해진 기억이 난다. 운 좋게도 누군가가 나를 발견하고 물 밖으로 끌어냈다. 이제 여덟 번의 기회가 남았다.

나는 그날 오후 내내 물속에 있었다. 무슨 일이 일어났는지 생각하기에는 너무 멍청하고 무지했다. 모르는 게 약이었다. 이제야 나는 나의 행동을 이해할 수 있다. 물론 나는 타격을 입었지만, 아직은 멀쩡했다. 그러면 해변에 앉아서 온종일 침울하게 지내고 싶은가, 아니면 다시 게임을 하고 싶은가?

다음은 게임으로 복귀하는 것의 중요성을 보여주는 예다.

나는 특히 도전적이고 변덕스러운 거래일의 다음 날 이 글을 쓰고 있다. 그날은 곧 명백해질 이유로 당신의 마음에 새겨질 날 중 하나였다.

지난 한 주 동안 유가가 주가지수의 분위기를 좌우했다. 당연히 나는 금요일에도 같은 움직임을 보일 것으로 예상했다. 다우 지수는 개장과 동시에 200포인트 상승으로 출발했다.

하지만 장 시작 후 30분이 지나자 기세가 꺾이는 듯했다. 반면 유가는 공황 상태에 빠졌다. 나는 다우 지수가 유가를 따라갈 것으로 예상하고 매도 포지션을 취하기 시작했다.

그림 24에서 다우 지수는 왼쪽에, 유가는 오른쪽에 있다. 둘 다 5분 차트이며, 정오부터 늦은 저녁까지 전체 거래 시간을 포함하고 있다.

나는 다우 지수가 유가를 따라올 것이라 예상했고, 그렇게 되었지만 오래가지는 못했다. 그것은 마치 갑자기 자신의 마음이 생긴 것처럼 멈 칫하는 것 같았다. 오후 중반이 되자 원유 가격은 한 시간 남짓 만에 거의 2달러, 즉 5% 이상 하락했다. 그러나 다우 지수는 하락하지 않고 가격을 유지했다. 나는 손실을 본 상태에서 다우 지수의 매도 포지션을 정리하고, 매수 포지션으로 전환했다.

내가 그렇게 하자마자 다우 지수는 50포인트 하락했고, 유가는 더 하락했다. 나는 단순히 내가 보유한 포지션을 전환하는 것이 너무 빨랐는지 궁금해졌고, 매수 포지션을 정리하기로 했다. 그때쯤 나는 다우 지수가 불가피한 하락을 늦추었을 뿐이라고 확신했다. 나는 다시 매도 포지션을 취했다. 그리고 그 시점은 (개장 후) 그날의 저점에 가까운 것으로 판명되었다.

그리고 15분 후 다우지수는 이날의 최고치를 경신했다. 나는 매도 포지션을 정리하고 머리를 긁적였다. 나는 첫 번째 저점에서 매도 포지션을 취했고, 두 번째 고점에서 그 포지션을 정리했다. 나는 두 번째 고점에서 매수 포지션을 취했고, 두 번째 저점에서 그 포지션을 정리했다. 나는 두 번째 저점에서 다시 매도 포지션을 취했고, 당일의 새로운 최고치에서 이제 막 매도 포지션을 정리했다.

잠시 반성의 시간을 가졌다. 나는 계획을 세운 뒤에 매매하고 있었는

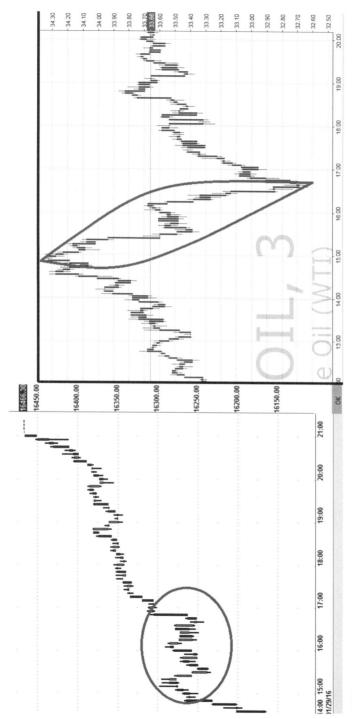

그림 24

가? 더는 존재하지 않을 수도 있는 원유와 다우 지수 사이의 관계에 베팅한 것인가?

바로 그때 가장 가까운 투자자 친구가 전화를 걸어와, 우리는 짧은 대화를 나눴다. 나는 그에게 물었다.

"유가가 급락하고 있는데도 금요일 저녁 다우 지수가 최고치를 경신하는 것은 무얼 의미하지?"

그 질문을 큰 소리로 말하는 것은 내가 관점을 얻는 데 도움이 되었다. 그날은 시장에서 공격적인 매수나 매도가 많은 그달의 마지막 날이었다.

또한 추세를 형성하는 경향이 있는 금요일이었다는 점을 기억해야한다. 나는 마지못해 매수를 시작했고, 시장은 더 올랐다. 시장이 상승함에 따라 손절매 가격을 올릴 수 있도록 조심하면서 좀 더 매수했다. 나는 유가를 주시했는데, 유가는 회복되고 있었다.

다우 지수는 60분을 남겨놓고 그날의 최고치를 경신했다. 나는 마지막 한 시간 동안 그날의 최고치를 경신하는 시장에서 매도 포지션을 취하면 안 된다는 것을 나의 통계를 통해 알고 있었다.

그때쯤 나는 기존 매수 포지션에 더 많은 포지션을 추가했다. 나는 이제 고전적인 추세 추종 매매의 마무리에 베팅하고 있었다. 그런 날에는 시장이 하루 중 높은 가격에서 장을 마감한다.

시장의 움직임에 올라타려는 세 번의 시도가 실패한 후에 매매를 포기하는 것은 쉬운 일이다. 같은 면이 세 번 연속으로 나왔다고 해서 동전 던지기 게임을 중단하는 것과 같은 효과가 있었을 것이다.

세 번의 연속적인 손실 거래가 있었다는 이유로 매매를 중단하는 사람들이 있다. 만약 당신이 시장을 이해한다면 그것은 결함이 있는 접근법이다. 만약 여러분이 아프거나 감정적인 상황에 짓눌린다면 매매를 중단할 수도 있다. 그렇지 않다면 세 번 연속으로 실패했다고 해서 매매를 멈춰야 하는 것은 아니다.

지금 이 글을 쓰면서, 나는 직전 금요일의 내 매매를 돌아본다. 나는 그 주에 이틀에 한 번꼴로 손실을 보았다. 드문 일이지만, 4일 연속으로 손실을 보기도 했다. 언제 마지막으로 그런 일이 있었는지조차 기억이 안 난다.

영화 〈플로어드(Floored)〉에서 투자자인 그레그 디 리바(Greg De Riba)는 비록 자기만의 방식이지만, 다음과 같이 아주 우아하게 표현한다.

> 맹세코 99%는 아직도 이해하지 못합니다. 이기고 있을 때, 그들은 베팅을 덜 하기 시작합니다. 베팅을 더 하세요. 제 말은, 10만 달러를 벌 수 있는 카지노 게임이 있다면 그 게임을 하세요. 세 번 연속으로 6번이 나온다면 거기에 베팅하세요. 승리하는 슬롯에 베팅하라는 말이죠.

그레그 디 리바는 알아야 한다. 그는 최고의 S&P500 선물 투자자 중 한 명으로 알려졌다. 왜 사람들은 이길 때는 덜 걸고, 질 때는 더 많이 걸까? 바로 두려움 때문이다.

슬럼프 속의 매매

친구 중에 자신이 입은 손실 때문에 자살을 시도하려는 친구가 있었다. 그는 철교에 서 있다고 나에게 전화를 걸었다. 나는 그가 삶을 끝낼 의도가 아니었다고 생각한다. 얘기할 사람이 필요했던 것 같다.

어떤 사람들은 이런 이야기를 하는 것이 투자 지침서의 한 꼭지로 적절하지 않다고 주장할 것이다. 상당한 액수의 돈을 잃은 사람들은 이런 논점이 불공평하지 않으니 안심이 되리라 생각한다.

어느 쪽이든, 나는 매매 경력에서 긍정적인 기억을 많이 가지고 있지만, 너무 어둡다고 표현할 수밖에 없는 기억도 가지고 있다.

애덤(Adam)이라는 친구가 있었다. 나는 그가 지금 어떻게 살고 있는지 더는 모른다. 그는 내게 2만 파운드를 빚졌고, 그것은 내가 받지 못할 돈이다. 애덤은 훌륭한 트레이더였다. 정말 훌륭했다. 그의 모든 것이 밝혀지기 전까지는.

애덤과 그의 형제는 아버지의 번창하는 사업을 도우며 공장에서 일했다. 1990년대 동안 애덤은 투자에 관심을 갖게 되었다. 이후 몇 년 동안 그는 30분 차트를 사용하여 주가지수를 매매하는 시스템을 개발했다. 그는 조지 테일러(George Taylor)의 《테일러 트레이딩 테크닉(*The Taylor Trading Technique*)》에서 부분적으로 영감을 얻었다고 말했다.

그것은 단순하지만 매우 효과적인 전략이었다. 애덤은 30분마다 차트를 확인했고, 매개변수가 맞으면 매매를 실행했다. 그렇지 않으면 그는 다음 30분 동안 차트를 다시 확인할 때까지 그대로 두었다.

애덤은 30분짜리 차트로 매매하는 데 너무 익숙해져서 곧 아버지의 공장을 관리해서 버는 것보다 훨씬 더 많은 돈을 벌었다. 그는 형제에게 자기 몫의 공장 지분을 팔고 자신의 모든 에너지를 매매에 집중하기로 했다. 애덤은 잘했다. 정말 잘했다.

나는 집이나 온라인에서 여러 번 애덤과 함께 매매를 했다. 그는 초자연적인 인내심을 갖고 있었다. 나는 개인적으로 미국 시장이 열릴 때부터 끝날 때까지 한 번도 매매하지 않고 모니터를 응시하는 사람을 본 적이 없다. 하지만 신호가 없다면 그것은 애덤의 표준이었다.

정말 놀라운 인내심이었다.

나는 애덤의 인내심과 패턴 읽기 능력이 그를 슈퍼 투자자로 만들었다고 생각한다. 그는 슈퍼 투자자의 삶도 살았다. 그는 맞춤형 주택을 주문했고, 사랑하는 아내와 아이들과 함께 이국적인 휴가지로 일등석 비행기를 타고 여행했다.

하지만 슈퍼 투자자들은 언젠가 고난의 시기를 지나게 된다. 그것은 일어날 것인가의 문제가 아니라, 불가피하게 일어날 때 그들에게 얼마나 나쁜 영향을 미칠 것인가의 문제다.

애덤에게는 고난의 시기가 모든 것을 잃게 했다. 그의 거래 계좌, 그의 아내 그리고 그의 집. 나는 애덤이 맨체스터 거리에서 자살을 시도하고 무일푼으로 살고 있을 때 끼어들었다. 나는 내가 할 수 있는 일을 했지만, 애덤은 내 도움을 원하지 않았고, 그와는 연락이 끊겼다.

그것은 나쁜 손실로 시작하여, 완전한 폭발로 확대되었다. 애덤은 금요일 밤에 패턴을 보았고, 시장에서 최대한 매도 포지션을 취했다. 장이 마감할 때 그는 많은 돈을 벌고 있었고, 주말 동안 그 포지션을 유지하기로 했다.

애덤에게는 불행히도, 그 주말은 미국 특수부대가 마침내 사담 후세인을 사로잡은 날이었다. 금융시장은 이 좋은 소식에 환호했다. 그들은 순진하게 사담 후세인이 붙잡히면 중동의 화약고가 안정되리라고 생각한 것 같았다. 그 일요일 밤에 미국 시장은 시간외거래에서 상한가로 치솟았다!

시간외거래에서 상한가는 뉴욕 증시가 오전 9시 30분에 개장할 때까지 시장이 더는 상승할 수 없는 상황을 말한다. 애덤은 매도 포지션이었지만, 시장이 상한가가 되면 매수를 할 수 없으므로 자신의 매도 포지션을 정리할 수 없었다.

전화가 걸려왔을 때 애덤은 깨어 있었다. 전화를 건 사람은 선물 중개인이었다. 그는 애덤의 선택지를 알려주었는데, 계좌에 더 많은 돈을 예치하거나, 그렇지 않고 선물 시장이 상한가를 치면 계좌가 폐쇄될 위험이 있다는 것이었다. 애덤은 이용 가능한 자금이 없었다. 새벽 2시 30

분에 드디어 시장이 열릴 때까지 긴 밤이었고 긴 하루였다(애덤은 영국에 살았다).

시장이 열리고 주식이 급등했다. 애덤의 계좌는 증거금 요건을 위반했기 때문에 중개 회사는 그의 포지션을 강제 청산했다. 그 계좌는 75만 파운드에 달했는데, 이제 40만 파운드만 남았다.

당신은 40만 파운드라도 다시 매매를 시작하기에 괜찮은 자금이라고 말할지 모르지만, 그의 마음속에는 뭔가 부족하다는 생각이 맴돌았다. 그는 그날 시장이 급등하는 것을 보았고, 자신의 매도 포지션이 청산되는 것을 보았다. 불행하게도, 그는 시장이 자신의 매도 포지션 진입 가격으로 다시 돌아오는 것까지 보았다.

좋은 뉴스가 시장에서 소화되고 나면, 그렇게 좋은 뉴스가 아닐 수도 있다는 느낌이 드는 경우가 있다. 다우 지수는 하루 동안의 모든 상승을 포기하면서 완전히 되돌아왔다.

애덤은 중개인이 자신을 속였다는 느낌을 받았다. 그는 강제로 청산당하는 기분이었다. 그는 중개인이 너무 성급했다고 생각했다. 불만을 말하려 했지만, 그의 주장은 거절당했다.

이후 그는 매매를 통해 잃어버린 돈을 만회하려 했으나 방향이 맞지 않았다. 그는 자신의 시스템을 다시 살펴보고 매매 규모를 두 배로 늘리기 시작했다. 그 후 주택 시공사가 그에게 건축비를 요구했다. 애덤은 보증금을 냈지만, 지금은 잔금 전체를 치를 능력이 없었다. 그는 보증금과 집을 잃었다.

애덤은 자신의 몰락을 막을 수 없었다. 그의 가족도 마찬가지였다. 그는 자신의 이익을 위해 거짓말을 하고 정보를 숨기기 시작했다. 애덤에게서 마지막으로 들은 것은 그가 상당한 금액의 돈으로 나를 속이고 사라졌을 때였다. 이후 그를 본 적이 없다.

슬프게도 이것은 그 친구만의 이야기가 아니다. 사무실로 빨리 돌아오라는 상사의 전화에 나는 런던 출장을 중단하고 돌아와야 했다. 우리 부서에는 외국환 거래에서 75만 파운드를 잃고 눈물을 흘리는 고객이 있었다. 그는 아내에게 그 사실을 알리는 것이 두려웠다. 그는 내 상사에게 다시 거래하여 잃은 돈을 만회할 수 있도록 돈을 빌려달라고 간청했다.

당신은 이 사람이 거래하는 데 있어 도덕적인 강인함이 부족하다고 생각할지도 모른다. 당신은 심지어 그의 품위 부족 때문에 그를 안 좋게 생각할지도 모른다. 그가 런던의 유명한 개인 클리닉의 이름 있는 외과 의사라고 말한다면 어떻겠는가?

이 업계에서 교육은 별 의미가 없다. 여러분이 어느 학교를 나왔는지, 또는 일상적인 직업이 무엇인지는 중요하지 않다. 만약 당신이 손해 보는 매매를 다루는 법을 모른다면, 그리고 이익을 거두는 매매를 다루는 법을 모른다면, 당신은 이 분야에서 뛰어난 사람이 아니다.

그래서 나는 사람들에게 기술적 분석에 시간을 덜 쓰고 자기 분석에 더 많은 시간을 할애하라고 말한다.

성공적인 투자는 그저 편안한 생활을 의미할 수 있다. 나는 친한 친구로부터 메시지를 받았다. 그는 전업 투자자다. 그는 15년 동안 그 일을 해왔고, 많은 희망에 찬 사람들과 달리 성공을 거두었다. 그는 여러 해 동안 풍족하게 살았다.

나는 매매로 무엇을 얻었는지에 대해 말하기 좋아하는 투자자들을 많이 알지 못한다. 내가 그것에 대해 친구에게 말했을 때, 그는 자신이 도시에서 보수가 좋은 관리직이 버는 것과 거의 비슷한 돈을 벌었다고 말했다. 하지만 그는 출퇴근할 필요가 없었고, 아이들이 학교에서 돌아올 때 집에서 아이들을 맞이할 수 있었다.

내가 보기에, 이 친구는 자신을 위해 매매하는 사람의 본보기다. 그는 그 과정에서 자신을 부자로 만들지는 못했다. 하지만 그는 공과금을 내고, 가족을 위한 음식을 식탁에 올리고, 휴일에 가족들과 나들이를 하고, 멋진 차를 샀다.

매매를 막대한 부를 창출하는 도구로 묘사하려는 경향이 있는 것 같다. 물론 그럴 가능성은 항상 존재하지만, 더 큰 보상은 더 큰 위험을 불러온다. 얕은 물에서는 큰 물고기를 잡을 수 없다.

그런데 이 친구가 장시간 매매에 지쳐 내게 전화를 걸어왔다. 그는 나에게 모니터를 보는 내내 힘든 적은 없는지 물었다.

나는 즉시 "아니, 자네가 그렇게 느낀다면 매매를 중단하고 충분한 휴식을 취해야 할 걸세"라고 대답했다. 우리는 그날 밤 전화로 잠시 이야기를 나눴다.

그는 이제 아이들이 컸기 때문에, 늙은 아빠보다는 친구들과 어울리기를 원한다고 말했다. 그의 아내도 전업으로 일했다. 그것은 그가 이른 아침부터 늦은 오후까지 종종 집에 혼자 있다는 사실을 의미했고, 그것이 그를 괴롭히기 시작했다.

나는 그의 취업 면접을 도왔다. 그는 시장에 대한 깊은 이해와 고객들이 그들의 매매에서 겪고 있는 것을 이해하는 능력 덕분에 런던에서 중개인으로 일자리를 얻었다.

꽤 순진한 이야기, 나는 여러분이 논쟁을 원할 것이라고 확신한다. 당신은 왜 자신의 친구에 관해 이야기하는 건가? 내가 이 이야기를 하는 이유는 여러 가지가 있다.

첫 번째 이유는 매매가 아주 외로운 사업이 될 수 있기 때문이다. 나를 괴롭힌 적은 없지만, 매매하면서 외로움을 느끼는 사람들에게 가장 깊은 동정심을 느낀다. 나는 사교적이지 않고, 술이나 담배를 하지 않으며, 축구 경기를 보는 것을 참을 수 없고(이것이 많은 남성 사회 활동에서 나를 따돌린다), 나만의 회사를 선호한다. 하지만 그런 나조차도 가끔 전화를 받고 친구와 수다 떠는 것을 좋아한다.

도시에서 일할 때, 나는 가끔 상사의 사무실에 머리를 들이밀곤 했다. 상사와는 항상 잠시 인사를 하고 삶에 관해 이야기를 나누었다. 만약 여러분이 전업으로 매매를 택한다면, 직장 동료와 더는 가벼운 대화를 나누지 못하는 슬픔을 경험할지도 모른다.

상사에게 사직 의사를 통보하고 정식 온라인 매매 업무를 시작하기 전에 1~2주 정도 휴가를 다녀온 다음에 정식으로 전업 투자를 시도하기를 권한다. 그것은 당신에게 자신의 하루가 어떤 모습일지 맛보게 해줄 것이다.

내가 친구 이야기를 하는 두 번째 이유는 잠시 매매를 중단하는 것이 투자의 끝이 아니라는 것을 확실히 하기 위해서다. 시장은 항상 그곳에 있다.

내 친구는 언젠가는 전업 투자자로 다시 돌아올 것이다. 그동안 그는 다른 사람들이 매매를 통해 원하는 것을 얻을 수 있도록 돕는 새로운 삶을 즐기고 있다.

내가 이 이야기를 하는 세 번째 이유는 여러분의 성공을 보고 싶기 때문이다. 하지만 나는 매매가 당신이 바라던 무지개를 제공하지 않을 수도 있음을 당신이 이해하는 것이 중요하다고 생각한다. 하지만 꼭 그래야 하는가?

그것은 좋은 수입을 제공할 뿐만 아니라, 당신이 원하는 방식으로 일하고 아마도 당신이 엄청나게 흥미로워하는 일을 할 수 있지 않을까? 꼭 바베이도스(Barbados, 카리브해의 아름다운 섬나라 - 옮긴이) 해변의 부동산을 소유해야 하는가?

물론 당신이 거기까지 성취한다면, 덕분에 나는 행복하고 당신은 스스로를 자랑스러워할 것이다. 그러나 만약 당신이 그곳에 도착하지 못했지만, 매달 월급 수표를 받는 사람처럼 당신이 여전히 공과금을 내고 인생에서 달콤한 것들을 위해 저축할 수 있다면, 내가 보기에 당신은 99%의 사람들이 감히 할 수 없는 일을 한 것이다.

그들은 감히 그런 꿈에 도전하지 않는다. 당신이 그것으로 생계를 꾸릴 수 있다면, 그것이 그저 괜찮은 삶이든 훌륭한 삶이든 당신은 평범하지 않은 것이다.

그리고 매매를 더 잘 이해하면 매매 분야에서 최적의 작업을 수행하게 만드는 요소도 이해할 것이고, 투자자의 생활이 정말 재미있어질 거라는 내 말을 믿어도 좋다.

8개월 전, 나는 힘든 시기를 겪었다. 그 일은 5월에 일어났다. 나는 강하게 시작했고, 그러고 나서 무언가 삐걱거렸다. 한 달 동안 약 20만 파운드를 벌었는데, 그 돈이 사라지기 시작했다.

그것은 3만 3,000파운드의 손실로 시작되었다. 종종 안 좋은 날이 있으면, 그다음 날 으르렁거리며 다시 돌아오지만, 내 경우에는 그러지 않았다. 다음 날 9,000파운드를 더 잃었다. 그리고 주말이 왔다.

주말 동안의 모든 준비와 자기 성찰에도 불구하고, 금요일이 끝난 곳에서 월요일이 시작되었다. 나는 3만 8,000파운드를 더 잃었다. 한 주가 끝나기 전에 나는 한 달 동안 번 돈의 50% 이상을 잃었다.

더 충격적인 점은, 내가 완전히 길을 잃었다는 것이었다. 내가 왜 돈을 잃고 있는지 전혀 몰랐다. 나는 피곤하지도 않았다. 잠도 잘 잤다. 내 초점을 방해하는 감정적인 문제도 없었다. 성과가 안 좋게 나오고 있을 뿐이었다.

나는 전에도 힘든 시간을 견딘 적이 있다. 진행 속도가 느릴 때도 있었고, 좌절이 잦았다. 좌절은 항상 도사리고 있다. 내 목표는 깨어 있는 정신적 에너지를 시장에 다 쏟아붓고 싶지 않을 때까지 게임에 머무르는 것이다.

여러분도 알겠지만, 이것은 나에게 개인적인 여행이다. 그것은 종종 정신적으로 피곤한 여정이며, 거기서 나는 내가 어떤 진전도 이루지 못하고 있음을 느낀다. 나를 더욱 안타깝게 만든 것은, 투자자이자 아마도 세상에서 들어본 적도 없는 최고의 개인투자자인 나의 정말 좋은 친구가 잘나가고 있었다는 것이다.

우리는 항상 서로에게 잔인할 정도로 솔직했다. 나는 거기에 우리 우정의 힘이 있다고 생각한다. 나는 그에게 단도직입적으로 말할 것이다. "나는 네가 부럽다. 네가 나의 가장 친한 친구이기 때문에 내가 너를 질투하는 것이 안타깝고, 나는 너에게 마지막 1달러라도 주겠지만, 지금 나는 헛발질을 하고 있어. 피처럼 돈을 흘리고 있지."

나는 그에게 내가 엄청난 포지션을 보유하고 있다고 말했다. 그것은 내가 가져본 포지션 중 제일 큰 것이었다. 각각의 포인트는 4,000파운드의 가치가 있었는데, 400개의 FTSE 선물 계약과 같았다. 나는 FTSE 지수가 떨어질 것이라고 확신했다.

나는 그런 패턴을 아주 많이 보아왔다. 시가에서 큰 하락, 그 후 5분 차트에서 2~3개의 봉에서 반등, 그리고 나서 새로운 최저가 기록.

하지만 시장은 그러지 않았다. 그날은 아니었다. 시장은 상승 추세를 보였다. 그리고 그는 매수 포지션이었고, 나는 매도 포지션이었다. 그것은 무척 고통스러웠고, 내가 가고 싶지 않은 곳으로 나를 데려갔다. 그곳은 질투, 원망, 절망의 장소였다.

"그거 알아요, 톰. 당신은 운이 좋아요." 여자 친구 때문에 내 생각이 중단되었다. 그녀는 내가 무슨 생각을 하는지 알고 있는 듯했다. "모든 사람이 자기보다 더 나은 사람을 가지고 있는 것은 아니고, 어떻게 하면 이길 수 있는지 밤새워 고민해야 할 사람을 가지고 있는 것도 아니에요. 모든 사람이 모차르트와 살리에리(Salieri, 모차르트와 동시대에 활동한 뛰어난 음악가이지만, 천재적인 모차르트의 그늘에 가려 열등감과 질투심을 느낀 것으로 알려졌다-옮긴이)의 관계인 것은 아니죠. 당신은 행복해야 해요. 그래서 졌군요. 하지만 당신은 무얼 얻었을까요? 그 친구도 당신과 같은 마음이라는 걸 모르나요? 그도 필사적으로 당신을 이기고 싶어 하고, 당신이 서로에게 최선을 다하는 것 말고 다른 이유는 없어요."

그녀는 계속해서 말했다. "있잖아요, 나의 스승인 필(Peele) 교수님, 전에 제가 그에 대해 말했죠. 훌륭한 분이라고요. 당신은 무엇이 그를 빛나게 했는지 아나요? 그분의 동료인 카일(Kyle) 교수는 가장 친한 친구였고 누구도 그들이 서로를 미친 듯이 질투하고 있다는 것을 인정하지 않았지만, 그들은 누구나 배울 수 있는 가장 똑똑한 사람들이었어요. 정말로 너무 이기고 싶은 사람이 있다는 사실을 축복으로 여겨야 해요. 그것은 저주가 아니에요. 아니, 축복이죠. 만약 당신의 우상들이 매매를 중단한다면 어떻게 될 것 같아요?"

나는 생각했다. 만약 그들이 매매를 멈추면, 그때 나는 누굴 이겨야 하지? 나는 항상 예전의 기록을 깨는 것을 좋아했고, 오늘 그렇게 했다. 거래 규모에서 말이다. 하지만 그녀가 옳았다. 나는 단지 돈을 벌기 위해 매매하는 것이 아니다. 나는 내가 편하지 않은 곳으로 나 자신을 밀어 넣기 위해 매매하고 있다.

한번은 포르토크리스토(Porto Cristo, 스페인 마요르카 동부 해안의 작은 마을-옮긴이)에 있는 레스토랑에서 아들과 저녁을 먹고 있었다. 나는 우연히 어깨 너머로 라파엘 나달이 친구들과 늦은 식사를 하는 것을 보았다. 세계적으로 유명한 테니스 스타가 친구들과 수다 떠는 모습을 보는 것은 멋진 일이었다.

며칠 후에 우리는 그의 테니스 아카데미를 방문했다. 나달은 훈련 중이었고, 그날은 몹시 더웠다. 그는 목숨이 걸린 것처럼 훈련했다. 그는 더 나아지기 위해 뜨거운 열기 속에서 그의 심장을 쏟아붓고 있었다.

나달이 왜 그렇게 열심히 한다고 생각하는가? 매튜 맥커너히(Matthew McConaughey, 미국의 영화배우-옮긴이) 같은 사람이 2014년 오스카 수상 소감에서 "나는 매일 세 가지가 필요합니다. 첫째, 우러러볼 것이 필요하고, 둘째, 기대할 것이 필요하고, 셋째, 추구할 것이 필요합니다"라고 말한 것과 같은 이유다.

나는 우리를 움직이는 것에 대해 개방적인 것이 건강하다고 생각하기 때문에 이 글을 쓴다. 금융 투자자로서 당신의 경력에 슬럼프를 겪을 때가 올 것이다. 그런 일이 일어났을 때, 여러분이 왜 이 게임에 그토록 끌리는지에 대해 한 발짝 물러서서 깊이 생각해보는 것이 도움이 될 것이다.

그리고 그런 일이 일어났을 때, 나는 여러분이 이 페이지들을 다시 돌아보기를 바란다. 그리고 그것이 당신이 왜 지금 하는 일을 하는지 상기시켜주기를 바란다.

슬럼프가 나에게 가르쳐준 것은 속도를 늦추는 것이었다. 만약 속도를 늦추고 지식이 성숙하도록 두지 않는다면, 여러분은 큰 손실을 보게 될 것이고, 그것은 여러분의 자신감을 손상할 것이다.

모든 매매가 월드컵 결승전은 아니다. 모든 매매가 4년간의 끊임없는 연구의 정점인 마지막 해의 최종 시험은 아니다.

누구나 좌절은 있다. 라파엘 나달, 로저 페더러, 여러분 그리고 나.

그리고 모든 슬럼프는 끝이 있다.

슬럼프는 피할 수 없다. 당신은 약세장을 예상했는데 시장은 상승한다. 당신은 강세장을 예상할 때 시장은 하락한다. 우리 모두에게 일어나는 일이다. 우리 모두에게.

슬럼프에서 벗어나는 열쇠가 있을까? 없다.

내가 왜 이런 낡고 닳은 진부한 말을 던져야 하는 걸까? 나는 왜 당신에게 침착하게 헤쳐나가야 한다고 말해야 할까? 끔찍하기는 하지만, 계속하다 보면 언젠간 끝날 것이라고 말하지 않는 이유는 무엇일까?

나는 이 장을 몇 주에 걸쳐 썼다. 이번 장을 시작했을 때, 나는 슬럼프에 빠지지 않았었다. 그런데 슬럼프가 찾아왔고, 나는 그것을 묘사했다. 지금 이 글들을 타이핑하면서 나는 환상적인 거래의 아침을 보냈다. 슬럼프에서 벗어났을까? 누가 알겠는가? 슬럼프가 시작되었을 때 내가 했던 것과 슬럼프를 벗어난 지금 내가 하는 것에 어떤 차이가 있는지 나는 알지 못한다.

나는 그저 내가 항상 밟는 과정을 따르고 있을 뿐이다. 나는 과정 지향적인 투자자다. 결과는 시장이 결정한다. 나는 그것을 통제할 수 없다. 하지만 나에게는 믿음이 있다. 나는 내가 밟는 과정이 시장의 파고(波高)를 헤쳐나가도록 이끌 것이라고 믿는다.

실패를 포용하라

마크 더글러스(Mark Douglas)는 성공적인 투자는 위험을 받아들이고 다르게 생각하는 문제라고 주장했다.

《시장의 마법사들(*Market Wizards*)》(이레미디어, 2008)의 투자자 에드 세이코타(Ed Seykota)는 다르게 표현했다.

"패배하는 투자자는 승리하는 투자자로 변신하는 데 할 수 있는 것이 거의 없다. 패배하는 투자자는 자신을 변화시키고 싶어 하지 않는다. 그것은 승리하는 투자자들이 하는 일이다."

그 구절을 처음 읽었을 때, 나는 이 말의 중요성을 이해할 만큼 충분히 성숙하지 못했었다. 나 자신을 위해 매매를 시작했을 때, 나는 그 말의 깊이와 지혜에 감사했다.

점점 더 큰 규모로 매매하면서 나는 소액 투자자에서 거액 투자자로

가는 나의 여정이 발전의 결과가 아니라는 것을 깨달았다. 물론 매매를 하면 할수록 더 좋아졌지만, 연습이 완벽을 만드는 것은 아니라는 사실을 기억해야 한다. 연습은 단지 그것을 영구적으로 만들 뿐이다. 자신의 실수를 찾는 데 주의를 기울이고 연습에 전념하는 접근 방식을 통해서만 향상될 수 있다. 그렇지 않으면 그저 수익성 없는 행동을 강화할 뿐이다.

다른 사람이 되는 것

불안함과 두려움은 알려지지 않은 상황의 반영이다. 우리의 마음은 반복된 노출을 통해 새로운 현실을 받아들이고 거기에 익숙해진다.

갑자기 포인트당 10파운드에서 100파운드로 매매하는 도약이 있을 것으로 생각하는가? 당신을 소액 투자자에서 거액 투자자로 데려가는 책이나 강연 혹은 알약이 있다고 생각하는가?

글쎄, 아직은 아니다. 하지만 여러분의 발전을 가속할 방법들이 분명 있다. 그것은 우선순위의 문제다. 나는 근본적으로 두려움이 없는 사이코패스가 될 때까지 불확실성의 춤을 추면서 어두운 구석으로 스스로를 몰아붙이는, 자기 삶도 없이 끝없는 헌신의 마음을 가진 냉철한 수도사가 아니다.

하지만 나는 최선을 다하고 있다. 나는 나의 약점을 탐구하고 싶다. 나는 내 마음과 몸에 합리적으로 적응하고 있으며, 내 마음대로 놔두면 빠르게 자기 파괴적인 행동에 빠질 수 있다는 것을 알고 있다.

나는 사랑하는 사람과의 고통스러운 이별을 겪으며 음식과 술에 탐닉했었다. 물론 나는 우리 모두 그런다고 생각한다. 심지어 영화 속 브리짓 존스(Bridget Jones)조차도 사랑하는 사람에게서 버려졌을 때 한자리에서 아이스크림 한 통을 먹어 치웠다.

하지만 당신은 움직여야 한다. 소파에서 내려오라. TV를 끄고, 아이스크림 통을 쓰레기통에 버리고 이렇게 말해보라.

"그래, 내가 실수했네. 내가 직접 처리하겠어."

투자자로서 성공의 상당 부분은 실패와 관련이 있다. 만약 당신이 실패를 최후의 게임으로 여긴다면 투자자로서는 성공하지 못할 것이다. 세 번 연속으로 손해 보는 매매를 하면 매매를 중단하는 동료들이 있다. 그건 어떤 태도일까? 프로 농구의 절대적인 슈퍼스타인 코비 브라이언트(Kobe Bryant)가 그런 태도를 보였다고 생각하는가? 당신은 그가 경기 중에 세 번의 실수를 범하고 나서 코치에게 다른 사람으로 교체해달라고 요청할 것으로 생각하는가?

코비 브라이언트 - 인생 최대의 실패

코비 브라이언트의 이야기를 시작했으니, 코비가 비극적인 사고로 세상을 떠난 후 슬프게도 신문에서 읽은, 그에 관한 이야기를 들려주고 싶다. (코비 브라이언트는 2020년 1월 26일 미국 캘리포니아에서 헬리콥터 추락 사고로 세상을 떠났다 – 옮긴이)

사고 후 대부분의 부고 기사들은 브라이언트의 놀라운 업적과 우승

트로피에 집중했지만, 《가디언》의 앤디 불(Andy Bull)은 다른 관점에서 코비 브라이언트에 관한 기사를 썼다.

기사의 헤드라인이 그것을 잘 요약한다.

"브라이언트의 성공 신화는 실패에 대한 두려움을 극복하기 위해 노력하는 데에서 시작되었다."

코비 브라이언트는 훌륭한 선수가 되기 위해서는 실패에 대한 두려움을 극복해야 한다는 것을 직감적으로 알고 있었던 듯싶다. 그 기사는 1997년 5월 경기에 관한 이야기를 소개한다. LA 레이커스의 신인 선수인 코비의 첫 시즌이었다. 그는 5분 동안 네 개의 결정적인 실수를 범했고, 일부 사람들은 그가 팀의 경기를 망쳤다고 말했다.

그날 밤, 이야기는 계속된다. 브라이언트는 혼자서 밤을 새워 슈팅 연습을 했다고 한다. 해가 떴을 때 그는 여전히 그 자리에 있었다. 나는 이 이야기가 어느 정도 미화된 일화임을 안다. 다윗과 골리앗의 느낌도 있다. 하지만 여기에는 눈에 보이는 것 이상의 것이 있다.

표면적으로는 코비 브라이언트가 그 경기에서 패배했고, 자신을 벌주는 밤샘 훈련으로 이어진 이야기다. 하지만 나에게는 매일 밤 반복적으로 시도함으로써 실패에 대한 두려움에 맞서는 한 남자의 이야기다. 그는 때때로 일시적으로 실패하는 일에 익숙해졌지만, 그래도 밤샘 훈련을 계속했다.

앤디 불은 다음과 같이 결론을 내린다.

"그는 역사상 다른 어떤 선수보다 많은 슛을 놓쳤다. 브라이언트는 자신이 출전한 모든 경기에서 기꺼이 실패를 마주했다."

이것은 자신이 옳다는 것을 입증하기 위해 실패의 두려움에 맞섰던 위대한 미국인에 대해 내가 읽은 첫 번째 이야기는 아니다. 미국 야구 선수인 베이브 루스(Babe Ruth)는 수십 년 동안 최다 홈런 기록을 보유했다. 동시에 그는 삼진왕이라는 별명으로 통했다. 용어 자체가 이해되지 않는다면 다르게 설명하겠다. 홈런은 훌륭하고, 삼진은 그 반대다.

나는 이 이야기가 손실을 보는 매매를 없애는 것을 목표로 하는 시스템과 전략을 찾는 전 세계의 투자자들에게 반향을 일으켰다는 것을 알게 되었다.

2020년 6월 1일 조용한 거래일에 이 글을 쓰면서 5월 한 달 동안의 매매 통계를 살펴봤다. 나는 총 1,513포인트를 벌었다. 하지만 내가 실행한 137건의 매매 중 66건에서 손실을 보았고, 53건에서 승리했으며, 18건은 (손절매 가격이 진입 가격에 놓인) 손익분기점에서 정리되었다.

매매에서 95%의 (또는 더 높은) 적중률을 약속하는 인터넷의 과장된 시스템 판매자들의 말에 따라 내 성공을 가늠했다면, 나는 비참한 실패자다. 나는 5월에 승률이 50：50 미만이었다.

하지만 어쨌든, 나는 여전히 5월 한 달 동안 괜찮은 수익을 올렸다. 이를 어떻게 설명할 수 있을까? 그 답은 더 많은 거래에서 이익을 볼수록 더 나은 투자자라는 잘못된 믿음에서 찾을 수 있다. 그것은 명백하고, 단순히 잘못된 것이다.

주식투자에서 인기 있는 진부한 표현 중 하나가 이익을 얻으면서 파산할 수 없다는 것이다. 그러나 젠장, 그럴 수 있다. 만약 이익을 거두고 있는 매매를 유지할 수 없다면, 당신은 결코 매매로 돈을 벌지 못할 것이다. 농구와 투자는 이 점에서 차이가 있지만, 내가 만약 손실을 두려워했다면 결코 이익을 거두는 한 달을 보내지 못했을 것이다.

통계는 의미가 없다

우리는 투자자의 90%가 손해를 본다는 것을 알고 있다. 또 2만 5,000명의 투자자를 대상으로 한 FX 매매 통계를 통해 투자자 대부분이 손실을 보는 매매보다 이익을 거두는 매매가 더 많다는 것을 알 수 있다. 이건 말이 안 된다. 어떻게 하면 그 두 가지 사실을 조화시킬 수 있을까?

답은 코비 브라이언트에 관한 이야기의 행간에서 찾을 수 있다. 만약 당신이 손실을 보고 있는 포지션을 보유하고 있다면, 기본적으로 당신이 틀린 것이다. 하지만 옳고 그름을 즉시 아는 농구 경기에서의 슛과 달리, 매매에는 항상 당신에게 유리한 쪽으로 돌아올 것이라는 희망이 있다.

희망은 사람들이 매매를 마감했어야 하는 이후에도 오랫동안 포지션을 유지하도록 만든다. 희망은 맨 마지막에 죽는다는 말이 있다. 이 말은 정말 사실이고, 투자자들에게 해롭다. 나는 매매에서 희망과 두려움을 어떻게 처리할까?

나는 매매할 때만 희망을 느끼는 편이다. 나는 내가 보유한 포지션이 잘되었으면 좋겠다. 시장이 나에게 유리하게 움직이기를 희망한다.

그러나 두려움은 더 많은 상황에서 느껴진다. 나는 매매할 때 두려움을 느낀다. 그리고 포지션이 없을 때도 두려움을 느낀다. 그것은 희망과 두려움 사이의 미묘하지만 중요한 차이다.

희망은 매매 활동에만 국한되는 경향이 있으나, 두려움은 내가 매매하고 있을 때와 그렇지 않을 때 모두 나타난다. 시장이 나를 빼놓고 앞으로 나아갈까 봐 두려울 수도 있고, 너무 일찍 포지션을 정리한 것은 아닐까 걱정할 수도 있는데, 이것은 후회로 정의될 수도 있다.

이 책 끝부분에서 나의 매매 방식에 대해 좀 더 깊이 쓸 생각이지만, 지금은 나의 접근 방식을 간략히 설명하겠다.

나는 매매할 때 출구 전략을 가지고 두려움에 대처한다. 내 손실의 크기를 제한하는 손절매가 있다. 나는 매매를 시작하기 전에 이 손실을 받아들였다. 그것은 내 매매 계획의 일부다.

나는 하루의 매매를 앞두고 아침에 마음의 준비를 할 것이다. 나는 내가 하려는 일을 생각하며 조용히 앉아 있을 것이다. 나는 내가 손실을 보는 이미지에 내 마음을 쏟아부을 것이다. 나는 이러한 상상의 손실을 경험했을 때, 나의 마음을 진정시켜 불안과 후회 그리고 복수하고 싶은 욕망을 다스릴 것이다.

손절매가 나의 출구를 정의할 것이라는 사실을 받아들임으로써 희망을 다룰 것이다. 어쩌면 내가 승리할지도 모른다. 물론 패배할 수도 있다. 하루가 시작되기 전에 나는 내가 시장에 진입하는 것을 보고, 시장이 나에게 불리한 쪽으로 움직이는 것을 관찰하고, 두려움의 뇌와 협상하고, 충동이 내 의식적 인식에 전달되는 것을 보는 정신 훈련을 거쳤을 것이다.

거래일이 시작될 때쯤이면 나는 이미 나 자신이 이기고 있고, 포지션을 추가하고, 인내심을 가지고 올바른 상황을 기다리는 모습을 보았을 것이다. 종이 울리고 시장이 열릴 때쯤이면 마음이 따뜻해진다. 나는 침착함을 잃지 않고 실패할 준비가 되어 있다.

경쟁심이 강한 아들

나는 최정예 군인의 삶을 다룬 책에 매료되었다. SAS(Special Air Service, 1941년에 창설된 영국 육군 최정예 특수부대-옮긴이)와 네이비 실(Navy Seal, 미국 해군의 엘리트 특수부대-옮긴이)의 시련과 고난에 대해 읽는 것을 좋아한다. 내 아들도 이런 관심을 공유한다. 특히 프리다이빙 훈련 부분에 매료되었다.

이 엘리트 전사들이 넘어야 할 장애물 중 하나는 50미터 수중 잠영이다. 수중 50미터를 잠수하는 지름길이 있다고 생각하는가?

수중 46미터를 헤엄쳐본 사람의 말을 들어보면, 지름길은 없다. 나는 아들과 함께 휴가를 보내면서 연습하고 또 연습했다. 우리가 묵고 있던 곳에 50미터 길이의 수영장이 있었다.

아들과 나는 경쟁심이 강해서, 아들은 우리의 첫 시도를 먼저 시작했다. 그는 절반보다 조금 적게 성공했다. 이제 나는 목표가 생겼고, 거의 중간 지점까지 도달했다. 나는 아들을 1~2인치 차이로 이겼다.

우리는 어떻게 하면 더 나아질 수 있을지를 이야기했고, 수영 전의 준비에 더 집중할 필요가 있다는 데 동의했다. 그런 다음 우리는 수영장 가장자리에 앉아 폐를 산소로 채우고 몸에 산소를 공급하는 일에 집중했다.

우리는 점점 더 나아졌다. 또한 물속에서 덜 미친 듯이 수영하면, 산소를 덜 소비한다는 것을 깨달았다. 우리는 침착함을 유지하고 리듬감 있는 스트로크를 하는 것으로 초점을 옮겼다.

7일간의 휴가가 끝날 무렵, 나는 몇 번의 스트로크로 50미터를 잠영할 수 있게 되었다. 아들은 1~2미터 뒤로 나를 따라왔다. 이 시험을 통과하는 것은 네이비 실 지망생들에게 주요 장애물 중 하나다. 나는 아들이나 내가 네이비 실에 들어갈 만한 자질이 있다고 말하는 것이 아니라, 끊임없는 연습 없이는 물속에서 50미터를 수영할 수 없다고 말하는 것이다.

우리는 그것을 해냈다. 그런 다음 우리의 연습 과정을 평가했다. 우리는 실제로 결과에 초점을 맞추지 않았다. 우리는 그 과정을 가능한 한 효율적으로 만들기 위해 우리가 할 수 있는 모든 것을 했다. 뭔가 생각나는 게 있는가? 만약 여러분이 하루에 X만큼의 돈을 벌고 싶은 목표가 있거나, 어느 정도의 틱이나 포인트를 벌고 싶다면, 그것이 큰돈을 벌 기회를 방해하는 것일 수도 있다. 당신은 결과 지향적이다. 여러분이 초점을 과정 지향적으로 전환하면 큰 이점을 얻을 수 있다.

가장 잘 잃는 자가 승리한다

이제 좀 더 구체적으로 말할 때가 되었다. 우리는 이 문제를 영원히 회피할 수도 있고, 아니면 우리의 손을 더럽히며 정교하게 조정된 투자의 마음가짐을 만드는 일에 착수할 수도 있다. 인생에서 무엇이 되는지는 당신이 내리는 결정과 그 결정에 어떻게 반응하느냐에 달려 있다.

스탠퍼드 대학의 2005학년도 졸업식에서 스티브 잡스(Steve Jobs)는 새로운 졸업생들에게 인생을 사는 방법에 대한 연설을 했다. 그의 연설은 다음과 같이 진행되었다.

내가 아는 한, 자신이 언젠가 죽는다는 사실을 기억하는 일이야말로 잃을 것이 있다고 생각하는 함정을 피하는 가장 좋은 방법입니다. 여러분은 이미 벌거벗은 상태입니다. 여러분의 마음을 따르지 않을 이유가 없습니다.

돈이 걸려 있을 때는 실제 행동으로 옮길 수 있는 사람이 거의 없다. 원하는 삶을 살지 못하는 주된 원인은 두려움이다. 대부분의 사람들은 자라면서 설정한 경계, 고통과 불안을 피하며 만든 경계 안에서 안전하게 인생이라는 게임을 한다.

나는 좋은 투자자가 되는 비결을 아느냐는 질문을 자주 받는다. 많은 초보 투자자들이 내가 좋은 매매 조건을 알고 있다고 믿는 것 같다. 그들이 완전히 틀린 것은 아니다. 물론 나는 훌륭한 매매 조건을 몇 가지 알고 있지만, 여전히 잘 맞는 확률은 기껏해야 약 70%에 불과하다. 나는 아직도 100번 중 30번은 틀린다.

나는 머리가 좋아서 투자의 세계에서 살아남은 것이 아니다. 이것은 분명히 말할 수 있다. 나는 고통과의 관계 덕분에 이 자리에 있다.

우리의 뇌는 소중한 것을 잃는다는 생각을 싫어한다. 뇌는 모든 이성적인 생각을 버리고 소중한 것을 잃지 않기 위해 그야말로 형편없는 결정을 내릴 것이다.

나는 꽤 잘 버는 투자자다. 그것이 내가 뛰어난 차트 읽기 능력을 갖추고 있기 때문일까? 아니다. 당연히 아니다. 매매를 잘하지 못하는 뛰어난 차티스트들도 많다.

내가 우월한 매매 시스템을 가지고 있기 때문일까? 아니다, 훌륭한 매매 시스템들이 많이 있지만, 대부분은 여전히 겨우 60%의 성공률을 보인다.

내부자 정보를 제공하는 고위직 친구가 있기 때문일까? 아니다. 내 책을 읽지 않았는가? 나는 사회적으로 은둔적이고, 고위직에 근무하는 친구가 없다.

나는 비법이 없다. 한 가지를 제외하고는 특별한 능력도 없다. 내가 왜 매매를 잘하는지 알고 싶은가?

나는 잃는 것을 특별히 잘한다. 금융시장에서 매매할 때는 '가장 잘 잃는 자가 승리한다'. 이 말의 의미를 과소평가하면 안 된다.

비록 그것이 삶과 현대 세계가 당신에게 맞춰놓은 조건에 어긋날 수도 있지만, 금융시장 매매의 성공은 최고가 되는 것, 1등이 되는 것 또는 승리에 관한 것이 아니다.

그것은 잃는 것에 관한 것이다. 두려움과 역경의 관계가 당신의 삶을 매우 높은 수준으로 정의할 것이다.

그것이 내가 승리하는 비결이다. 나는 지는 것을 정말 잘하기 때문에 승리한다. 투자에서는 인생과 달리 최고의 패배자가 승리한다. 만약 그들이 60%의 성공률을 가지고 있다면 치과 의사나 다른 진료 과목의 의사가 병원을 유지할 수 있다고 생각하는가? 물론 그렇지 않다. 하지만 투자자는 준비되어 있는 한, 그 정도의 성공률로도 성공하고 번창할 수 있다. 물론 대부분은 그렇지 않지만 말이다.

다수의 공통점

투자는 투자자가 되어선 안 될 많은 사람들을 끌어들인다. 그들은 매매가 쉽다고 믿는다. 아마도 중개 회사가 그들을 유혹하고 있을 것이다.

유명한 배우가 눈부신 화면 앞에서 의도적으로 버튼을 누른 다음 침착하고 자신감 있는 미소를 지으며 승리를 거두고 떠나는 중개 회사의 광고를 본 적이 있을 것이다.

금융 산업을 살펴보면, 우리는 모든 것이 도구에 관한 것이라고 믿게 된다. 생각해보자. 내가 윌슨 테니스 라켓을 가지고 있다고 해서 로저 페더러처럼 테니스를 칠 수 있다고 생각하는가?

그것은 환상이다. 내가 어떻게 아느냐고? 왜냐하면 나는 수년간 런던에서 가장 큰 금융시장 중개 회사 중 한 곳에서 일한 내부자였기 때문이다.

왜 그렇게 많은 사람이 돈을 잃는 걸까? 통계적으로 보면, 그렇게 많은 사람이 돈을 잃는 것은 불가능하다. 시장이 무작위적이라면(대부분의 경우, 실제로 시장의 움직임은 무작위적이다), 고객의 90%가 50:50 베팅에서 계속 지는 이유는 무엇일까?

복잡해 보이지만 답은 간단하다. 그들을 패배시키는 것은 시장이 아니다. 그들 스스로 패배하는 것이다. 나도 항상 성공적인 투자자는 아니었다. 성공하는 투자자가 되기 위해 나는 안내 지침서도 없고 시험이 끝난 후에야 강의 자료가 나오는 비즈니스에서 다수와 소수를 구분하는 장벽을 허물어야 했다.

중개인으로서 고객들의 매매 행동을 알아차리는 데는 오랜 시간이 필요하지 않았다. 집단으로서 투자자들의 행동은 예측할 수 있다. 더 정확하게는 모든 사람이 같은 행동을 하고 있으므로, 그들의 결과는 충분히 예측할 수 있다.

나는 수천 명의 투자자가 수백만 건의 매매를 하는 것을 보았다. 그들의 행동이 마치 벌집처럼 하나의 집단정신으로 함께 연결된 것처럼 예측할 수 있게 되었다. 매주, 매월, 매년 손실을 볼 때마다 그들은 시장이 손실을 돌려주기를 바랐고, 이익을 낼 때는 시장이 그 이익을 빼앗아가지 않을까 걱정했다. 그들은 희망을 품어야 할 때 두려워했고, 실제로 두려움을 느껴야 할 때는 희망적이었다.

이런 인간적인 경험들이 내가 오늘날과 같은 투자자가 되는 데 도움을 주었다. 그들이 고군분투하는 모습을 보며, 나는 그들이 잘못된 곳에서 길을 찾고 있다는 것을 깨달았다.

그들이 그토록 간절히 찾았던 해답은 외부에서는 찾을 수 없었다. 소프트웨어나 어떤 도구에서도 찾을 수 없었다. 그 대신 답은 자기 안에서 찾아야 한다는 것을 깨달았다.

내 마음을 조정하기

이른 아침의 고요함 가운데, 나는 사무실에서 하루의 매매를 준비한다. 그곳은 최소한의 물품만 갖춘 사무실이다. 내가 어디에 있느냐에 따라 두 개 또는 네 개의 모니터가 있다. 그게 전부다. 특별한 모니터나 수랭식 고성능 PC 따위는 없다.

내 비밀 재료는 하드 드라이브에 있는 두 개의 파일이다. 한 모니터에는 나의 파워포인트 프레젠테이션이 있다. 다른 모니터에는 마이크로소프트 워드 문서가 있다.

파워포인트 파일은 매매에 관한 내 대본이다. 게임이 시작되고, 매매를 시작하기 전에, 이제는 다른 사람이 될 시간이다. 영화 〈글래디에이터〉에서 막시무스 데키무스 메리디우스(Maximus Decimus Meridius)가 전투를 앞두고 손에 흙을 문지르는 이유가 무엇인가?

그것은 하나의 의식이다.

아무것도 느끼지 않고, 누구도 파괴할 수 없는 죽음의 도구가 되기 위해 전투 전에 자신을 면역시켜 하루를 더 생존할 수 있게 해야 한다.

손에 흙을 문지르는 것은 그의 옛 모습을 뒤로하고 떠나는 의식이다. 매일 새벽 5시부터 밤 9시까지, 심지어 밤늦게까지, 나는 나 자신과 싸우고 있다. 매매는 자신과의 싸움이다.

파워포인트 파일에는 이전의 매매, 실수, 승리, 영감 및 경고가 시각적으로 배열되어 있어 앞으로의 하루를 준비할 수 있다.

나는 다른 사람이 되어야 한다. 그렇지 않으면 돈을 벌지 못할 것이다. 겉으로 보기에는 매매가 간단해 보이지만, 매매는 몸에 저장된 거의 모든 DNA 조각과 상반되기 때문에 쉽지 않다.

1960년대에 신경과학자 폴 맥린(Paul MacLean)은 인간의 뇌가 파충류 뇌, 변연계 뇌 그리고 신피질의 세 가지 기능 영역으로 진화했다고 주장했다.

그렇다면 당신이 매매할 때는 그중 어느 영역이 책임질까?

여러분의 파충류 뇌, 여러분의 기본적인 자아가 진정한 책임을 진다. 당신이 깜짝 놀라 반응할 때 아마도 당신은 위장이 흔들리고 허리가 진동하는 느낌을 알아챌 것이다. 그것은 생존을 위해 당신을 준비시키는 파충류의 마음이며, 투쟁−도피 반응(긴급 상황 시 빠른 방어 행동 또는 문제해결 반응을 보이기 위한 흥분된 생리적 상태−옮긴이)을 일으킨다.

도망칠 것인가, 싸울 것인가? 당신의 잠재의식적 파충류의 마음은 오직 한 가지 기능만 있다. 그것은 당신을 보호하는 일이다. 당신이 원하든 원하지 않든 말이다.

그리고 이것이 문제다. 투자자로서 성공하려면 손해를 보는 데 능숙해야 하기 때문이다. 이것은 우리에게 내장된 잠재의식적 보호 시스템과의 지속적인 충돌을 의미한다.

원시인이었을 때 당신을 죽음으로부터 보호한 시스템은 당신이 그것을 극복하는 법을 배우지 않는 한, 투자자로 살아남지 못하게 만든다. 그리고 그것을 극복하는 일은 고통을 받아들이는 데에서 시작된다.

내가 아침에 하는 준비 중 하나는 눈을 감고 시나리오를 짜는 것이다. 나는 내가 많은 돈을 잃는다고 생각한다. 종종 내 자동차 할부금의 마지막 잔금이나 아들의 대학 등록금, 기억에 남는 손실의 크기와 같이 나에게 어느 정도 의미 있는 금액을 사용할 것이다.

논의를 위해 내가 7만 8,000파운드의 손실에 대해 명상하기로 했다고 생각해보자. 나는 내가 그 금액을 잃는 것을 보면서, 내 의식 속에 그대로 두겠다. 나는 그것이 유지되도록 할 것이다. 나는 손실 때문에 매수하지 못하는 상황을 상상할 것이다. 최대한 감정적으로 생생하게 만든다.

이제 판을 뒤집어 내가 같은 금액을 벌고 있다고 상상할 것이다. 내가 7만 8,000파운드를 벌고 있다고 말이다. 앞으로 일어날 일은 내 감정 반응 시스템이 내가 이전에 느꼈던 고통과 똑같은 기쁨을 느끼게 해주지 않으리라는 것이다.

신경생물학은 우리가 재정적 손실을 보았을 때는 동일한 규모의 재정적 이익을 얻었을 때보다 250% 더 심한 감정을 경험한다는 것을 보여주었다. 고통을 느끼고 즐거움을 느끼지 못하는 이 연습을 거친 후, 나는 다시 상실감을 느끼기 시작한다.

이 연습의 목적은 손실과 이익에 대한 나의 감정을 맞추는 것이다. 사실 내가 승리에 대해 지나치게 기뻐하면 패배에 대해 지나치게 슬퍼하는 경향이 있다는 것을 발견했기 때문에, 나는 정말로 아무것도 느끼고 싶지 않다. 나는 그것을 원하지 않는다.

나는 99.99%의 적중률을 가진 치과 의사가 아니다. 나는 항상 50%의 시간 동안 틀린 채로 살아야 하는 피비린내 나는 투자자일 뿐이다. 하루에도 여러 번 기쁨과 고통을 느끼는 것은 지치는 일이다. 나는 감정적인 롤러코스터보다 아무것도 느끼지 않는 쪽을 더 좋아한다.

내가 이긴다면, 나는 계속한다.
내가 진다면, 나는 계속한다.

이러한 태도를 견지하고 잠재의식을 준비함으로써 나는 내 전략에 영향을 미치지 않고 매일 이기고 지는 매매를 반복할 수 있다.

고통은 삶에서 어느 정도 불가피한 것이다. 누군가 당신을 실망시키면, 당신은 고통을 느낀다. 누군가 당신에게 감정적으로나 육체적으로 상처를 입히면, 당신은 고통을 느낀다.

매매를 벗어나, 삶에서 고통을 다루는 한 방법은 누군가와 대화하는 것이다. 속담에도 있듯이, 고통을 나누면 그 크기가 반으로 줄어든다.

고통스러운 경험을 모르는 친구와 공유한 후에 덜 고통스럽게 느껴지는 이유는 무엇일까? 아마도 실망을 말로 표현하는 행위가 문제를 더 건강한 관점으로 만들기 때문일 것이다.

이유가 무엇이든, 당신은 기분이 나아지고, 고통은 가라앉는다.

대다수는 도망감으로써 고통을 없애려 하지만, 매매할 때 나는 반대로 한다. 나는 그것을 향해 달려가고, 그것을 받아들인다. 나는 내 고통을 나누고 싶지 않다. 나는 그것을 잡고 싶고, 그것이 필요하다.

매매와 투자를 처음 접하거나 다년간의 경험이 없다면, 다음 질문을 진지하게 생각해봐야 한다.

'90% 이상이 실패하는 분야에서 성공하고 싶다면 이 과제에 어떻게 접근해야 한다고 생각하는가?'

매매는 겉으로는 쉬워 보이지만, 실제로는 사람들이 생각하는 것보다 훨씬 더 어렵다. 우리는 우리가 해야 할 일과 정반대로 하도록 태어났기 때문이다. 이것이 바로 100명 중 90명이 실패로 끝나는 이유다.

일관성, 성공 그리고 투자의 깨달음으로 가는 길은 당신이 마지막으로 보려고 생각했던 곳에서 시작된다. 바로 자신의 내면이다.

성공의 열쇠

자, 여기 있다. 이제부터 이어지는 것은 성공의 문을 열어줄 열쇠, 원하는 삶과 지금 사는 삶 사이의 장벽을 허무는 열쇠다.

90%가 실패하는 곳에서 성공하려면 두 가지 선택이 있다. 손실을 보는 90%를 연구하여 그들과 반대로 하거나, 10%의 사람들이 하는 것을 복제하는 것이다.

만약 당신이 원하는 만큼 성공하지 못했다면, 조만간 당신의 행동을 바꿀 필요가 있다. 당신이 3개월 동안 성공적으로 매매하지 못했든 30년 동안 성공적으로 매매하지 못했든 간에, 당신은 당신이 생각하는 것보다 훨씬 더 성공에 가깝다.

90%는 파충류 뇌에서 받은 고통의 메시지를 자동으로 수정 없이 해석하기 때문에 실패한다.

당신은 고통이 닥칠 때 뇌의 메시지를 다시 해석하는 법을 배워야 한다. 소수의 일관된 투자자들, 10%의 투자자들은 위험을 피하지 않고 위험을 향해 달려간다.

10%는 스위치 돌리는 법을 배웠기 때문에 성공한다.

스위치 돌리기

매우 불편하겠지만, 당신이 금융 투기 게임에서 성공하고 싶다면 받아들이고 인정해야 하는 불편함이다. 매매가 간단해 보이지만 쉽지 않은 이유다.

투자의 역설은 이런 것이다. 당신은 90%가 할 수 없는 일을 함으로써 성공할 수 있다. 다시 말해, 나는 내가 불편할 것으로 예상한다. 나는 내 매매가 나를 불안하게 할 것으로 예상한다. 하지만 나는 그것을 기다리고 있다.

몇 문장으로 요약하면 다음과 같다.

1. 그렇지 않다는 것이 입증되기 전까지는 내가 틀렸다고 가정한다.
2. 불편할 것으로 예상한다.
3. 내가 옳을 때 규모를 늘린다.
4. 내가 틀렸을 때는 절대로 규모를 늘리지 않는다.

틀렸다고 가정하기

수천 명의 투자자가 수백만 건의 거래를 실행하는 것을 지켜봤고, 대부분의 투자자들이 시장에서 어떤 포지션을 취할 때 자신들이 옳다고 생각했는지를 내가 알았다는 것을 기억하라. 90%의 사람들이 실패하는 비즈니스에서 재설계 프로세스는 스위치를 돌리는 것으로 시작된다.

나는 내가 손해 보는 매매를 빨리 정리할 것으로 가정한다. 이 행동에 대한 자신감은 내가 올바른 진입 시점을 선택할 수 있는 능력을 갖췄다는 사실에 집중되지 않는다. 그것은 90%가 하는 일이다.

대신 나의 자신감은 성과가 없는 매매를 정리할 것이라는 믿음에 집중되어 있다. 이 매매가 성과를 얻지 못할 때는 곧 또 다른 매매가 있으리라는 것을 나 자신이 알고 있다고 믿는다.

내가 어떻게 생각의 스위치를 돌렸는지 알겠는가? 나는 90%와는 다르게 생각하고 있다. 시장이 내가 옳다는 것을 증명할 때까지 나는 내가 틀렸다고 가정할 것이다.

스위치를 돌려라!

90%의 투자자들이 매매를 수행할 때, 그들은 고통 중추에서 비롯된 감정을 경험한다. 이제 그들의 감정으로 주도되는 고통 임계 중추가 잘못된 신호를 보내 매매에서 패배하게 만드는 것은 시간문제일 뿐이다. 그것은 실망, 잃어버린 돈, 고통의 끝없는 롤러코스터다.

매매할 때, 나는 내가 틀렸다고 생각한다. 매매를 시작했고, 시장은 내게 유리하게 움직인다. 나는 내 계좌의 규모 또는 사용 가능한 자금의 규모를 보고 매매하고 있다. 나는 내 이익의 크기가 시장과 무관하다는 것을 알기 때문에 시장에서 매매하고 있다.

나는 내 손익이 시장에 영향을 미치지 않는다는 것을 알고 있다. 나는 내 뇌의 자동 통증 수용체가 통증을 등록하기 위해 내장된 안전 반응을 유발한다는 것을 알고 있다.

나는 다른 사람들과 마찬가지로 내장된 자동 통증 수용체의 영향을 받지만, 차이점은 내가 고통을 어떻게 다루느냐에 있다. 나는 그것에 굴복하여 감정적인 반응에 지배되는 대신 스위치를 돌린다. 나는 고통을 예상하도록 훈련했다.

나는 고통을 알고 있다. 고통은 항상 거기에 있다. 그것은 현실이고, 나는 그것을 받아들인다. 나는 몇 번이고 훈련하는 중에 그것을 접했다. 그것은 더는 내 삶에서 나를 쇠약하게 하는 힘으로 작용하지 않는다. 나는 내 의사 결정에 대한 두려움을 훈련했다.

불편할 것으로 예상하기

불편할 때 어떻게 좋은 시간을 보낼 수 있을까? 논리적으로는 불가능하다고 할 것이다. 우선 모든 인간은 노력할 때 살아난다고 생각한다. 우리는 정원에서 일하고, 운동하고, 시험공부를 한다. 힘든 과정을 즐기면서 불편함을 느끼는 것은 충분히 가능한 일이라고 생각한다. 매매 포지션의 이익이 증가함에 따라, 나는 그것을 빼앗기리라는 두려움에 굴복하는 대신 나의 정신적 준비운동, 훈련과 연습 그리고 시장이 온종일 점점 더 상승하는 추세 형성일의 시각화를 사용하여 스위치를 뒤집는다.

나는 부정적인 이미지에서 긍정적인 이미지로 마음의 스위치를 돌린다. 나는 이 거대한 추세의 파동에 올라탄 나 자신을 본다. 내가 시장의 모든 움직임의 맨 앞에 있는 것을 본다.

90%는 피하고 싶은 것에 집중하지만, 나는 내가 이루고 싶은 것에 집중한다. 90%는 두려움에 굴복한다. 나는 나의 두려움이 충만하기를 기대한다. 그리고 그 두려움에 맞설 계획을 세우고 있다. 나는 다른 이미지를 본다.

그리고 내가 손해 보고 있을 때는?

어쨌든 나는 패배를 예상했으므로, 시장이 내 매매에 동의하지 않는 것은 고통이나 두려움과 관련이 없다. 나는 이미 예상했다. 나는 이미 나의 손실을 인정했다.

나는 손해를 보고 있는 매매에 포지션을 추가하는 것을 즐기지 않는다. 나는 그런 특성을 마음속에서 훈련했다. 더는 내 머릿속에 들어오지도 않는다. 내 마음은 내가 옳을 때는 규모를 키우고, 틀릴 때는 규모를 줄이고 싶어 한다는 것을 알고 있다.

감정은 거래 계좌를 죽인다. 큰 성공으로 가는 길을 막는 것은 지식의 부족이 아니다. 매매할 때 자신을 다루는 방식이다.

나는 10년 동안 투자자들이 돈을 잃는 것을 관찰했다. 그들은 적중률이 높은 똑똑한 사람들이었지만 잘 잃는 방법을 몰랐다.

지금까지 이 책을 읽고, 여러분이 한 가지만 기억해야 한다면 이것을 기억하라.

인생과 달리 매매에서는 가장 잘 잃는 자가 승리한다.

이상적인 마음가짐

투자자로서 이상적인 생각을 하는 방법이 있다. 이상적인 마음가짐이 있는데, 그것은 극단적으로 유연한 마음가짐이다. 그것은 이기는 데 관심이 없다. 그것은 지는 데 신경 쓰지 않는다. 그것은 걱정 없는 마음 상태이지만, 여전히 당신에게 가장 이익이 되는 작용을 한다.

이상적인 투자의 마음가짐은 두려움이 없다. 이 문장에 놀랐다면 잠시 멈추기 바란다. 이상적인 마음가짐은 두려움이 없을 수도 있지만, 이상적인 사고방식은 여전히 여러분에게 최선의 이익을 안겨주기 위해 작용하고 있다. 이상적인 마음가짐은 두려움이 없을 수도 있지만 무모하지는 않다.

두려움은 사람들이 매매라는 게임에서 지는 이유를 설명하는 데 중요한 역할을 한다. 이 두려움은 다양한 방식으로 나타날 수 있다. 그것은 시장에 참가하지 못하고 좋은 움직임을 놓치는 것에 대한 두려움일 수도 있다. 또 시장에 너무 오래 머물면서 보유한 포지션의 평가이익이 사라지는 것을 보는 두려움일 수도 있다.

이상적인 마음가짐을 얻을 수 있을까? 그렇다. 의심할 여지 없이 그렇다. 어쩌면 그렇게 성장해야 할지도 모른다. 중요한 자기 성찰을 시작하고 자신을 알아가야 할지도 모른다. 곧 투자자로서 자신을 알아가는 방법에 대해 논의할 것이다.

이상적인 투자자의 마음가짐은 존재하고, 이러한 생각과 믿음의 상태로 자신을 훈련할 수 있다. 이 상태에 도달하면 위협이나 두려움을 느끼지 않고 시장에서 정보를 인식할 수 있다.

절대 잃지 않는다는 뜻일까? 아니다. 여러분은 다른 사람들처럼 매매에서 손해를 볼 것이다. 그러나 이상적인 투자자의 마음가짐은 매매에서 돈을 벌 때와 마찬가지로 돈을 잃을 때도 평화롭게 지내는 것이다. 돈을 벌든 잃든 어느 쪽도 위협적이지 않은 마음가짐으로 시장의 정보를 감정적이지 않고 냉정하게 인식하는 능력에 영향을 미치지 않는다. 당신의 감정 상태는 균형을 유지할 것이다.

모든 투자자는 이상적인 마음가짐의 편안한 느낌으로 진정되는 영역에 있는 기간을 경험했다. 그것은 종종 특정한 상황에서 발생한다. 나는 개인적으로, 휴가 중에 매매할 때마다 그런 평온함을 경험한다.

내가 겪었던 일 하나가 생각난다. 나는 14일 동안 휴가를 보내고 있었고, 별장에서 매일 매매를 했다. 나는 시장이 나에게 말을 걸 때만 매매하면서 완전히 평화로웠다. 그러지 않을 때는 수영장에서 햇볕을 쬐며 쉬었다.

트레이딩 본부로 돌아왔을 때, 상사가 햇볕에 그을린 나를 보더니 "누군가 불타고 있어요!"라고 말하며 손뼉을 쳤다. 14일 후에 나는 휴가에서 얻은 이익을 모두 날렸다. 투자자로서 나 자신을 더 깊이 이해하게 된 계기 중 하나였기 때문에 그 일이 생생하게 기억난다.

강하게 새겨진 DNA

이상적인 마음가짐은 분명 존재하지만, 그것을 일관되게 가지고 있는 투자자는 거의 없다. 이상적인 마음가짐의 틀에서 벗어나 있을 때, 우리는 무언가를 두려워한다. 이 두려움은 신뢰의 부족을 나타내는 것이다. 우리는 망설이거나 주저하지 않고, 내적 갈등이나 논쟁 없이 우리가 해야 할 일을 할 수 있다고 자신을 신뢰하지 않는다.

우리의 마음이 문제다. 우리 마음의 핵심 목표는 우리를 살아 있게 하고 고통을 피하는 것이다. 우리는 우리를 살아 있게 하는 방식으로 생각하도록 자동으로 연결되어 있다. 이런 사고 패턴은 우리의 DNA에 강하게 새겨져 있다. 그것은 우리를 살아 있게 하지만, 매매를 어렵게 만든다.

강하게 새겨진 DNA에 대응하는 방법을 배우기 전까지는, 우리를 살아 있게 하는 바로 그것이 매매를 몹시 어렵게 만드는 것이다.

우리가 직면한 문제는 크게 두 가지 범주로 나뉜다.

1. 의식하든 안 하든 우리는 이 순간을 다른 순간과 연관시킨다.

2. 우리는 고통을 피하도록 연결된 마음을 가지고 있다.

우리는 경험으로부터 이익을 얻도록 연관시키는 법을 배워왔다. (과거의 순간을 현재의 순간과 연결하는) 연상과 고통 회피는 매매와 어울리지 않는다.

내가 왜 이런 말을 할까? 내가 연상과 고통 회피가 이익을 보는 매매에 해롭다고 말하는 이유는 무엇일까? 매매에서는 매 순간이 유일하고, 어떤 일이든 일어날 수 있기 때문이다. 매매는 동전 던지기 게임과 같다. 나를 포함한 많은 전문 투자자들의 승률이 50 : 50에 가까우므로 동전 던지기 비유는 생각보다 훨씬 더 적절하다.

만약 여러분이 앞면과 뒷면의 게임을 한다면, 결과에 대해 크게 걱정하지 않을 것이다. 시간이 지날수록 그것은 상당히 예측에 맞게 진행될 것이다. 당신은 50%를 이기고, 50%를 진다. 만약 졌을 때 1배를 잃고 이겼을 때 1.5배를 벌 수 있는 시스템을 개발했다면, 당신은 좋은 사업을 하는 것이다.

매매는 많은 면에서 그와 같다. 당신은 한 번 매매했을 때의 장점으로 시스템을 평가하지 않는다. 당신은 수많은 매매를 통해 그것을 판단한다. 결과는 50 : 50이 되어야 하지만, 앞면과 뒷면 게임의 결과가 고르지 않은 분포를 보일 때도 그렇게 한다. 나의 친구 데이비드 폴(David Paul)이 말했듯이, "하나의 결과에는 무작위성이 있지만, 100개의 결과에는 질서가 있다". 그는 동전 던지기에 대해 말하고 있었다.

한번은 동전을 100번 던지고 그 결과를 기록한 적이 있었다. 나는 15개의 앞면이 연속으로 나오는 것을 목격했다. 나는 동전에 명백한 결함이 있는지 확인하고자 잠시 멈추고 동전을 보았지만, 그런 건 없었다. 연속으로 15번의 매매에서 손실을 본다면 정신 상태가 나빠지리라 생각한다. 연속으로 15번의 매매에서 이겼다면 천하무적이라고 느낄 수도 있다.

시장은 스스로 할 일을 할 것이다. 시장은 당신이나 당신의 포지션에 개의치 않는다. 당신이 시장에 있든 한발 물러서 있든 상관없다. 당신이 15번의 연속적인 이익을 보더라도 시장은 개의치 않는다. 당신이 연속해서 15번의 손실을 보더라도 시장은 상관하지 않는다.

당신이 매매에서 졌다고 해서 이제 당신이 승리에 가까워졌다고 주장할 수는 없다. 그렇게 함으로써 당신은 우리가 하지 않도록 배워야 할 것을 정확히 하는 것이다. 모든 순간은 유일하다. 15번 연속으로 앞면이 나왔다고 해서 16번째에 앞면의 확률이 더 낮다는 것을 의미하지는 않는다. 확률은 여전히 50:50이다.

왜일까? 하나의 결과에는 완전한 무작위성이 있기 때문이다. 그것은 매 순간이 유일하다는 또 다른 표현이다. 하지만 시간이 지날수록 평균의 법칙이 작용할 것이고, 100번의 동전 던지기에서 여러분은 50번의 앞면과 50번의 뒷면을 경험할 것이다.

하지만 이것을 학문적으로, 심지어 논리적으로는 이해할 수 있더라도, 특히 당신이 15번 연속으로 이기거나 15번 연속으로 진다면, 이것을 감정적으로 이해하지 못할 가능성이 크다. 여기에 훈련된 마음과 훈련되지 않은 마음의 차이가 있다. 여러분이 두려움에 굴복하지 않도록 훈련된 마음으로 꾸준히 인도하겠다.

정보 인식

정보 그 자체는 우리에게 힘이 없다. 정보의 효능을 결정하는 것은 우리의 믿음 체계와 정보에 부여하는 에너지다. 만약 여러분이 모르는 사람으로부터 "당신은 죽은 사람입니다(You are a dead man)"라는 이메일을 받는다면, 여러분의 감정적인 반응은 "Du er en død mand(같은 의미의 덴마크어-옮긴이)"라는 이메일을 받았을 때와 매우 다를 가능성이 있다.

메시지는 동일하다. 하나는 영어이고 다른 하나는 덴마크어다. 그 자체로는, 문장은 단지 글자들이 합쳐진 구조일 뿐이다. 일단 그것이 뇌에서 해독되면 감정적인 전하를 부여받는다. 문장은 의미가 없다. 감정적인 반응을 일으키는 것은, 우리가 문장을 해석하는 방법이다.

따라서 순전히 기회주의적 관점에서 시장 정보를 인식하는 마음가짐을 상상해보자. 당신은 정보에 위협받지 않는다. 당신은 '오, 하느님, 왜 내가 이 움직임에 참여하지 않은 거지?'라고 생각하지 않는다. 당신은 '내가 어떻게 이 움직임에 참여하고 있지?'라고 생각하지 않을 것이다. 당신은 기회를 보는 마음의 틀에서 관찰하고 결정할 뿐이다. 그 마음의 틀은 위협을 보지 않는다.

시장은 온종일 틱 단위로 오르락내리락한다. 그것들은 패턴을 형성하고, 우리는 그것을 매매한다. 위아래로 움직이는 틱은 그저 틱일 뿐이다. 그러나 포지션을 보유하고 있을 때 이 틱들은 자신의 삶과 의미가 있다. 그것들은 당신을 인증하거나 깎아내린다. 그것은 당신이 매매하고 싶은 방식이 아니다. 그것은 이상적인 마음가짐이 아니다.

집중과 관심

우리는 마음이 끌리는 것에 집중한다. 나는 그것을 믿기 때문에, 나에게는 그것이 사실이다. 우리가 경험하는 두려움은 우리가 두려움의 대상에 집중하도록 함으로써 결국 우리가 피하려고 하는 그 경험을 만들어낸다.

당신이 집중하는 것이 무엇인지에 따라 마음이 정보를 찾는 간단한 예를 보여주고 싶다. 당신은 새 차를 샀다. 노란색 폭스바겐 비틀이다. 새 차를 운전하다 보면 다른 폭스바겐 비틀이 보이기 시작한다. 전에는 그런 적이 없었다. 당신의 마음이 비틀에 대한 정보를 당신의 의식에 허용하는 필터를 열게 된 것이다.

우리는 마음이 끌리는 것에 집중한다. 매수든 매도든, 시장에서 어떤 포지션을 가진 투자자는 고통을 덜어주고 즐거움을 주기 때문에 자신에게 유리하게 움직이는 가격 움직임(틱)에 집중할 것이다. 보유한 포지션과 반대의 움직임은 고통을 유발한다.

여러분은 내가 당연한 것을 말한다고 생각할지도 모르겠다. 맞는 얘기다. 내 요점은 당연한 것을 말하려는 것이 아니라, 이런 마음 상태가 다른 가능성에 열려 있지 않다는 걸 지적하려는 것이었다. 더 많은 두려움을 경험할수록, 마음은 더 적은 정보에 집중할 것이다. 초점을 좁힐 것이고, 그것은 당신이 대안을 인식하지 못하도록 할 것이다.

나는 실시간으로 매매하는 라이브 매매 채널을 운영하고 있다. 공개적으로 매매할 때, 내가 가장 자랑스러워하는 시나리오 중 하나는 시장을 잘못 읽었다는 사실을 받아들이고 내가 보유한 포지션의 방향을 바꾸는 것이다. 예를 들어 내가 다우존스 지수에서 매도 포지션을 취하고 있고, 시장이 나에게 불리한 방향으로 움직일 수 있다. 그때 나는 틀렸음을 인정하고 내가 보유하던 포지션을 정리한다. 그런 다음 반대 방향으로 포지션을 취하면서 다시 매매를 시작한다.

큰 규모로 매매할 때 이것을 하기 위해서는 엄청난 자기 신념이 필요하다. 이런 상황에서 도움이 되는 것은 내가 만든 만트라를 암송하는 것이다. "과정에 집중하라. 통제할 수 있는 것에 집중하라." 나는 이러한 유연성을 독려할 수 있는 신념 체계를 개발했다.

이런 마음가짐은 당신에게도 가능하다. 매매를 시작할 때, 나는 두려움 없이 정보를 인지할 수 있는 마음가짐을 만들고 싶었다. 그것은 이상적인 마음가짐이다. 그것을 만드는 데는 시간이 걸리지만, 보상은 당신의 노력과 직접적인 상관관계가 있다. 유레카의 순간을 기대하지는 마라. 차츰차츰 나아지기를 기대해야 한다.

신념

우리의 믿음은 우리가 정보에 어떻게 반응하는지를 결정한다. 우리는 깨끗한 도화지 상태로 태어났고, 우리의 믿음은 배우고 받아들여진다. 우리는 무엇을 생각해야 하는지를 배웠다. 우리는 신념을 형성하는 경험을 했다.

잠시 개인적인 얘기를 해보겠다. 나는 부모님이 어린 나이에 나를 버렸다고 생각했다. 그들은 이혼했고, 나는 그들의 싸움 대상이 되었다.

나는 이제 그것이 어떻게 내 신념을 형성했는지, 그것이 내 삶의 선택과 내가 내린 결정에 어떤 영향을 미쳤는지 알게 되었다. 운명을 스스로 책임질 나이가 되었을 때, 나는 그 혹독한 환경과 작별하고 고국을 떠나기 위해 최대한 많은 돈을 모았다.

이것이 매매와 어떤 관련이 있을까? 매매는 우리에게 자신을 표현할 수 있는 무한한 가능성을 제공한다. 우리는 거래 계좌를 개설할 수도 있고, 닫을 수도 있다. 여기서 당신은 최고위급 임원이다. 규칙이 없고, 제한도 없다. 당신이 원하는 대로 하면 된다. 당신은 더 이상 부모님의 영향을 받거나 가르침을 받지 않는다. 세상은 당신이 자유롭게 꿈을 펼칠 수 있는 곳이다. 당신이 하고 싶은 일을 할 수 있는 완전한 자유가 있다.

우리는 규칙에 따라 일하는 것을 원치 않는 경향이 있다. 결국 우리 젊은 시절의 많은 부분은 우리에게 규칙 준수를 요구하는 부모에게 반항하는 데 소비된다. 매매는 규칙이 없는 환경이다. 불행하게도 그 결과는 매우 놀랍다. 투자자에게는 자유의지가 있고, 그들 중 90%는 실패로 이끄는 신념 체계를 가지고 있을 것이다.

투자에서 성공하기 위해서는 매매 규칙에 따라 운영하면서도 구속받지 않는다는 느낌의 조합이 필요하다. 궁극적으로 우리는 완전한 자유를 원하기 때문이다. 본질적인 결론은 항상 최선의 이익을 위해 행동하는 마음가짐을 만드는 것이다. 기회를 보게 해주는 마음가짐이다. 그것은 당신의 약점과 무엇을 염두에 두어야 하는지를 알고 있다. 그것은 또한 정보에 위협받지 않고 정보를 받아들일 수 있다.

당신은 마음의 걱정이 없는 상태에서 투자를 운용할 수 있다. 나는 걱정이 없는 투자의 마음을 만들기 위한 청사진을 만들었다. 나는 매매에 대한 나의 신념을 바꿨다. 그것이 이 책의 핵심 메시지다. 우리가 생각하는 방식, 특히 손실에 대해 생각하는 방식을 바꾸는 것이다. 이 책은 나의 마음가짐을 설명하고, 당신에게 그 마음가짐을 알려주기 위한 것이다.

옛날의 사고방식은 여전히 거기에 있다. 그것은 항상 거기에 있을 것이다. 그것은 당신의 성격 일부다. 하지만 그 오래된 믿음은 더는 책임이 없다. 빛이 바랬고, 흩어져버렸다. 오래된 믿음에 작별을 고했다고 해서 그것이 기억에서 사라졌다는 의미는 아니다.

유치한 예를 들어보겠다. 우리는 산타클로스를 믿었다. 우리는 우리가 착하게 행동하면, 그가 선물을 줄 것이라고 믿었다. 그가 진짜가 아니라는 사실이 당신을 괴롭히는가? 당연히 아니다. 당신은 속았다는 감정적인 비난을 흩어버렸다. 당신의 삶은 더 나빠지지 않았다. 나는 내 오랜 투자의 신념에 대해 같은 감정을 품고 있다. 나는 길을 잃지 않았다. 나는 새로운 마음가짐으로 번창하고 있다.

한때 나는 식사 후에 담배 없이는 살 수 없다고 생각했다. 이제는 담배를 입에 물고 사는 삶을 상상할 수 없다. 매일 식사를 하지만 담배를 피우고 싶은 충동은 전혀 없다. 한때는 담배 없는 삶을 상상할 수도 없었다. 이제 나는 내가 담배에 푹 빠졌었다는 사실을 믿을 수 없다. 내 마음을 다시 프로그래밍하는 데 일주일이 조금 넘게 걸렸다. 이상적인 투자자의 마음가짐에 대한 내 청사진을 적용하면 당신에게도 같은 일이 일어날 것이다.

매매에서 극복해야 했던 나의 가장 큰 믿음은 손실에 직면했을 때 내가 만든 연상이었다. 나는 정신적 평형 상태를 만들기 위해 실패의 감정이나 시장에 복수를 원하는 감정과 손실을 분리하는 방법을 배워야 했다. 그것을 달성한 것은 나의 투자 실적에 중대한 도약이었다.

진실의 책

올바른 마음가짐을 만들기 위한 현실적인 요소로 주제를 옮기고 싶다. 굳이 빙빙 돌려 이야기하며 시간을 낭비할 필요가 없다. 본론으로 들어가 구체적으로 알아보자.

나는 언젠가 "최고의 경치는 가장 힘든 오르막 뒤에 온다"라는 표지판을 본 적이 있다. 속담은 복잡한 메시지를 단순화하지만, 기본적으로 핵심을 돌려 말한다. 그것은 정확한 방법을 알려주지 않는다.

어떻게 가파른 산을 걸어 올라갈 것인가? "그냥 오르는 거야"라고 말하는 것은 좋은 의도일 수도 있지만, 비참하게도 그 빌어먹을 산을 오르는 방법에 대한 의미 있는 설명으로는 한참 부족하다. 비슷한 맥락에서 "이익을 거두는 포지션을 유지"하고 "손실을 보고 있는 포지션을 정리"하라는 말은 이런 고귀한 투자 목표를 달성하기 위한 의미 있는 지침을 제공하는 데 처참할 정도로 부족하다.

매매를 시작했을 때, 나는 자격증을 가지고 있었다. 서류상으로는 매매를 잘할 수밖에 없는 사람이었다. 하지만 감정적으로는 여느 사람들과 다르지 않았다. 나는 돈을 잘 벌지 못했다. 내세울 만큼 돈을 벌지는 못했다는 표현이 맞을 듯싶다. 좋은 날 버는 돈보다 나쁜 날에 잃는 돈이 더 컸다. 물론 나쁜 날보다 좋은 날이 더 많았지만, 나쁜 날은 직장을 그만두고 다른 직업을 구하는 편이 나을 정도였다. 그것이 매매를 통해서보다는 더 많은 돈을 벌었을 것이다.

차트를 준비하는 것 말고 내가 이 게임에 가져온 것에 대해 의문을 갖지 않았다. 그저 아침에 출근해서 매매하고 차트를 연구했다. 바로 그거였다. 나는 그게 전부라고 생각했다. 잘 안 될 때는 더 많은 연구를 했다.

하지만 나는 결코 내면을 들여다보지 않았다. 바로 그때 어떤 일이 일어났다. 2만 5,000명의 투자자가 4300만 건의 매매를 수행한 것에 관한 (책의 앞부분에서 설명한) 연구를 읽었고, 나도 그들과 똑같다고 생각했다. 그들은 모두 자신들이 이익을 거둘 것이라고 믿었지만, 사실 그들 중 어느 누구도 이익을 거두지 못했다.

그것은 내가 투자에 대해 전체적으로 생각하도록 만들었다. 나는 매매 기법에 집착했었다. 나는 기술적 분석에 관해서는 많을수록 좋다는 믿음을 가지고 있었다. 하지만 나는 원하는 결과를 얻지 못했다.

그것은 내가 생각하고, 내가 믿는 것에 대해 다시 돌아보게 했다. 더 중요한 것은, 내 신념이라고 생각하는 것이 실제로 내가 더 나은 투자자가 되는 데 얼마나 도움이 되고 있는지 궁금해졌다. 그때까지는 그렇지 않았다.

당신의 믿음이 당신의 세상을 만든다. 당신이 세상을 어떻게 보는지는 당신이 믿는 것의 결과다. 어떤 믿음들은 식별하기 쉽다. 나는 우리가 환경을 돌봐야 한다고 생각하기 때문에, 반드시 물건을 재활용한다. 그것은 믿음의 한 사례이고, 쉬운 사례였다. 당신의 믿음이 당신의 매매 실적을 어떻게 만들고 있는가? 당신은 당신의 투자에 대한 신념이 무엇인지 알고 있는가?

당신의 매매 성과는 당신의 신념 체계의 함수이고, 당신의 매매 성과를 해부해야만 당신이 가지고 있는 신념 체계가 무엇인지 알아낼 수 있다. 당신의 투자에 대한 신념을 확인하는 쉬운 방법이 있다. 쉽다고는 하지만, 힘든 일이기도 하다.

내 친구는 자신의 서핑 실력을 향상시키고 싶어 사람을 고용해 서핑하는 동안 동영상을 찍게 했다. 그는 자신이 서핑하는 모습을 보았고, 자신의 문제를 파악할 수 있었다. 내 친구는 코어 근육을 강화할 필요가 있었고, 그는 많은 파도를 탔기 때문에 자신이 선택한 파도를 절반쯤 믿는 것이 아니라 전적으로 신뢰해야 했다.

비슷한 방식으로, 나는 내 문제가 무엇인지 진정으로 이해하기 위해 내 매매를 재현해볼 필요가 있다고 결정했다. 그래서 매매 결과를 엑셀 시트에 내려받아 작업을 시작했다. 나는 매매를 꼼꼼하게 재현했다. 내 매매를 여러 범주로 나누었는데, 그중 많은 것들이 하나 이상의 범주에 포함되어 있었다.

며칠 동안 포지션을 보유한 매매도 있었고, 몇 초 동안 보유한 매매도 있었다. 아침에 하는 매매도 있었고, 오후나 저녁에 실행한 매매도 있었다.

내 매매에 대한 나의 평가를 읽고, 여러분도 자신의 매매에 똑같이 해볼 것을 추천한다. 이것은 자신이 누구인지, 시장과 어떻게 상호 작용하는지를 이해하는 데 중요한 단계다. 그러고 나면, 내가 '진실의 책'이라고 부르는 것을 만들게 될 것이다.

무엇보다도 나처럼 스스로에게 솔직해야 한다. 자신에게 정직하지 않으면 매매의 일관성으로 보상받지 못할 것이다. 자신에게 정직할 수 있는 용기는 그 자체로 보상이다.

내 평가는 다음과 같다.

1. 승률이 85%를 넘는 시기가 있었다.

2. 이길 때의 평균 이익 금액이 질 때의 평균 손실 금액보다 적었다.

3. 나는 성공적인 투자자였지만, 큰 손실이 전반적인 손익에 심각한 타격을 입혔다.

4. 하루의 앞 절반에는 매매가 잘되었다.

5. 일주일 중 처음 3~4일은 매매가 잘되었다.

6. 오후에 매매할 때 오전의 수익을 돌려주는 경우가 많았다.

7. 종종 금요일에 일주일 이익의 상당 부분을 잃었다.

8. 시장이 제한된 가격대에 갇힌 날에는 매매가 아주 잘되었다.

9. 나는 거의 항상 추세가 형성된 날을 놓쳤고, 종종 그 추세와 싸우곤 했다.

10. 나의 가장 큰 손실은 추세에 대항하면서 만들어졌다.

내 성과를 분석한 것은 엄청난 카타르시스를 안겨주었다. 나는 나 자신의 실수를 검토하는 일에 큰 기쁨을 느꼈다. 실제로 더 나은 나 자신을 향해 나아가고 있는 것 같았기 때문이다.

모든 매매를 관련 차트에 표시하기 위해 매우 많은 시간이 걸리는 결정을 내렸다. 나는 모든 매매가 포함된 파워포인트 파일을 작성해 내

성과를 시각적 이미지로 나타냈다. 이것이 바로 진실의 책이다.

나는 이 과정이 내 성과를 높이는 데 가장 유익한 실제적인 연습이라고 생각한다. 나는 매일 내 모든 결점과 마주했고, 지금도 그 결점들을 시각적으로 표현하고 있다. 손실을 시각적으로 표현하는 행위는 단순히 포스트잇에 "손절매 없이 매매하지 말라"는 메모를 적어 모니터에 붙이는 것보다 훨씬 강력한 변화의 도구인 것 같다.

나는 매일 아침 매매가 시작되기 전에 파워포인트 파일을 사용하여 준비운동을 한다. 내가 잘하는 것들과 나의 몰락을 초래하는 것들을 떠올린다. 내가 최선의 이익을 위해 행동하고 있는지 확인하는 일은 내 프로세스의 필수적인 부분이 되었다.

예전의 매매, 과거의 상처, 이전의 성공을 시각적으로 회상하는 과정을 시작했을 때, 나는 내가 잘하는 것을 복제하고, 내가 잘못하는 것은 피하도록 힘을 실어주는 강한 감정을 느꼈다. 나는 즉시 다른 방법으로 매매했고, 매매 실적이 눈에 띄게 개선되는 것을 보았다. 새로운 사고 체계에 익숙해져야 했지만, 결과는 즉각적이었다. 나는 더 많은 돈을 벌었다.

나는 시장을 훨씬 더 신뢰하게 되었다. 나는 매일 돈 벌 기회가 주어질 것이라고 믿었다. 이상하게 들릴지 모르지만, 나는 매매를 덜 하고 더 많은 돈을 벌기 시작했다. 물론 첫날부터 완벽하지는 않았다. 오늘도 나는 완벽하지 않다. 사실 내 신념 중 하나는 매매에서 완벽함을 주장하지 않는다는 것이다.

내가 마주한 진실 가운데 하나는 적을수록 좋다는 것이었다. 하루 중 시간대와 나의 수익 사이에는 분명한 관계가 있었다. 오후에는 오전만큼 수익이 좋지 않았다. 오전에만 매매하면 돈을 더 벌 수 있었을까? 통계는 그렇다고 말하지만, 내 마음은 아니라고 말했다. 나는 매매하고 싶었고, 오후에도 매매해야 한다고 느꼈다(혹은 오히려 내 믿음이 그렇게 지시했다). 파트타임으로만 매매한다면 어떻게 스스로를 투자자라고 부를 수 있겠는가? 그것은 시행착오의 과정이었다.

이것이 바로 진실의 책이 선사한 즉각적인 혜택이었지만, 나는 거기서 멈추지 않았다. 나의 매매 동기에 대해 심각하게 의문을 갖기 시작했다. 나는 90%가 수익을 내지 못하는 매매에서 대중으로부터 자신을 분리하는 유일한 방법은 마음이 가장 친한 친구이거나 가장 나쁜 적이라는 사실을 인정하는 것이라고 생각한다.

게임을 앞두고 마음의 준비를 하지 않은 상태에서 게임 중에 역경을 경험한다면, 당신의 마음은 당신의 주된 목표에 반해서 작용할 가능성이 크다. 당신의 주된 목표는 돈을 버는 것이 아니다. 당신의 주된 목표는 당신이 개발한 전략을 따르는 것이다. 무엇보다도 당신의 주된 목표는 당신이 설계한 과정을 따르는 것이다. 그 과정을 따라가다 보면 결과는 저절로 따라온다.

나는 목표를 세우지 않는다. 나는 내 과정에만 집중한다. 나는 과정 지향적인 투자자다. 나는 공공연하게 목표 지향적인 것이 목표를 달성하는 데 도움이 된다고 생각하지 않는다. 물론 목표는 이기는 것이다. 하지만 역경에 처한 마음은 스트레스를 받는 마음이다. 스트레스를 받는 마음에는 구조화와 과정이 필요하다. 그렇지 않으면 그 마음은 두려움, 복수, 절망의 감정에 굴복할 것이고, 그 마음이 내리는 결정은 이러한 감정에서 비롯될 것이다. 누가 두려움이나 스트레스에 근거하여 재정의 건강에 관한 결정을 내리고 싶겠는가?

마음은 인도가 필요하다. 중간 휴식 시간에 선수들의 상상력을 일깨우기 위해 고안된 전문적인 강연을 한 미식축구 코치에 대한 글을 읽은 적이 있다. 한번은 그의 팀이 뒤진 상태로 전반전을 마쳤다. 라커 룸에서 쉬는 동안 코치는 그가 준비한 특별한 영상을 틀었다. 그 영상은 미식축구 역사상 가장 위대한 역전승 가운데 일부였다.

영상을 보여준 목적은 선수들이 스트레스에서 벗어나는 방법을 제공하는 것이었다. 그것은 선수들에게 가능한 것에 대한 정신적인 이미지를 주었다. 적절한 동기 부여와 함께, 선수들이 과정에 집중하도록 격려하고, 현재를 유지하고, 제대로 된 기회를 기다리고, 과정을 신뢰함으로써 그들의 마음은 스트레스를 받는 것에서 준비되는 것으로 바뀌었다.

내 매매 인생의 첫 부분은 투자자들, 수천 명의 투자자가 매일 매매하는 것을 관찰하는 거래 현장이었음을 상기시켜주고 싶다. 전반전에 뒤처진 사람들은 자신을 도와줄 정신적인 도구가 없었고, 결과적으로 날이 갈수록 그들이 있던 구멍을 점점 더 깊이 파는 경향을 보였다고 단호하게 주장할 수 있다.

예전의 자신을 버리기

영화 〈글래디에이터〉에서 막시무스가 전투를 앞두고 의식적으로 손에 흙을 문지르던 장면을 기억하는가? 이 정신적 준비의 상징을 통해 그는 어떻게 예전의 자신을 버리고 있었을까? 나도 예전의 내 모습을 뒤로하고 떠나야 한다. 나도 오늘은 어제와 다른 사람이 되어야 한다. 시카고 거래소의 전설적인 채권 트레이더인 찰리 디프란체스카(Charlie DiFrancesca)는, 좋은 매매는 정상적인 인간의 본능에 반하는 것이라고 말했다. 성공하려면 불편함에 익숙해져야 한다.

매매는 자기와의 싸움이다. 아침마다 나는 허물을 벗고 다른 사람이 되어야 한다. 진실의 책은 내 변화의 열쇠다. 그것은 오래된 행동 패턴보다 더 잘하고 싶은 욕구를 불러일으킨다. 나는 정신적인 게임에 집중하고 매일 과거의 행동으로 자신을 마주하는 과정을 거치지 않았다면, 지금의 내가 되지 못했을 것이라고 확신한다.

나는 일기를 관찰한 결과에 근거하여 이것이 사실이라고 주장한다. 내 매매 변화의 촉매제 중 하나는 오래된 사무실 캐비닛을 정리하는 일에서 비롯되었다. 거래일을 꼼꼼히 기록한 매매 일지를 발견했다. 10년간 써온 일기를 읽으면서 나는 내가 매매를 잘하기 위해 얼마나 필사적이었는지를 보았다.

나는 날마다 손실을 보는 매매에 포지션을 추가하지 않겠다고 어떻게 나 자신에게 약속했는지, 월요일부터 목요일까지 매매를 잘하겠노라 약속하고 어떻게 금요일에 모든 것을 잃게 되었는지, 한 가지 설정을 고수할 것이라고 어떻게 나 자신에게 약속했는지를 보았다.

시련과 고난의 페이지를 한 장 한 장 읽으면서, 지금 내가 읽고 있는 그 글을 쓴 나 자신이 정말 고통스러워한다는 것을 알았지만, 그가 변하지 않았다는 것도 함께 깨달았다. 그는 매일 같은 실수를 반복하고 있었다. 그의 연구가 그를 기술적 분석의 전문가 영역으로 더 깊이 데

려갔기 때문에 그는 더 기술적으로 유능해졌을 수 있지만, 그의 마음이 스트레스를 받을 때마다 같은 실수를 반복했다.

앞에서 말했듯이, 그것은 깨달음이 아니었다. 내 변화는 천천히 왔다. 내 모든 차트 연구가 내가 성취하려는 목표를 향해 의미 있게 나를 움직이지 않는다는 것을 점진적으로 깨달았다. 오히려 그것들은 실제 문제로부터 나를 산만하게 했는데, 그것은 일이 계획대로 되지 않을 때 드러나는 나의 행동이었다. 과정에 집중하고 스트레스 없는 마음으로 운영할 수 있는 도구를 갖는 대신, 잃어버린 돈을 되찾으려는 의도로 어리석은 매매에 굴복했다. 돈을 잃은 아픔을 떨쳐버리고 싶은 마음이 간절했고, 시장의 모든 움직임을 마구잡이로 쫓는 것이 해결책이었다. 그리고 내가 한 일은 구멍을 더 깊이 파는 것뿐이었다.

진실의 책은 여러분에게 자신의 단점을 가까이서 마주하는 시간을 줄 것이다. 그것은 내 잘못이 무엇인지 깨닫게 해주었다. 나는 또한 좋은 매매를 계획하기 시작했다. 진실의 책은 내가 피하고 싶은 행동을 상기시키는 데에만 필요한 것은 아니었다. 내가 추구하고 싶었던 행동을 스스로 상기시키는 것도 필요했다.

내가 각 거래일을 준비하기 위해 사용하는 차트는 내 예전 매매가 표시된 차트다. 그렇게 하면 나는 감정적으로 매매를 다시 경험할 수 있고 나에게 좋은 행동을 강화할 수 있으며, 나의 약점이 무엇인지 스스로에게 상기시킬 수 있다.

예제

2022년 3월 4일 금요일은 변동성이 매우 큰 거래일이었다. 동료가 브렌트유가 급등하고 있다고 알려줬다. 그림 25에 있는 차트를 보면서 '와, 정말 그렇구나'라고 생각했다

나는 이 10분 차트의 첫 번째 되돌림에 매수 포지션을 취했다. 이 진입 시점에는 아무런 문제가 없다. 나는 추세를 따라 매매하고 있지만, 이전의 매매를 돌아보면, 그 정확한 순간에 감정적으로 안정된 관점에서 매매하고 있지 않았음을 인정한다. 나는 순전히 다른 투자자의 의견에 따라 시장의 움직임에 동참하고 싶었다.

그래서 별생각 없이 매수 포지션을 취했다. 그리고 나는 손절매를 염두에 두지 않았다. 단지 안전을 위해 임의의 손절매 가격을 정했다. 그림 26을 참조하라.

이것이 진실의 책이 갖고 있는 힘이다. 나는 그런 것들을 나 자신에게 상기시키고 싶다. 아침에 거래가 시작되기 전에 톰 호가드(나)가 침착하게 흥분의 감정적 소용돌이에 휘말리지 않고 아드레날린과 도파민으로 가득 찬 뇌에 휩싸이지 않을 때 매매가 가장 잘된다는 것을 나 자신에게 상기시키고 싶다.

나는 매매 화면에서 내 매수 포지션이 돈을 잃는 것을 보았다. 비록 내가 다른 투자자(내가 존경하는 투자자)의 감정에 사로잡혔지만 나는 그가 아님을 스스로 상기시켰다. 나는 나였다. 나는 그 매매를 끝내고 기다렸다. 나는 충동적인 거래를 했었다. 실제 계획이나 설정이 없는 감정적인 거래였다. 매매에서 손해를 보는 일이 갑자기 충동적으로, 진지

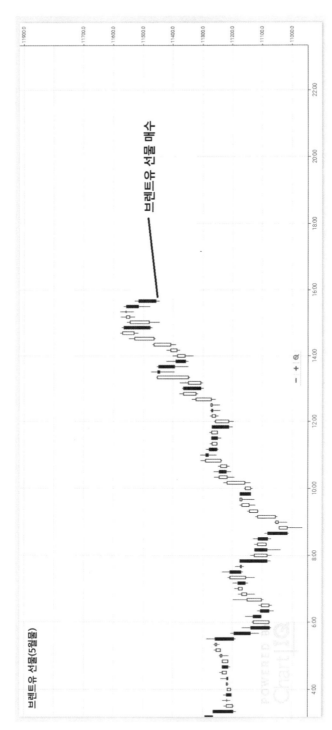

브렌트유 선물(5월물)

브렌트유 선물 매수

그림 25

브렌트유 선물(5월물)

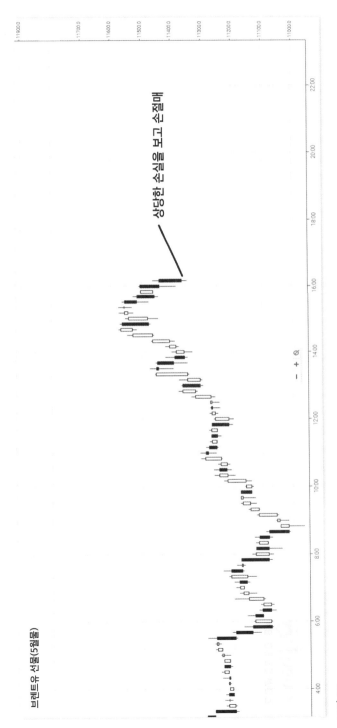

상당한 손실을 보고 손절매

그림 26

하게 생각하지 않고 행동하는 것만큼 짜증이 나지는 않는다. 나는 30초 동안 그것에 대해 생각할 수 있었고 결과는 매우 달랐을 것이다.

나는 마음을 가라앉히고 차트를 철저히 분석한 뒤, 더 나은 진입 시점을 결정했다. 나는 내 과정, 즉 나에게 맞는 과정을 사용했다. 그리고 그림 27의 패턴이 나타났다. 하루 중 늦은 시간이었고, 긴 거래 주간 후에 편안한 저녁을 준비했다. 나는 브렌트유를 매수하고 포지션을 유지했다.

포지션 진입을 위한 설정은 단순한 하모닉 패턴(반전 시점을 결정하는 패턴-옮긴이)의 되돌림이다. 첫 번째 되돌림과 두 번째 되돌림이 똑같다. 이 패턴은 위험을 쉽게 통제할 수 있는 기막힌 진입 시점을 제공한다.

나는 내가 잘하는 것들을 스스로에게 상기시키고 싶다. 내가 침착하지 않을 때, 내가 쉽게 할 수 있는 것들을 스스로에게 상기시키고 싶다. 장이 열리기 전에 그것을 하고 싶다. 나는 내가 절대로 완벽하지 않다는 것을 인정한다. 나는 가끔 금요일 오후에 멍청하게 브렌트유 매매를 할 것이다. 친구가 자신의 성공 이야기를 하기 때문이다. 하지만 나는 새로운 데이터가 명백해지면 미사일처럼 스스로 조정할 것으로 생각하고, 나의 정신적 준비가 나의 실수를 짧게 만든다고 생각하고 싶다.

신뢰

매매를 검토한 결과, 내가 자신이나 시장을 신뢰하지 않는다는 것이 드러났다. 수익성 있는 매매에는 신뢰가 필요하다. 일어날 수 있다고 믿

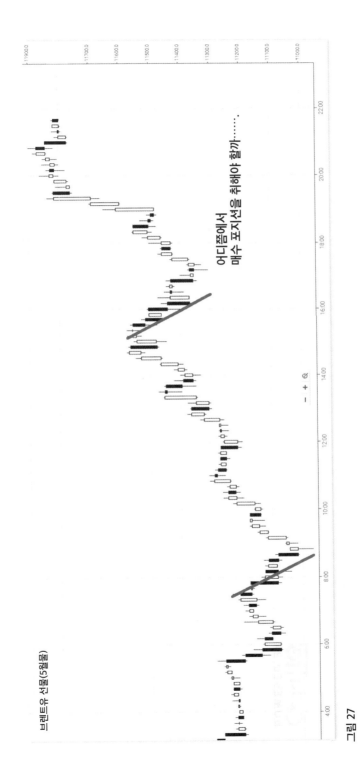

브렌트유 선물(5월물)

어디쯤에서
매수 포지션을 취해야 할까……

그림 27

출처: eSignal(esignal.com)

지 않는다면 시작조차 하지 말아야 한다. 신뢰하지 않으면 돈을 벌 수 없다. 따라서 다시 매매를 시작하기 전에 자신과 시장에 대한 믿음을 다져야 한다.

내가 보기에 신뢰는 두 가지 범주로 나뉜다.

자신에 대한 신뢰

당신은 매매로 생계를 유지하는 데 필요한 모든 도구를 이미 가지고 있다는 것을 믿어야 한다. 물론 기술적 분석 분야(또는 매매 결정을 내리는 데 사용하는 모든 도구)에서 특정 수준의 역량을 획득해야 한다.

나는 끊임없이 변화하는 시장의 특성에 대한 이해를 높이기 위해 계속해서 기술적 분석을 공부하고 있지만, 기술적 분석이 나에게 돈을 벌어주는 것은 아니다. 돈을 벌게 해주는 것은, 꾸준히 돈을 버는 데 필요한 모든 기술을 이미 가지고 있다는 사실을 신뢰하는 것이다.

내가 초기 매매에서 좀 더 성공하지 못한 이유는 기술적 분석을 충분히 알지 못했기 때문이 아니다. 기술적 분석만 있으면 된다고 생각했기 때문이다. 하지만 그것은 전에도 사실이 아니었고, 지금도 사실이 아니다.

나는 기술적 분석 이외의 문제에 시간과 관심을 집중하지 않았다. 나는 올바른 것에 집중하지 못했었다. 나의 기술적인 지식은 이 게임의 다른 면에 대해 생각하는 것에 시간을 투자하지 않았기 때문에 감정적인 성숙함과 일치하지 않았다.

당신은 필요한 모든 도구를 이미 가지고 있다는 것을 믿어야 한다. 그렇지 않으면 달성할 수 있다고 아는 것과 달성하고 있는 것 사이의 차이를 메울 수 없다. 당신은 믿어야 한다. 그 믿음은 행동에서 나온다. 그 문제는 잠시 후에 다룰 것이다.

시장에 대한 신뢰

신뢰의 두 번째는 시장에 대한 신뢰다. 아침에 출근했을 때, 장을 시작하는 벨이 울릴 때 진입을 위한 완벽한 설정이 눈앞에 나타난다면 정말 좋을 것이다. 하지만 거의 그렇지 않다.

나는 5분 차트와 10분 차트를 매매에 주로 사용한다. 내 경우에 일반적인 거래 시간은 10시간 이상이다. 즉 5분 차트로 총 120개의 봉을 마주하게 된다.

매매 실적을 검토하면서 깨달았다. 나는 시장이 내가 돈을 버는 데 필요한 기회를 줄 것으로 믿지 않았다. 그것은 빈약한 믿음이었다.

나는 내가 가장 자주 거래한 소수의 상품에서 10년 동안의 일일 장중 데이터를 검토하여 그런 믿음이 틀렸음을 증명하고자 했다. 나는 단지 패턴을 식별하기 위해 공부한 것이 아니다. 나에게 도움이 되는 기술적 분석의 설정이 매일 반복된다는 것을 증명하기 위해 공부했다.

나는 새로운 신념에 도달했다. 나는 매일 돈 벌 기회를 주는 시장을 신뢰할 수 있다고 믿게 되었다. 나는 그 5분 차트의 봉 중에서 적어도 2~3개는 훌륭한 진입 시점을 만들어낼 것이라는 사실을 믿게 되었다.

나는 시장이 나에게 더 긴 타임프레임의 하락 추세에서 형성되는 이중 고점이나 추세 지속 신호와 같은 완벽한 진입 시점을 제공할 것이라고 믿게 되었다. 결론적으로, 나는 연구를 통해 밝혀낸 증거를 중심으로 새로운 믿음을 형성했다. 나는 그런 이상적인 설정을 기다림으로써 매매를 통해 좋은 삶을 살 수 있다는 것을 받아들였다.

하지만 이런 이상적인 설정이 내가 원할 때, 그리고 내가 매매할 수 있는 시간에 반드시 실현되는 것은 아니다. 신뢰 이상의 다른 것이 필요하다.

신뢰는 시장을 놀이터로 만드는 여정의 필수 조건이지만, 그것이 유일한 요소는 아니다. 나는 내 행동의 다른 부분을 연구할 필요가 있었다. 나는 오후 매매 시간이 되기 전에 종종 피곤함을 느낀다. 한 주가 지나갈수록 피곤할 때가 많다. 그것은 따분함과 조급함에서 직접 기인하는 잘못된 결정으로 이어졌다.

인내

부족한 인내심이 나의 약점이라는 것을 깨달았다. 하지만 인내심에는 여러 종류가 있다. 예를 들어 어린 자녀에게 읽기를 가르치는 어머니는 조급함을 느끼겠지만, 결국 모든 자녀가 읽기를 배운다는 사실을 스스로 상기시킬 것이다.

부모가 경험할 수 있는 조바심은 최종 목표 도달까지 남은 시간이 감소할수록 완화된다. 우리가 계속하는 한, 아이들이 기본적인 읽기 기술을 배우리라는 것을 알고 있다. 아이들이 원하는 기술을 향해 조금씩 나아가고 있으므로 우리는 인내심을 가져야 한다.

인내심이 육아에서 매매로 직접 옮겨갈 수 있는 자질이라고 주장할 수는 없다. 부모로서 자녀가 읽을 때까지 참을성 있게 노력할 것이라고 말할 수는 있다. 그러나 시장은 원하는 진입 시점에 도달하지 못할 수도 있으므로 시장이 원하는 진입 시점에 도달할 때까지 인내심을 가지고 기다리겠노라 말할 수는 없다.

결과적으로 여러분은 부모가 느껴보지 못한 감정들을 경험하게 될 것이다. 시장이 당신 없이 움직일 거라는 두려움을 경험하게 될 것이다. 당신이 올라탈 기회를 시장이 주지 않을까 걱정할 것이다. 적절한 훈련이 없다면, 당신은 이런 두려운 충동에 따라 행동하게 된다.

내가 가지고 있는 모든 데이터를 살펴보지 않았다면 올바른 설정을 기다리겠다는 결정을 확신하지 못했을 것이다. 나는 내 준비 과정이 너무 철저하다는 것을 인정하지만, 그 준비 과정에는 상당한 금전적 보상이 뒤따른다.

의심할 여지 없이, 런던의 거래소에서 10년 동안 투자자들이 보여준 가장 큰 결점 중 하나는 추세에 동참하기엔 너무 늦었다고 생각하는 것이었다. 추세가 형성되고 있는 날, 계속해서 그날의 최저점을 찾으려고 노력하는 고객들을 목격하는 것은 흔한 일이었다.

그런 날은 고객들 대부분이 손해를 봤다. 시장이 상승하고 있다면, 그들은 아무것도 하지 않거나, 매도 포지션을 취할 가격대를 찾으려고 애쓸 것이다. 만약 시장이 하락하고 있다면, 그들은 아무것도 하지 않을 수도 있지만, 그날의 최저가를 찾아 매수 포지션을 취할 가능성이 더 크다.

그 같은 행동이 많은 개인투자자 집단에 걸쳐 아주 흔했다는 점을 고려할 때, 나는 추세에 역행하고 싶게 만드는 우리의 사고에 내재한 결함이 우리에게 있다고 결론짓는다. 나는 앞에서 우리가 값싼 것을 추구하도록 강요하는 이런 식의 슈퍼마켓 사고방식에 대해 언급했었다.

이런 행동이 흔한 또 다른 이유는 기술적으로 과매수 또는 과매도 가격 수준으로 알려진 것을 표시하는 차트 지표를 많이 사용하기 때문이다. 과매수 또는 과매도 지표의 사용은 추세 시장에서 끔찍한 기록을 가지고 있다.

내가 볼 때 인내심은 비참한 실패자와 시장의 마법사 사이에 차이를 만드는 기술이다. 나는 인내심을 발전시킬 수 있다고 생각하기 때문에 '기술'이라는 단어를 사용했다.

나는 두 가지 방법으로 매매에 대한 인내심을 키웠다. 둘 다 기본적으로는 실용적이지만, 응용하는 방법은 매우 다르다. 하나는 선행적인 훈련이고, 나머지 하나는 후행적인 훈련이다.

정보 영역의 확장

선행적인 훈련은 정보 영역의 확장이라는 개념을 중심으로 발전했다. 나는 매일 밤 내가 가장 좋아하는 시장의 차트를 인쇄하는데, 거래 시간이 여전히 내 마음에 생생한 시간이다. 예를 들어 DAX 지수 차트와 FTSE 지수 차트를 5분 차트와 10분 차트로 인쇄한다.

두 개의 타임프레임으로 인쇄하는 이유는 균형감 때문이다. 나는 5분 차트를 사용하면 과도한 매매를 유발한다는 것을 발견했다. 10분 차트를 고려함으로써 나는 의사 결정 속도를 늦추도록 스스로 강요하고 있다. 시간을 늦추는 이 행동은 또한 나의 인내심을 강화한다. 나는 5분 차트만 볼 때보다 10분 차트를 함께 볼 때 더 명확하게 볼 수 있어서 10분 차트를 본다.

하지만 인내심은 쉽게 얻을 수 있는 자질이 아니다. 나는 50대 남자이고, 내가 살아오는 동안 세상은 인내심 없는 사람들과 영합해왔다. 내가 어렸을 때, 일요일 오후에 가족들의 우유가 떨어지면, 월요일 아침까지 기다려야 새 우유를 살 수 있었다. 일요일에는 대부분의 가게가 문을 닫았다.

내가 과거에 머문 사람처럼 보인다면 용서를 바란다. 정말 아니다. 나는 기술 발전을 좋아한다. 많은 놀라운 일들이 우리 삶의 발전에서 비롯되지만, 동전의 반대쪽은 우리가 종(種)으로서 또한 인내심이 없어졌다는 것이다.

이것은 당신이 투자 여행을 떠날 때 기억해야 할 중요한 것이다. 얼마 전, 나는 나빈더 사라오(Navinder Sarao)라는 신사에 대해 읽었는데, 그는 악명 높은 2010년의 플래시 크래시(금융 상품 가격이 일시적으로 급락하는 현상을 일컫는 용어로, 2010년 5월 6일 다우 지수가 거래 종료를 15분 남기고 10여 분 만에 1,000포인트 가까이 폭락했다가 재반등한 사건에 붙여진 이름 - 옮긴이)와 동의어가 된 투자자다. 리암 본(Liam Vaughan)의 《플래시 크래시(Flash Crash)》에서 나빈더가 가지고 있던 주요 기술 중 일부는 집중력과 인내심이었다는 것이 분명해진다. 책에 따르면, 나빈더 사라오는 방해받지 않으려고 함께 일하는 투자자들로부터 자신을 숨겼다. 그는 집중력과 인내심을 발휘하기 위해 주변의 조용함이 필요했다.

매일 특정 차트를 출력하는 훈련은 매일 시장이 좋은 매매를 할 기회를 줄 것이라는 믿음을 심어준다. 이 훈련은 또한 시장의 새로운 움직임을 발견하고 패턴을 발견할 수 있는 마음과 눈을 단련할 기회다. 나는 당신이 당신의 눈이 보도록 훈련한 것만 본다고 믿는다.

이미지와 호흡

두 번째 훈련은 시작이 어렵다. 어떤 사람들은 이 훈련을 명상이라 부르고, 또 어떤 사람들은 시각적 이미지라고 부른다. 나는 그것을 부르는 이름이 없지만, 내가 이루고 싶은 것이 무엇인지는 알고 있다. 마음을 진정시키고 싶다. 내 기분에 따라 다음 중 하나의 도구를 사용하여 고수익 데이트레이더가 되기 위해 마음을 훈련한다.

나는 편안한 자세로 조용히 앉아 호흡을 관찰한다. 7초 동안 숨을 들이마시고, 11초 동안 숨을 내쉰다. 이 동작을 반복한다. 마음이 차분해지는 데 필요한 만큼 길게 또는 짧게 한다. 때로는 5분이 걸리기도 하고, 때로는 15분이 걸리기도 한다.

이 훈련의 목적은 마음을 진정시키는 것이다. 나는 호흡 훈련을 통해 주의력을 크게 높일 수 있었다. 처음에는 망설였다. 심지어 이 훈련에 관한 글을 쓰는 것을 망설였다. 이것은 새로운 시대의 유행인 듯싶다. 호흡을 통한 마음의 안정은 수준 높은 운동선수들이 광범위하게 사용하고 있다. 포뮬러 원 드라이버들에게 명상이 유행한다는 많은 글을 읽었다. 내가 존경하고 영감을 받는 뛰어난 스포츠 스타들이 자신의 실력을 향상시키기 위해 시선을 내부로 돌리고 있다는 사실은 놀라움과 안도감을 안겨주었다.

솔직히 말해야겠다. 나는 명상이나 이미지에 대한 공식적인 훈련을 받은 적이 없다. 나는 그저 내 머릿속에 들어오는 것을 믿고 나 자신을 인도하게 할 뿐이다. 내 정신적 이미지는 신체적으로 위험한 상황에 놓이도록 설계되었다. 악어와 마주칠지도 모른다. 가파른 암벽을 오를 수도 있다. 괴물 같은 파도를 탈 수도 있다. 훈련은 간단하다. 나는 이미지를 통해 맥박을 높인다. 그런 다음 의식적으로 호흡에 집중하고 상황을 있는 그대로 받아들인다. 목표는 이미지에 맞서 침착함을 유지하는 것이다.

일단 마음이 진정되면, 중개 회사가 허용하는 가장 큰 규모로 매매하는 나 자신을 보게 된다. 나는 시장이 나에게 불리하게 움직이는 것을 보고, 내 손익이 마이너스로 깊이 들어가는 것을 시각화한다. 맥박이 올라가는 것을 느끼고, 이를 진정시키는 데 집중한다. 나는 이 과정을 반복한다.

나는 점점 더 상승하는 추세에 올라탄 나를 본다. 내 이익이 점점 더 커지는 것을 본다. 나는 내 마음이 이익을 실현하라고 말하기를 기다리고 있다. 그런 다음 테이프를 멈추고 스위치를 돌린다. 마음을 진정시키고, 냉정하게 손익을 바라보는 나 자신을 본다. 시장의 흐름에 따라 점점 더 큰 수익이 나는 것을 무심히 관찰할 수 있을 때까지 숨을 진정시킨다. 목표는 시장의 냉정한 관찰자가 되는 것이다. 목표는 두려움 없이, 희망 없이, 가격의 움직임에 대한 객관적인 평가 외에는 아무것도 없이 행동하는 것이다.

도움 요청하기

나는 믿음이 우리의 삶을 형성한다고 생각한다. 나는 나의 모든 믿음이 내가 살고자 하는 삶에 도움이 되는 것은 아니라고 생각한다. 나는 그것들이 거기에 있음을 인정하고, 자아에 대한 지식이 발전함에 따라 내 능력을 최대한 발휘하여 그것들을 조절한다. 나는 내 신념을 어떻게 다루어야 할지에 대한 역발상의 아이디어를 생각해냈다.

그것은 "직접 봐야 믿을 수 있다"라는 옛 속담을 중심으로 발전한다. 앞뒤를 뒤집어 "믿으면 보인다"라고 말하는 것은 어떨까? 이 말은 보기 전에 우선 믿어야 한다는 주장이다. 우리의 믿음 중 많은 것들이 우리의 성장기부터 우리를 구성하는 일부였다. 그것들은 싸우지 않고는 떠나지 않을 것이다. 물론 여러분은 그것들과 싸우지 않고 받아들일 수도 있다.

나는 이 과정을 '도움 요청'이라 부른다. 빈 종이를 들고 앉아 질문을 던진다. "이미 시작된 하락 추세에 합류하는 것이 두려운 이유는 무엇일까?" 나는 마음속에 떠오르는 것을 모두 적는다. 눈을 감고 앉아서 내 생각을 관찰한다. 나는 나 자신을 검열하지 않는다. 그냥 앉아서 물어보고 듣고 적으면 된다.

나는 10분에서 20분 정도 쓸 수 있다. 종이에 자주 등장하는 것은 정신 병동에서 바로 나온 듯한 생각들이다. 나는 종종 얼마나 잔인하고 정직한 대답을 할 수 있는지 두렵다. 잠재의식이 불러일으키는 것들을 읽는 일은 꽤 끔찍할 수 있다. 나는 판단하지 않고 그냥 받아들인다.

내가 신념을 가지고 일할 때, 그 신념들과 싸우는 것은 효과가 없을 것이다. 나는 신념에 부정적인 에너지를 주면 그것이 목숨을 걸고 싸울 뿐이라고 생각한다. 효과가 있는 유일한 방법은 온전히 수용하는 것이다. 나는 있는 그대로 받아들인다. 나는 그것을 이해한다. 그러면 내가 그것을 없애는 것을 그것이 허용한다. 나는 그것을 사라지게 한다. '나는 이 믿음이 싫다'는 관점에서 접근하면, 그것들은 스스로를 강화하고 고착화할 것이다.

빨리 돈을 벌어야 한다는, 매매에 대한 신념이 있다고 가정해보자. 나는 아침에 일어나서 제일 먼저 움직여야 한다. 내 매매 계좌에 파괴적이라는 강력한 증거가 있으므로 이 믿음을 흩어버리고 싶다면 도움을 요청할 것이다. 나는 그 믿음을 받아들이겠다. 나는 부정적인 에너지를 흩어버리고 긍정적인 에너지로 대체할 것이다. "매매 결정을 내리기 전에 처음 10분 차트의 봉이 완성될 때까지 기다리겠다"와 같은 새로운 신념을 강화할 것이다.

불행하게도 믿음은 스스로 해체할 힘이 없다. 믿음은 표현을 요구한다. 성실한 마음가짐으로 성실한 공간에서 질문하고 싶은 마음과 의지가 답을 줄 것이다.

도움 요청 과정을 사용할 때는, 질문을 짧은 한 문장의 답변으로 정리할 때 완료된다는 것을 알고 있다. 그런 다음 그것들을 가장 작은 단위로 압축하고 나에게 도움이 되지 않는 믿음을 흩어버렸다는 것을 알 수 있다. 오래된 기억은 항상 거기에 있겠지만, 상황은 부정적인 쪽에서 긍정적인 쪽으로 바뀌었다.

돈은 이상적인 투자를 위한 마음가짐의 부산물임을 상기시키는 것이 중요하다. 당신은 당신의 투자 생활을 위한 최적의 마음가짐을 보장하는 과정을 만들고 있다. 좋은 매매의 본질은 우리가 시장에 대한 정보를 어떻게 생각하고 인식하는지에 있다. 그것은 우리가 어떻게 생각하고, 어떻게 우리의 삶을 사는지와 관련이 있다.

오늘 나는 친구와 이야기를 나눴다. 우리는 한동안 말을 하지 않았다. 나는 그를 매우 친한 친구로 생각했기 때문에 다시 만날 수 있어 기뻤다. 그가 말을 할 때, 나는 열심히 들었다. 여러분은 두 개의 귀와 한 개의 입을 가지고 있다. 그 비율대로 사용하라. 그는 자신의 매매와 그것이 얼마나 잘 진행되고 있는지를 활기차게 들려주었다. 문장의 흐름 사이에서, "나는 여전히 거래 규모를 늘리기 위해 노력하고 있네"라는 친구의 말에 주목했다.

나는 오늘, 이 마지막 장을 쓰게 되리라는 것을 알고 그 문장에 대해 오랫동안 열심히 생각했다. 친구는 2015년에 처음으로 거래 규모를 늘리는 것에 관해 이야기했고, 오늘은 2022년이다. 친구가 그 이야기를 하는 데 7년을 보냈다. 거래 규모를 늘리려는 그의 욕망에 대해 어떻게 생각하는가? 당신은 그가 원하는 것과 원하는 것을 얻기 위해 실제로 하는 것 사이에 불일치가 있을 수 있다고 생각하는가?

나는 아이들에게 종종 이런 말을 한다. 네가 하고 싶은 일을 하려면 지금 네가 해야 할 일을 해라. 나는 그들이 원하는 것을 결정하되, 먼저 그것에 대해 오래 열심히 생각하라고 말한다. 만약 당신이 무언가를 원한다고 말하면서 그것을 위해 아무것도 하지 않는다면, 당신의 의식과 잠재의식 사이에 불일치가 있다는 것을 확신할 수 있다. 나는 그런 상황에 직면했을 때 도움 요청 연습을 사용하는데, 항상 잔인할 정도로 솔직한 답변을 얻는다. 내가 받는 가장 일반적인 대답은 "당신은 그것

을 원한다고 말하지만, 사실은 그렇지 않다!"이다

당신이 원하는 것을 결정한다는 생각은 당신의 신념과 신념 체계를 둘러싼 부정적인 에너지의 지속 시간을 줄일 수 있다. 당신의 마음을 결정하는 힘은 신념 체계를 둘러싼 모든 부정적인 에너지를 제거할 것이다. 나는 많은 사람들이 그렇게 하기를 원하지 않는다는 것을 인정하게 되었다. 우리는 우리의 드라마와 사랑에 빠진다. 그 드라마가 우리를 검증하고 관심을 주기 때문에 우리는 드라마에 집착한다.

기분이 좋지 않고, 화가 나거나 좌절할 때 나는 질문을 하고 일을 거꾸로 한다. 나는 문제의 근원을 찾기 위해 노력한다. 분노는 종종 자기 방어 메커니즘이다. 만약 화가 난다면, 그 분노의 근본적인 믿음이 무엇인지 알아야 한다. 그래서 나는 도움 요청을 한다.

나는 종종 내가 매우 규율적이라는 말을 듣는다. 이는 사실이 아니다. 그 단어 자체가 모순어법이다. 규율은 힘과 의지의 사용을 의미한다. 나의 행동은 내 일에 대한 사랑에서 나온다. 나는 내가 하는 일을 위해 의지를 사용할 필요가 없다. 자기 규율이 있는 사람들은 스스로 자기 규율이 있다고 생각하지 않는다. 그들은 단지 자신의 꿈과 목표와 욕망과 조화를 이루며 자신을 표현하고 있을 뿐이다.

〈시크릿 더 무비(The Secret)〉(넷플릭스에서 개봉한 영화-옮긴이)와 같은 영적인 영화를 보고 자기 계발 강의를 들으면 우주는 메뉴이고 원하는 것은 무엇이든 마음대로 할 수 있다는 느낌을 받게 된다. 나는 그것이 신경 언어 프로그래밍이든, 끌어당김의 법칙이든, 혹은 최근 유행하는 이름이 무엇이든 간에, 이것이 자기 계발 분야에서 가장 고통스러운 측면 중 하나라는 것을 알았다.

강연회에서 동기 부여 연설자들이 청중들에게 그들을 억누르고 있는 불만이 무엇이든 소리 지르게 한 다음, 청중들을 미리 밝히지 않은 자신들의 섬 휴양지로 밀어붙이는 것을 본 적이 있다. 나는 절대 믿지 않았다. 나는 그 누구도 엄청난 노력을 하지 않고는 어떤 놀라운 일도 성취하지 못했다고 믿는다. 나는 내가 노력했다는 것을 안다. 나는 내가 매일 하는 모든 일이 투지와 결단력의 결과라는 것을 알고 있다. 나는 재능이 없지만, 열심히 일하고 있다. 나는 선택받은 사람이 아니지만, 결심했다. 나는 운이 좋지 않지만, 끈기가 있다.

20번의 매매

친구 데이비드 폴 박사가 매매 과정을 강화하기 위해 고안된 훈련법을 제공했다. 그것은 어렵기도 하고 간단하기도 하다. 당신이 할 일은 신호가 나타나는 대로 20번의 매매를 실행하는 것이다.

신호가 나올 때마다 하나씩 실행하면 된다. 이 훈련의 목적은 실제로 돈을 벌기 위한 것이 아니다. 당신은 아마 손익분기점을 맞출 것이고, 그것은 상관없다. 이 훈련의 목적은 당신의 내적 갈등과 해결되지 않은 감정들을 몰아내는 것이다.

만약 어떤 갈등도 없이 20번의 매매를 수행할 수 있다면, 당신이 걱정 없고 두려움 없는 마음으로 거래하는 것이라는 생각이 핵심에 있다. 이것은 당신이 다음과 같은 관점에서 매매하고 있음을 의미한다.

1. 어떤 일이든 일어날 수 있다. 그리고 당신은 그 결과로부터 감정적으로 분리된다.
2. 모든 순간은 유일하며, 더는 이 순간과 다른 순간 사이의 연관성을 그리지 않는다. 당신은 고통이 없다.
3. 승패는 무작위로 분포되어 있다. 즉 결과를 동전 던지기 연습처럼 받아들인다.
4. 돈을 벌기 위해 다음에 무슨 일이 일어날지 알아야 할 필요가 없다. 그저 과정을 신뢰하고 진정으로 통제할 수 있는 유일한 변수, 즉 이 매매에서 얼마나 위험을 감수하고 싶은지를 통제하는 데 집중한다.

이 훈련의 목적은 당신의 믿음에 에너지를 더하는 것이다. 당신이 갈등과 해결되지 않은 생각, 그리고 상충하는 힘의 문제 없이 그렇게 할 수 있을 때까지는, 부정적인 생각이 사라지지 않을 것이다.

당신이 언제 성공했는지 어떻게 알까? 상충하거나 갈등하는 생각 없이 매매할 수 있을 때가 바로 그때다. 훈련 중에는 결과가 중요하지 않다. 이것은 과정에 대한 훈련이다. 두려움 없이, 주저함 없이, 지금의 순간을 과거의 순간과 연결하지 않고 그 결과를 냉정하게 받아들일 때까지 당신은 20번의 매매를 반복해가며 수행할 수도 있다. 거기에 도달했다면, 당신은 정말로 도달한 것이다!

분리

친구가 전화를 걸어왔다. 그녀는 소셜 미디어에 게시물을 올렸는데 반응이 매우 안 좋았다. 그녀는 선의의 게시물에 쏟아지는 욕설을 참다못해 나에게 도움을 요청했다. 나는 그녀의 게시물과 수많은 욕설 댓글을 읽었다. 하지만 나에게 그것들은 단지 말에 불과했다. 그것들은 에너지가 없는 말들이었다.

나는 침착하게 게시물을 읽고 나서 그녀에게 무엇을 해야 할지 설명했다. 투자자로서 우리는 내가 그녀의 소셜 미디어 게시물에 대해 그랬던 것처럼 우리의 매매에 대해 냉정함을 유지하도록 노력해야 한다. 이일을 더 많이 할수록, 우리는 더 능숙하게 매매할 것이다. 어떤 이들은 반론을 제기할 것이다. 하지만 무엇이 나에게 효과가 있는지에 대한 관점에서 이 글을 쓰고 있다는 사실을 기억해야 한다.

냉정하게 매매하는 방법은 무엇인가? 당신이 매매할 때 어떤 감정도 느끼지 않도록 하려면 어떻게 해야 하는가? 바로 그것이 내 훈련이 처리하는 일이다. 위협을 느끼지 않고 시장으로부터 정보를 받기를 원한다면, 그것은 저절로 되지 않는다. 나는 당신이 생각하는 것과 당신이 어떻게 반응하고 평가하는지를 연구하는 것이, 당신이 지금 당장 평가하기 어려울 정도로 당신의 매매를 개선할 것이라고 믿는다.

한번은 아우토반을 시속 186마일로 질주한 적이 있다. 물론 무모한 행동이었다. 운전하는 동안 나는 냉장고에 우유가 있는지, 오늘 아침에 칫솔질을 했는지 궁금하지 않았다. 나는 그 순간에 있었고, 운전에 집중했다. 그것이 내가 매일 내 매매에서 하고 싶은 일이다.

모든 순간은 유일하다. 그것이 우리가 과거에 대한 기억이 없는, 형태 없는 방울처럼 행동해야 한다는 의미는 아니다. 항상 어느 정도의 연관이 있을 것이다. 내가 댄스파티에 여자아이를 초대했을 때 거절당했다고 해서 다음에 또 거절당한다는 것을 의미하지는 않는다. 하지만 내 마음은 그렇게 생각할 수도 있고, 그래서 나는 내 의식적인 생각과 잠재의식적인 믿음과 논쟁을 벌일 수도 있다.

내 이성적인 마음은 "다음 소녀는 나와의 춤을 승낙할 거야"라고 말할지도 모른다. 나도 모르는 내 잠재의식은 "안 돼, 친구야, 포기해. 그녀는 절대 너와 춤추지 않을 거야"라고 말할지도 모른다. 운 좋게 허락할 여성에게 물어보기 전에 의심의 여지가 있다면, 당신은 스스로 마음을 정하지 못했음을 알 것이다. 매매 과정에서 이런 상황이 발생하면 나는 도움 요청을 하거나 머릿속에서 일어나는 일을 해결하기 위해 이미지를 사용할 것이다.

마음의 고리

나의 훈련은 고통을 받아들이고, 습관과 반복을 통해 그것을 내 존재의 일부로 만들어 고통에 대한 내성의 한계를 확장하는 것이다. 나는 또한 기대와 실현되지 않은 기대에 대처하는 방법에 대해 마음을 훈련해야 한다.

이것은 일지 쓰기, 정신적 이미지 그리고 도움 요청을 통한 끈질긴 노력이 필요하다. 당신은 "그게 효과가 있나요?"라고 물을 수도 있다.

나는 그렇다고 생각한다. 그것은 내 매매에 혁명을 일으켰다. 이 글을 쓰고 있는 2022년 3월까지, 나는 2021년 9월 이후로 하루 단위로 단 한 번도 손실을 본 적이 없다. 거의 7개월 동안 단 하루의 손실도 없는 것이다.

나는 이것이 축하받을 일이라고는 생각하지 않는다. 나는 어떤 형태로든 과시하기 위해 이 글을 쓰는 것이 아니다. 나의 의도는 여러분이 매매의 정신적 측면을 기술적인 측면만큼이나 진지하게 받아들이도록 영감을 주는 것이다. 내 매매의 기초가 되는 믿음들을 설명하자면, 그것들은 전체 마음가짐의 생태계가 고리를 형성하는 흐름도와 비슷할 것이다.

(시장과 자신에 대한) 믿음이 나의 인내심을 뒷받침한다. 나의 인내심은 나의 자신감을 북돋아준다. (내가 이길 것이라는) 자신감이 내 내면의 대화를 좌우한다. 내 내면의 대화(매매를 하면서 나 자신에게 말하는 것)는 나의 과정 지향적인 마음가짐을 뒷받침한다. 이 과정을 통해 나는 지금 이 순간에도 집중할 수 있다. 나는 정신 훈련으로 이 고리를 지원한다. 정신 훈련은 고리를 먹이고 영양을 공급하고 유지한다.

나는 과정 지향적인 투자자다. 나는 목표 설정을 믿지 않는다. 모니터에 오늘, 이번 달 또는 올해 얼마를 벌고 싶은지 알려주는 포스트잇 메모가 없다. 나는 금전적인 목표나 몇 포인트를 벌어야겠다는 따위의 목표가 없다. 나는 시장이 나에게 주는 것만큼 가져올 것이다. 나는 목표를 세우고 매매하지 않는다.

결과 지향적이지 않고 과정에 온전히 집중함으로써, 나는 내가 현재에 있음을 확신한다. 현재에 있을 때, 과거의 순간들을 현재 또는 미래의 순간들과 연결하지 않는다. 당신은 바로 지금 여기 있다.

현재에 있음을 누군가는 마음 챙김(대상에 주의를 집중해 있는 그대로 관찰하는 것 - 옮긴이)이라고 부른다. 나는 이를 집중이라고 부른다. 나는 내가 원하는 것을 알고 그것을 그렇게 부른다. 나는 이기고 싶다. 이것이 매매에 대한 나의 가장 중요한 동기다. 바로 이기는 것이다. 이기고 싶지만 져도 상관없다.

하지만 이기는 것에 대한 모든 것을 잊고 그 과정에 집중한다면, 내가 이기리라는 것을 알고 있다. 그것은 오랫동안 내가 믿을 수 없었고 굴복할 수 없었던 독특한 난제다. 목표에 집중하지 않으면 어떻게 이길 수 있을까?

과정이 전부라는 것을 깨닫는 데 거의 10년이 걸렸다. 목표에 집중하면 안 된다. 물론 목표가 무엇인지 알고 있지만, 과정에 집중해야 한다. 과정을 신뢰해야 한다. 나는 이 마음의 고리를 중심으로 매매 생활을 구축했다. 이 고리는 어떻게 생겼을까?

나는 신뢰한다. 연구는 신뢰를 뒷받침한다. 신뢰는 인내심을 뒷받침한다. 인내심은 정신적 훈련으로 뒷받침되고, 그것은 자신감을 키운다. 나의 내적 대화는 과정 지향적 마음가짐에 의해 주도되고, 나의 자신감에 의해 촉진된다. 나는 내가 통제할 수 있는 것, 즉 마음가짐, 위험에 접근하는 방식에 집중하고 시장이 원하는 대로 하도록 내버려둔다. 시장이 무엇을 하든, 내 마음의 두려운 면을 부채질하지 않는다. 그것은 훈련을 통해 제거되었다. 나는 시장이 두렵지 않다. 내가 유일하게 두려워하는 일은 시장에서 어리석은 짓을 하는 것이다. 나 자신을 신뢰하듯이, 이런 일은 일어나지 않는다.

나는 돈을 벌 수 있는 기술이 내 안에 존재함을 믿고, 시장이 나에게 돈을 벌 기회를 줄 것이라고 믿는다. 이 신뢰는 내가 매매하고자 하는 시간 동안 차트를 집중적으로 연구함으로써 형성되고 강화되었다. 내 직업의 기술에 대한 지속적인 헌신으로 신뢰가 더욱 강화되었다.

나의 인내심은 시장과 자신에 대한 신뢰에서 나온다. 나는 신뢰와 인내 사이에 감정적인 관계를 구축했다. 내가 인내심을 가지면 시장에 진입할 수 있는 기회가 올 것이라고 믿는다. 인내심을 가지면 나는 이길 것이다. 승리는 나에게 다른 무엇보다도 중요하다. 인내심이 없으면, 나는 이기지 못할 것이다. 이기기 위해서라면 뭐든 할 것이다. 또한 나는 이 신호를 놓치면 또 다른 신호가 올 것으로 믿기 때문에 신뢰는 내 마음에서 생길 수 있는 감정적인 조바심보다 우선한다.

나의 자신감은 내 게임에 계속 노력하는 것에서 나온다. 기술적 분석은 한 번도 배우지 않았지만, 나는 항상 배운다. 어떤 시장은 움직이고, 어떤 시장은 죽었다. 어떤 시장에서는 더 큰 폭의 손절매가 필요하다. 어떤 시장은 너무 빨리 움직이므로 자동 주문 매매를 해야 한다. 시장은 영원히 변화하고, 나는 그들과 함께 변화한다.

나의 내면의 대화는 신뢰와 인내와 자신감에서 비롯된다. 물론 종종 좋지 않은 거래일이 나올 수도 있다. 나는 그것이 나를 괴롭히지 않도록 한다. 나는 지금 이 순간에 기반을 두고 있다. 나는 과정에 집중한다. 그게 내가 할 수 있는 전부다. 나는 시장이 해야 할 일을 지시할 수 없다. 나는 물과 같아야 하고, 흘러야 한다. 나는 시장과 함께 흐른다. 나는 시장과 싸우지 않는다. 나는 시장과 함께 흐르고, "그냥 흐르면 된다"라고 나 자신에게 말한다.

이것이 과정 뒤에 있는 것이다. 나는 내가 매매할 때 편안할 것으로 기대하지 않는다. 내가 편안하다면, 내가 할 수 있는 것의 한계를 뛰어넘지 않는다는 것을 안다. 나 자신을 최대한 활용하려면 약간 불편해야 한다는 것을 알고 있다. 예를 들어보겠다.

나는 내 텔레그램 채널에서 다우 지수를 매도했다(신뢰성과 검증을 위해 타임스탬프를 찍음). 그림 28에 진입 시점을 표시했다. 처음에는 시장이 나에게 불리한 방향으로 움직인다. 그런 다음 방향이 바뀌고 하락 추세가 형성된다. 하락 추세가 만들어지면서 내 마음이 "이익을 실현하라"라고 말하는 소리를 듣는다. 예전에는 그 목소리가 훨씬 더 컸었다. 지금은 과정에 너무 집중해서 목소리가 더는 들리지 않는다. 나는 결과가 아니라 과정에 집중한다.

하지만 어느 시점에서는 200포인트의 이익을 얻었고 시장은 오래된 저점에 도달했다. 나는 시장이 거기서 반등하고 내 200포인트 이익의 상당 부분이 사라질 가능성이 있다는 사실을 받아들여야 한다. 그것은 불편한 일이다. 나는 그 불편함을 받아들이고 매도 포지션을 유지하기로 한다.

내가 왜 매도 포지션을 유지하는지 아는가? 왜냐하면 내가 이익을 실현하고 시장이 계속해서 하락한다면 끔찍한 기분이 들 거라는 사실을 잘 알고 있기 때문이다. 내가 참여하지 않았을 때 더 많은 이익을 주는 시장을 보는 고통은 적어도 나에게는 보유한 포지션의 평가이익 일부가 사라지는 것을 보는 고통보다 훨씬 더 크다!

이번에는 결과가 좋았다. 내일은 아닐 수도 있다. 나는 그 과정이 장기적으로 나를 지탱하게 하고, 단일 사건의 결과에 대해 덜 걱정할 것

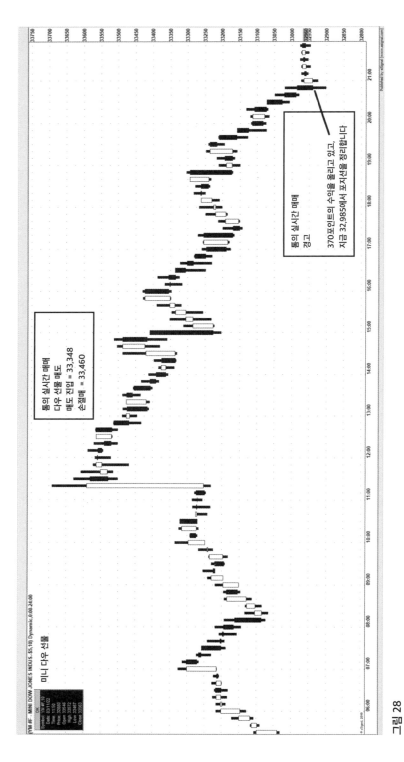

그림 28

출처: eSignal(esignal.com)

으로 믿어야 한다. 한 사건의 결과에는 완전한 무작위성이 있지만 수백 개 이상의 관측값에는 무작위성이 없다.

투자의 인생은 우리가 때때로 하는 일에 의해 정의되는 것이 아니라, 우리가 반복해서 하는 일로 정의된다. 손해를 보지 않고서는 매매할 수 없을 것이다. 이 책에 '잘 잃어야 잘 번다(Best Loser Wins)'는 제목을 붙인 가장 큰 목적은 처음부터 이 점을 설명하기 위한 것이었다. 가장 잘 잃는 사람이 매매 게임에서 이길 것이다.

15개월 동안 4300만 건의 외환(FX) 거래를 수행하는 2만 5,000명의 투자자를 대상으로 한 조사는 이 점을 완벽하게 보여준다. 전반적으로 그들은 지는 매매보다 이기는 매매가 더 많았다. 4300만 건의 매매 중에서 어떤 통화 쌍을 거래하느냐에 따라 최대 61%가 이기는 매매였다.

이것은 당신에게 무엇을 말하는가?

2만 5,000명의 투자자가 시장과 좋은 진입 시점을 잘 파악하고 있다는 것을 말한다. 만약 그들이 어떻게든 위험 대 보상 비율을 1:1로 운용할 수 있다면, 그들은 100건의 매매에서 61의 이익을 거두고, 100건의 매매에서 39의 손실을 볼 것이다. 그것은 승리의 공식이다. 그런 식으로 하면 22의 순이익을 보게 된다. 이는 엄청난 이익률을 가진 비즈니스 모델이다.

문제는 그들이 이길 때 평균 43틱의 이익을 거두는 것으로 나온 조사 결과다. 질 때는 평균 83틱을 잃는다. 다시 말해 그들은 이기는 매매에서 얻는 것보다 지는 매매에서 (거의) 두 배나 많이 잃는다.

100건의 매매가 실행된다고 가정해보겠다.

61건의 이기는 매매에서 평균 43틱 이익 = 2,623틱 이익

39건의 지는 매매에서 평균 83틱 손실 = 3,237틱 손실

이것은 당신에게 무엇을 말하는가?

이는 그들이 승자를 고르는 것은 능숙하지만, 손실을 보는 매매에 직면했을 때 손실을 줄일 정신적 규율이 없다는 사실을 말해준다.

이것은 당신에게 무엇을 말하는가?

이는 그들이 손실을 더 잘 처리할 수 있도록 정신적 게임에 노력할 필요가 있음을 말해준다. 그들의 마음은 고통과 손실을 연관시키는 데 관여되어 있을 가능성이 크다. 마음의 중심에는 육체적 고통뿐만 아니라 정신적 고통, 지각된 고통, 진정한 고통 등 실제 고통으로부터 당신을 보호하라는 명령이 있다.

시장보다 당신의 마음을 더 잘 이해하라

수익성 있는 투자자가 되는 길은 시장을 더 잘 이해하는 데 있는 것이 아니라 당신의 마음을 더 잘 이해하는 데 있다. 당신의 마음과 그것을 어떻게 운영하느냐가 당신이 투자자로서 성공하는 수준을 좌우할 것이다.

나는 위험을 무릅쓰고 당신에 대해 말할 것이다. 이 책을 읽는 사람들은 두 가지 범주 중 하나로 분류될 수 있지만, 나는 그것이 의심스럽다. 매매해본 적이 없는 새로운 투자자들이 이런 책에 관심을 가질지 의심스럽다.

그들은 《투자 끝내기(*Mastering Trading*)》나 《재정적 독립을 위한 매매(*Trade Your Way to Financial Independence*)》와 같은 책을 살 가능성이 더 크다. 이런 종류의 책은 300페이지 분량의 기술적 분석에 관한 책이 될 것이고, 아마도 매매 손실에 대한 언급은 하나도 없을 것이다. 그런 책에는 완벽한 차트 예제가 한 페이지씩 들어 있다.

내 생각에 이 책은, 아마도 방금 언급한 종류의 책을 구매한 사람들이 읽겠지만, 그들이 현재 있는 곳과 그들이 도달할 수 있다고 알고 있는 곳 사이의 격차는 더 나은 사고방식으로만 해소될 수 있다는 점을 깨닫게 할 것이다.

이 책을 쓰면서 내가 가진 장점은 내 자격을 따로 증명할 필요가 없다는 것이다. 나는 타임스탬프가 찍혀 있고 누구나 쉽게 읽을 수 있는 4년간의 공개된 매매 기록을 가지고 있다. 나는 매일 내 웹사이트와 텔레그램 채널에 엑셀 형식으로 매매 내역을 게시한다. 장담하건대, 그 기록에는 많은 나쁜 매매가 있지만, 어쨌든 나는 여전히 전반적으로 돈을 벌고 있고, 그것도 꽤 잘 벌고 있다.

따라서 이제는 게임에서 최고의 위치를 유지하기 위해 지금까지 내가 수행했고, 앞으로도 그렇게 할 실제 단계에 초점을 맞춰야 한다. 그것이 바로 당신이 지금 향할 곳이다.

중요한 주의 사항으로 책을 마무리하고 싶다. 지금까지 나는 나에게 맞는 과정을 설명했다. 그것은 나의 특정한 신념을 기반으로 한다. 그러한 믿음들은 내 삶의 특정한 환경을 기반으로 한 결과물이다.

나는 신념이 자신의 욕망과 필요에 의해 정의된다고 믿고 있다. 수익성 있는 투자자가 되고자 하는 욕망과 내 삶에서 재정적 안정을 창출해야 할 필요성 때문에 나는 이 목표와 일치하는 신념을 갖게 되었다.

따라서 나는 내 방식이 유일한 길은 아니라는 것을 인정한다. 나는 길을 설명하지 않는다. 나는 내 방식을 설명한다. 당신이 옳다고 결정하는 것이 무엇이든 그것이 당신에게 옳다. 자신을 믿어라.

　나는 주기적으로 매매의 정신적인 측면에서 지나치게 많은 말을 쏟아내고 싶어질 때가 있다. 그럴 때 나는 www.BestLoserWins.com과 개인 웹사이트 www.TraderTom.com에 내 생각들을 올린다

당신의 멋진 투자 여행을 빌며

톰 호가드

가장 잘 잃는 투자자가 되어
부디 최후의 승리자가 되기를

'잘 잃어야 잘 번다(Best Loser Wins)'라는 다소 공격적이면서 역설적인 이 책의 제목을 접하면서 가장 먼저 느낀 것은 이 책이 그렇고 그런 종류의 투자 지침서이거나 혹은 정말로 투자와 심리 문제에 얽힌 어려운 문제를 풀어낸 누군가의 걸작이거나 둘 중 하나이겠다는 생각이었다. 하지만 나의 현실과 비교하며 한 페이지 한 페이지 읽어갈수록 결론은 후자쪽이라는 확신을 하게 되었고, 앞으로 이 책을 읽어보거나 이미 읽었을 여러분도 여기에 충분히 동의할 것이라고 조금의 망설임도 없이 말할 수 있게 되었다.

물론 이 책 이전에도 투자의 심리적인 측면을 설명하거나 매매를 대하는 투자자의 마음가짐이 어때야 하는지를 잘 알려주는 훌륭한 투자 지침서들이 많았지만, 막상 그것을 현실에 접목하기에는 너무 어렵게 느껴지거나, 구체적으로 어떻게 하라는 것인지 막연하게 느껴졌던 것이 사실이다. 투자는 심리 게임이라는 것도 알겠고, 매매를 대하는 투자자의 마음가짐이 중요하다는 것도 알겠는데, 그래서 도대체 내가 뭘 어떻게 해야 한다는 말인가? 이런 답답함을 느꼈던 것이 오직 나 혼자만의 생각은 아니었을 것이다.

저자인 톰 호가드(Tom Hougaard)는 날마다 수많은 매매를 하는 데이트레이더로서의 경험뿐만 아니라 런던의 금융시장에서 일하는 동안 개인투자자들이 수행한 수백만 건의 매매를 관찰하고 분석한 보고서를 기초로 90% 이상의 투자자가 왜 결국은 실패할 수밖에 없는지를 알게 되었다. 그가 알아낸 비밀은 바로 그 개인투자자들이, 그리고 나와 여러분이 잘 잃는 법을 제대로 알지 못하기 때문이라는 것이었다.

물론 이런 식의 주장을 펴는 책을 접한 것이 이번이 처음은 아니었지만, 내가 주식이나 금융 상품을 사고팔 때 어떤 마음가짐으로 그렇게 했는지를 내 마음속에 들어와서 들여다본 것처럼, 마치 그동안의 내 매매를 하나하나 관찰하고 내 심리를 정확히 알고 있는 것처럼 적나라하게 드러내어 말하는 저자는 톰 호가드가 처음이었다고 분명히 말할 수 있다. 나도 잘 몰랐던, 매매할 때의 내 심리가 바로 그런 것이었구나 하고 되뇌면서 한편으로는 부끄러웠지만, 또 한편으로는 저자의 놀라운 통찰에 감탄을 금할 수 없었다. 내가 왜 아직 승리자가 되지 못했는지 조금은 알 것 같았고, 이제라도 그 원인을 알게 되었으니 그래도 얼마나 다행인가 하는 안도감이 들기도 했다.

톰 호가드가 지적했듯이 90%가 넘는 투자자 대부분은 심리적으로 전혀 준비되지 않은 상태에서 투자라는 거친 세계에 뛰어들어 자신이 어디로 가고 있는지도 모른 채 좌충우돌하는 것이 현실이다. 아니, 오히려 그런 준비가 필요한지도 모르는 투자자들이 대부분이라고 해야 하지 않을까? 나 역시 오랜 시간을 투자의 세계에 몸담아왔지만, 돌이켜보니 그런 준비가 제대로 되어 있지는 않았다는 사실을 고백한다.

시장의 움직임에 순응하면서 매매 전략을 개발하고, 손절매 규칙과 훌륭한 자금 관리 전략을 도입하여 파산 위험을 최소화해야 장기적으로 시장에서 살아남을 수 있다는 것을 알려주는 저자들도 많고, 그렇게 하려고 마음먹은 투자자도 많지만, 여전히 90% 이상의 투자자가 결국 실패하는 데는 다 그럴 만한 이유가 있었다. 매매할 때마다 투자자를 괴롭히는 심리적인 문제를 해결하지 못한다면, 투자는 그저 고통스러운 작업의 연속일 뿐이다. 내가 왜 이 손실을 기쁜 마음으로 받아들여야 하는가, 그렇게 할 수 있는 나 자신을 자랑스러워해야 하는 이유는 무엇인가? 이 책에는 이런 질문들에 대한 답이 들어 있다.

역사상 가장 위대한 농구 선수 중 한 명인 코비 브라이언트는 다른 어떤 선수보다 많은 슛을 놓쳤고, 전설적인 야구 선수인 베이브 루스도 삼진왕이라는 별명을 얻을 정도로 숱한 실패를 겪었지만, 그들은 기꺼이 그 실패를 마주했고 실패의 두려움에 맞서 자신이 할 수 있는 것을 함으로써 결국 위대한 선수가 되었다. 투자도 마찬가지다. 투자에서 실패를 겪는 것은 누구에게나 너무 당연한 일이지만, 저자는 이러한 실패를 인정하고 받아들이는 마음의 훈련을 함으로써 '잘 잃는 투자자'가 될 수 있는 사람만이 최후의 승자가 될 자격이 있다고 말한다.

물론 그렇게 하는 것이 말처럼 쉬운 일은 아닐 것이다. 그렇게 쉬운 일이었다면, 90% 이상의 투자자가 실패하는 일도 없었을 테니 말이다.

차트 전문가가 되거나, 기술적 분석 분야의 고수가 되는 일은 누구나 노력하면 가능한 일처럼 보이고 그걸 알려주는 선생님도 너무 많다. 그것이 투자의 성공으로 가는 좋은 도구이고 꼭 필요한 도구일지는 모르겠지만, 그것만으로는 무언가 부족하다고 여기는 독자들이라면 톰 호가드의 목소리에 귀를 기울일 필요가 있다.

쉽지 않은 길인 것은 맞지만, 그래도 그 길을 먼저 걸어갔고 지금도 훌륭히 걷고 있는 누군가의 조언을 들을 수 있다면 그나마 '불행 중 다행'이라는 속담이 바로 여기에 어울리는 말이 아닐까? 저자가 말하는 이상적인 마음가짐을 갖고 실패를 포용하면서, 가장 잘 잃는 투자자가 되는 길을 따라가다 보면, 여러분도 자신을 더 잘 이해하고 시장을 더 잘 이해하면서 투자자로서 성공이라는 목적지에 도달할 수 있다고 확신한다. 나 역시 그렇게 할 것이고, 마음이 흔들릴 때마다 이 책으로 돌아오려고 한다. 이 책을 읽는 독자 여러분도 그렇게 하기를 바라며, 가장 잘 잃는 투자자가 되어 부디 최후의 승리자가 되기를 빈다.

정진근

잘 잃어야 잘 번다

초판 1쇄 발행 | 2023년 11월 11일
초판 3쇄 발행 | 2024년 6월 15일

지은이 | 톰 호가드
옮긴이 | 정진근
발행인 | 김태진, 승영란
편집주간 | 김태정
마케팅 | 함송이
경영지원 | 이보혜
디자인 | 여상우
출력 | 블루엔
인쇄 | 다라니인쇄
제본 | 경문제책사
펴낸 곳 | 에디터
주소 | 서울특별시 마포구 만리재로 80 예담빌딩 6층
전화 | 02-753-2700, 2778 팩스 | 02-753-2779
출판등록 | 1991년 6월 18일 제313-1991-74호

값 19,800원
ISBN 978-89-6744-271-2 03320